KB122500

2021
포항학아카데미

2021 포항학 아카데미

포항인문학산책 2

이재원 엮음

천진기 권용호 박창원
민석규 진복규 김진홍
김일광 이상준 이재원

도서출판 나루

우리가 살고 있는 지역을 알자.

『2021 포항학아카데미』는 2021년 4월부터 12월까지 매월 한 번씩 포항을 주제로 강연한 내용을 책으로 묶은 것입니다. 이러한 시도는 9년 전으로 거슬러 올라갑니다. 2012년 푸른문화학교라는 이름으로 여러 선생님들을 모시고 일반 시민들과 함께 포항에 관해 고민해보는 기회를 가졌습니다. 푸른문화학교는 그 후 3년간 지속되었고, 2013년 푸른문화학교 강의 내용은 『포항인문학산책』이라는 책으로 발간되었습니다. 또한 2014년 푸른문화학교 강의 내용은 인터넷 유튜브에서 만나볼 수 있습니다.

그리고 5년 뒤. 포항지역학연구회가 2019년에 결성되었습니다. 우리가 사는 지역을 알고 또 알리자는 게 설립 취지였습니다. 푸른문화학교에 참여해주신 선생님들도 함께 해주셨습니다. 모임 결성과 관계없이 오래전부터 뵙고 오던 분들입니다. 늘 감사드리는 분들입니다.

포항을 공부하면서 늘 아쉬웠던 것들이, 포항에 관련된 자료가 적다고는 할 수 없는데 그나마 만들어진 자료들이 서로 공유되지 않는 점입니다. 도서관에서 찾을 수 있는 포항 관련 책들도 많지 않았습니다. 간행된 출판물은 비매품이 많아 연구하고자 하는 분들이 찾아보기가 어려웠고 여러 세미나들은 일회성으로 끝나는 경우가 많았습니다. 자료의 축적과 그 자료를 누구나 찾아볼 수 있게 하는 것이 필요해 보였습니다.

그런 필요에 의해서 나온 것이 〈포항지역학연구총서〉입니다. 포항의 한 동네인 용흥동 이야기를 담은 책이 제1권으로 나온 것이 2019년 겨울입니다. 그 후 포항의 숲과 나무, 포항6·25, 일제강점기의 포항, 포항 구도심인 중앙동과 두호동 이야기, 포항 한시, 청하읍성 등의 책이 차례로 나왔습니다. 그리고 올해 포항학 아카데미 강의를 묶은 책 『2021 포항학아카데미』가 총서 8권으로 발간 되었습니다. 2013년의 『포항인문학산책』을 잇는다는 의미로 '포항인문학산책2'라는 부제를 붙일 수 있어서 기쁩니다.

여러 선생님들의 다양한 관심 분야를 한 권의 책으로 엮으니 더욱 의미가 큽니다. 더군다나 올해는 코로나로 인하여 좋은 강의를, 많은 시민들이 함께 할 수 없어서 아쉬웠습니다. 책이 발간됨으로써 강의에 참석 못하신 분들에게도 충분한 자료가 되리라 봅니다.

새로이 포항에 이사를 오셔서 포항 시민이 되신 천진기 관장님과 민석규 선생님의 강의를 함께 들을 수 있게 된 것은 올해 가장 큰 행운입니다. 천진기 관장님은 국립민속박물관장과 전주박물관장을 역임하셔서, 포항 밖에서 보는 포항에 대해 객관적으로 말씀해 주셨습니다. 민석규 선생님은 그간 포항에서는 다소 생경한 지형학적 관점에서 포항을 읽어주셨습니다. 포항 사람들의 뜨거운 열정이 바닷가 기질만이 아니라 포항땅 자체가 젊고 뜨거운 땅이기 때문이라는 걸 알게 된 것도 선생님 덕분입니다. 감사드립니다.

　포항지역을 노래한 1,359수의 한시를 직접 모아 번역해서 『포항 한시』(포항지역학연구총서6)를 발간한 권용호 선생은, 책에서 소중한 한시를 추려 강의를 해주었습니다. 포항에 한시가 이만큼이나 많았나 놀랐던 기억이 지금도 생생합니다. 책이나 문서에 쓰인 문자를 빼고 쇠붙이나 돌에 새겨진 문자를 금석문이라고 합니다. 포항에서 발견되어 국보로 지정된 신라비가 대표적인 금석문이라 할 수 있겠습니다. 하지만 진복규 선생님은 이미 유명해진 금석문 외에 잘 알려지지 않은 포항의 금석문을 찾아내 우리의 시야를 더 넓혀주셨습니다. 이런 분들에 의해 숨은 보석들이 발견되나 봅니다.

　김일광, 박창원, 이상준, 김진홍 선생님은 이미 포항을 가장 많이 알고, 가장 널리 알리는 작업을 오래전부터 해오신 분들입니다. 앞서 언급한 푸른문화학교에도 함께 하셨던 것은 물론입니다. 김일광 선생님은 포항의 여러 역사적인 사건과 이야기들에서 시민들의 자발적인 집단 행위라는 공통분모를 끌어내어 포항의 시민운동의 연원을 찾아내는 시도를 해주셨습니다. 박창원 선생님은 포항지역에서 전승되는 신화를 정리하셨습니다. 연오랑세오녀는 물론, 영일만이 형성되고 형제산이 나눠지는 이야기, 내연산 산신 이야기 등 상상력의 원형이라고 할 수 있는 신화의 현장과 의미를 분석해서 좋은 자료로 남겨 주셨습니다. 이상준 선생님은 포은 정몽주 선생에 대해 강의를 해주셨습니다. 포항의 자랑스러운 인물 포은 선생에 그치지 않고, 의리와 절개로 대표되는 포은의 사상을 포항의 정신으로 승화시켜 설명하셨는데, 임란과 구한말에 포항에서 일어난 의병활동과 6·25전쟁의 학도병이 그 사례라 할 수 있습니다. 김진홍 선생님은 분야를 가리지 않는 연구욕으로 유명합니다. 그렇게 찾아낸 포항의 파편적인 자료들은 때로는 전체의 한 퍼즐을 이루기도 하지만 또 때로는 다음 연구를 기다리는 소재가 될 것입니다. 이를 묶어 '세상에 이런 일이'로 소개해 주셨는데, 참신한 제목처럼 내용 역시 재미있게 읽어볼 수 있습니다.

포항을 찾는 이들에게 어디를 소개해 줄까 라는 궁금점이 있는 분들에게 '포항의 문화유산'강의는 조그만 답이 될 수 있겠습니다. 틈만 나면 답사와 자료 수집을 하는 이재원이 맡아서 현장과 문헌에 나오는 내용으로 정리해 두었습니다.

2021포항학아카데미 강의와 책 발간에 수고해주신 분들에게도 고마움을 전합니다.

〈포럼오늘〉 전기호, 최희석, 〈포항지역학연구회〉 김정호, 황경후, 그리고 팔리지 않는 책 출간을 늘 묵묵히 해주는 〈도서출판 나루〉 박종민, 홍선우님께 감사의 말씀을 드립니다.

2021년 잘 마무리 하시고 2022년 새해 복많이 받으십시오.

2021년 12월.

이재원

포항지역학연구회 연구위원

2021 포항학아카데미

포항의
역사와 문화를
어떻게
읽을 것인가?

천진기

천진기

문학박사 / 前국립민속박물관장

단상 1

『눈물이 나면 기차를 타라』(정호승, 창작과비평사, 1999. 102쪽)

박물관 전시 설명문을 쓰면서 항상 생각나는 시인이 있다. 그는 바로 정호승 시인이다. 전시유물 설명은 명칭, 출토지, 기능, 시대 등 딱딱하기 그지없는 천편일률적인 단어와 형식으로 이루어진다. 정시인은 유적지, 명승지, 문화재를 우리의 가슴을 당기는 언어와 정서로 표현하고 있다. 시인이 아니었다면 분명 역사문화를 전공으로 하는 비평가가 되었을 것이다. 이 시집에서도 청령포, 서대문공원, 청량리역, 파고다공원, 덕적도, 만경평야, 초파일, 선암사, 경주남산, 운주사, 보길도, 소매물도 등으로 우리 가슴 속 피와 애환을 녹여내고 있다.

박물관을 운영하는 책임자가 되면 문화재와 문학(특히, 시)을 결합한 설명문을 만들고 싶었다. 이른바 요즘 말하는 융·복합인 것이다. 문화재와 시의 만남은 관람객들에게 또 다른 감흥을 불러일

---

* 이 글은 30여 년간 국립중앙박물관, 국립문화재연구소, 국립민속박물관, 국립전주박물관에서 근무하면서 필자가 "역사와 문화를 어떻게 읽을 것인가"에 대한 단상으로 과거 언론에 기고한 글과 생각을 옴니버스 방식으로 정리했다. 필자는 "포항의 역사와 문화를 어떻게 읽을 것인가?"에 대한 키워드로 "문화컨텐츠, 디자인, 융·복합, 스토리텔링, 문화알박기, 천천히 깊이 있게 즐겁게 읽기" 등을 제시하고자 한다.

으킬 것이라 확신에서였다.

　고고역사미술박물관에 가면 전시설명문이 전문가 아니면 이해하기 어려운 것이 많다. 이럴 때 생각해본다. 박물관 입구나 야외전시장에서 많이 만날 수 있는 '목이 없는 부처님'이나 '목만 있는 부처님'을. 만약 이 곳에 정시인의 '소년부처'라는 시를 전시 설명문으로 쓴다면 지나가는 모든 관람객들은 눈 뿐만 아니라 마음으로도 전시를 보고 느낄 수 있을 것이라고. "박물관 뜰 앞에 가면 목 없는 부처님이 계시다. 수학여행 온 아이들이 달려가 자기의 목을 얹고 사진을 찍는다. 부처님은 누구나 한번쯤 부처가 되어보라고 자기의 목을 날렸나보다."라는 내용이다. 부처님은 두상을 얻고, 얹은 이는 부처가 되니 박물관과 시가 서로에게 날개를 달아주는 것이다.

　국립민속박물관에서는 '소금꽃이 핀다' 특별전시가 열리고 있다. 이 전시에서 가장 먼저 나오는 설명문은 시인 김윤이가 쓴 '소금이 온다'이다. 박물관 특별전 전시제목, 설명문도 시적으로 꾸며 보았다.

[경향신문 2011. 9. 2. 2면 종합]

단상 2

『미술관에 사는 나무들』(강판권, 효형출판. 2011. 04. 15, 255쪽)

　미술관에 사는 나무는 숲 속의 나무가 아니라 그림 속의 나무이다. 그림 속의 나무로 그림을 읽는 이가 있다. 역사를 자연생태와 인문생태의 관점에서 연구하는 강판권 계명대학교 사학과 교수에게 나무는 역사를 해석하는 가장 중요한 코드다. 그러면서 스스로를 '나무환자'라고 소개한다. 그는 세상에 존재하는 모든 그림을 거기에 그려진 나무를 통해 읽는다. 산수화 속 나무와 꽃의 생태적 특징을 화가의 생애, 그 당시의 문화적 상황과 연계하여 융·복합적으로 설명하고 있다.

'안평대군이 꿈에 본 것을 안견이 그린 몽유도원도의 복사꽃이야기', '부드러움이 강함을 이기는 버들처럼 물처럼', '벼랑 끝에 선 소나무의 기상', '해당화 피고 지는 섬마을' '파초의 꿈은 가련하다', '벽오동 심은 뜻은' 등의 글을 통해 나무만큼 훌륭한 재주를 지닌 화가는 없음을 설파하고 있다. 산은 나무를 낳고, 나무는 물을 낳고, 물은 생명을 낳는단다. 산수화에 그려진 나무를 마음으로 느끼는 저자의 열정이 보인다.

그림 속 숲에는 소나무가 많다. 여기에 옛날 우리 한국인이 비춰져 있다. 소나무는 한국인을 말해주는 나무다. '남산 위에 저 소나무 철갑을 두른 듯 바람서리 불변함은 우리 기상일세'라는 애국가 가사만 봐도 소나무는 한국인의 상징이며, 절의를 높이 아는 유교의 심성이다. 한국인은 태어남을 알리기 위해 대문에 매단 금줄에 소나무 가지를 끼우고, 죽은 후 땅으로 돌아가기 위해 소나무 칠성판 위에 뉘어진다. 무덤 주위를 둘러싸는 도래솔도 소나무가 담당한다.

조선의 풍속화가 신윤복 그림 "월하정인" 속의 두 남녀가 만나고 있는 시각은 1798년 8월 21일 밤 11시 50분경으로 추론한다. 그 단서는 그림 속의 부분월식이 일어난 달 모양과 야삼경(夜三更)이라는 글 속에서 찾았다. 그림과 천문학의 만남으로 얻은 답이다. 우리 옛말에 '우물을 깊게 파려면 넓게 파라!'고 했다. 지금까지는 분과학문들이 따로 놀았지만 21세기는 여러 학문이 만나고 함께 넓게 파야 진리를 탐구할 수 있는 시대이다. 인생사도 마찬가지다. 분절보다 통합이 현명한 해결사다.

[경향신문 2011. 10. 4. 1면 종합]

단상 3

『미술관에서 오페라를 만나다』 (조윤선, 시공사, 2007. 10. 19, 275쪽)

명망 높은 사대부 집안 자제이자 당대 최고의 문장가로 알려진 윤서(한석규)는 추월색이라는 필명으로 음란소설을 직접 쓴다, 여기에 더해 광헌(이범수)에게 소설 속 삽화를 그려줄 것을 부탁한다. 아름답고 격조높은 문체가 박력 넘치는 그림을 만났으니 장안의 아녀자들의 몸은 달아오른다. 결국 윤서는 음란서생으로 낙인되어 귀양간다. 거기서도 새로운 방식(?)의 음란소설을 생각한다. 책갈피를 연속해서 넘기면 동영상이 되는 음란 에니메이션을 만든다. 문자와 그림, 그리고 동영상이 만났다. 당대 최고의 문화컨텐츠였다.

예술을 전공한 적이 없는 중견 법조인에, 금융회사 임원이자, 국회의원인 저자 조윤선은 동·서양의 사상과 예술을 넘나들면서, 시·

청각의 예술적 장르를 초월하면서 독 자들에게 그림과 음악을 통해 오페라 를 만나게 한다. 단아한 문장, 오페라 의 생생한 그림과 음악이 가장 매혹적 인 문화 삼중창을 한 소절의 엇박자도 없이 절묘하게 펼쳐낸다. 우리는 이 책 속의 그림과 음악을 통해 오페라를 읽 고 보고 들을 수 있다. 미술관이나 연

주장이 아닌 곳에서 명화를 만나고, 음악을 들을 수 있는 경험을 하 는 것이다. 우리 시대 문화 고수가 빚어 낸 새로운 소통의 무대다. 저 자는 음악과 미술, 예술은 느끼고 취하는 사람이 바로 주인이 될 수 있다며, 오랜 벗을 청하듯 독자들을 문학과 미술, 음악의 정원으로 초대하고 있다.

문화 콘텐츠는 언제 어디서나 항상 존재했다. 그 시대의 이용자들 이 쉽게 접근하고 활용할 수 있는 새로운 형태와 방식의 콘텐츠 개발 이 필요하다. 최근 미술계 흐름의 대세는 '퓨전(fusion)'이다. 신윤복 의 미인도와 서양공주의 만남, 김홍도 그림 속에서 소녀시대가 춤추 는 모습, 동양화 속으로 들어간 '007'의 악당들 등 다양한 기법으로 동양과 서양, 과거와 현재를 비빔해 재창조한 작가들의 전시가 서울 곳곳에서 열리고 있다. 윤서와 조윤선이 앞서갔던 길에 동참하고 있 다. 참 반갑고 재미있다.

[경향신문 2011. 10. 31. 1면 종합]

단상 4

『닥터만의 커피로드』(박종만, 문학동네, 2011. 11. 28, 372쪽)

평생 본인 신고 다니는 신발 밑창에 끼인 돌멩이(?)를 모아 작은 병 안에 모아 두었고, 기차표를 검표할 때 큰 부분이 아니라 검표기로 찍어서 떨어져 나간 아주 작은 표 조각만 평생 모은 최고의 별난 수집가가 일본에 있었다고 한다. 박물관에 근무하면서 참 별난 수집가들을 많이 만났다. 상여의 꼭두, 부엉이, 축음기, 심지어는 커피까지 수집한다. 어떤 것을 수집하던 수집가들의 공통점이 있다. 자식만큼이나 소장품을 소중히 다룬다. 1세대 수집가들이 수집해 만든 박물관 관장님들의 평균 나이가 65세가 넘는다. 그들은 수집품을 자식보다 애지중지하지만 다음 세대는 그렇치 못하다. 골치덩어리로 여기거나 재산적 가치만 따진다. 수집해서 전시된 자료는 그것이 설령 개인적 차원이라고 하더라도 인류 공동자산인 '공공재'이다. 개인적 차원에서 수집 운영되는 사립박물관을 이젠 공적인 차원에서 관리보존의 필요성 대두되고 있다.

저자 박종만은 가장 현대적이고 개인적 취향을 가진, 우리의 고유 문화가 아닌 커피에 관심을 가지고, 2006년 8월 우리나라 최초로 '커피박물관'을 개관하고 커피의 역사와 문화를 알리고 있다. 또한 이땅에 커피나무를 직접 심어 '토종커피'를 만들고자 원예학을 공부하고 있다. 저자는 이 책을 통해 실크로드, 누들로드 등과 같이 커피길을 찾아 인류 문화를 이해하고자 한다.

박물관하면 옛 것이나, 우리의 것만을 전시하는 곳으로 인식되고 있다. 그러나 최근에는 외국 현지에는 이미 사라진 귀중한 자료와 유물들을 수집하고 전시하는 이른바 '타문화박물관'이 여럿 등장하여 운영되고 있다. 이미 다문화·다종족국가로 진입한 우리에겐 반가운 일이다. 타문화와는 우열을 가리는 대상이 아니고 상대적 이해가 요구되는 것이다. 다문화 교육

은 외국에서 온 사람들에게 한국문화를 가르치고 알리는 것이 아닌, 한국사람에게 문화의 다양성과 상대성을 이해시켜야 한다. 숭늉의 구수함과 커피 짙은 향기를 상대적으로 음미할 수 있어야 한다. 최근 '커피공화국'이 되는 것도 문제이다.

[경향신문 2011. 12. 27. 2면 종합]

단상 5
전주살이의 첫 새해

새해는 최고의 길몽(吉夢)이자 재복(財福)을 상징하는 돼지가 주인공인 기해년(己亥年)입니다. 서울에서 박물관 생활을 1988년 8월부터 만 30년간 하고, 2018년 7월 1일자로 국립전주박물관 책임자로 발령을 받았고, 주민등록까지 옮겨서 가족과 함께 전주살이를 시작했습니다. 저에겐 새해가 전주살이의 첫 해입니다.

직접 살기 전에 저에게 '전주는 한옥마을과 경기전, 전주양반, 한지, 소리, 서예, 국제영화제, 모악산과 금산사, 비빔밥, 삼천동 막걸리, 콩나물국밥, 모주, 가맥, 남부시장, 수제 초코파이 이었습니다.' 지난 6개월 동안 전주살이를 하면서 이들 전주를 일단 즐기느라고 눈, 코, 입, 귀가 정말로 호강을 했습니다.

 전주살이에서 가운데 가장 기억에 남고 잘 한 일은 지난해 음력 7월 초하루 경기전 초삭례에 헌관으로 참석한 것이라고 생각합니다. 일반 관람객이 아닌 헌관으로 참여했으니 안동 촌놈이 전주에 와서 최고의 예우를 받는 순간이었습니다. 국립중앙박물관, 국립문화재연구소, 국립민속박물관은 내가 근무할 당시에 이들 기관들은 경복궁 안에 위치하고 있었습니다. 그래서 저는는 30년 동안 경복궁으로 "매일 아침에 입궐하고, 저녁에 퇴궐한다"고 평소 자랑했는데, 그 공덕으로 경기전 헌관의 영광이 온 것 같았습니다. 이 날 저는 관을 쓰고, 손에 홀을 들고, 흑초의를 입고, 패옥 후수, 폐슬, 대대, 버선, 제화 등으로 머리 끝부터 발 끝까지 완벽하게 갖춰 입은 헌관이 되었습니다. 경기전 안으로 들어가 태조어진 앞에서 분향을 하고, 4배를 올렸다. 저절로 그 마음과 정성, 그 경건함으로 대한민국, 전라북도, 전주, 박물관의 앞날을 기원했습니다. 이 순간은 내 인생에서 최고의 장면으로 영원히 잊지 못할 것입니다.

 문화는 고정되어 있는 것이 아니라 움직이는 것입니다. 문화는 체험이고 소통입니다. 문화 소비자들은 역사와 문화 현장에서 직접 참여하여 체험하고 체득하기를 원합니다. 참여하면 알게 되고, 알게 되면 진정 사랑하게 됩니다. 겉으로만 보아왔던 경기전에 헌관으로 직접 참석하면서 전주를 알게 되었고, 사랑하게 되었고, 이미 온전하게 전주사람이 된 기분이었습니다. 전주에 새로 부임하는 기관의 책임자들에게 저처럼 경기전 초삭 분향례에 직접 참여해 보라고 권하고 싶습니다. 음력 매월 초하루에 행하니 일 년이면 12명의 기관장이 참석할 수 있습니다. 참석한 분들은 아마 전주의 최고 최상의 문화와 만나게 될 것이고, 평생 전주를 마음에 담고 응원할 것입니다.

　전주는 신석기시대 농사혁명 이후 몇 천년동안 최첨단 물질인 '쌀'을 생산하는 오늘날 실리콘밸리 같은 첨단기술 단지였습니다. 오랫동안 풍부한 물산이 생산되고 모이는 곳이었으니 자연스레 다양한 문화유산이 배태되고 전승되어 왔습니다. 인류문화는 이제 농경시대를 지나 산업화, 정보화, 4차산업 등으로 변화되어 갑니다. 전주의 미래는 그렇게 희망적이지 않은 것 같습니다. 앞으로 이들 변화에 대응할 만한 구심점은 바로 '전주의 전통문화'라고 생각합니다. '구슬이 서 말이라도 꿰어야 보배'인 것처럼 전주의 역사와 문화, 예술을 꿰고, 갈래짓고, 알고, 찾고, 가꾸어야 합니다. 세계사의 변화 소용돌이 속에서 그 중심이 되고 주인공이 되는 핵심에는 '전주의 역사와 문화, 예술'이 자리잡고 있습니다. 전주살이의 첫 새해를 시작하는 저로서는 국립전주박물관의 새롭고 다양한 활동을 통해서 '전통문화가 살아 숨쉬는 전주'로 구현되는데 최선을 다하겠습니다.

[전북일보 2019. 1. 15]

단상 6

국립전주박물관은 새해 100만명의 관람객을 기다린다

기품이 있는 청기와 건물, 잘 조성된 소나무·대나무 숲, 널찍한 주차장, 주위의 맛집 등 국립전주박물관은 역사·문화 공간으로서 자리매김을 할 수 있는 충분한 여건을 갖추고 있다고 생각합니다. 그런데 국립전주박물관은 이러한 좋은 주위환경을 못 살리고 있는 것 같습니다. 내년이면 개관 30주년인 국립전주박물관은 권위적인 박물관, 어려운 박물관, 재미없는 박물관, 먹거리가 없는 박물관 등의 이미지로 굳어져 있는 것 같습니다. 참으로 안타깝습니다.

저의 목표는 국립전주박물관의 변화와 변신을 통해 1년간 국립전주박물관 관람객 100만명 시대를 만드는 것입니다. 그러기 위해서 우선 국립전주박물관부터 변하겠습니다. 박물관은 끊임없이 시대에 맞는 콘텐츠를 만들어 내고 스스로 정체성을 재정립하며 변화를 선도해야 합니다. 우리에게 필요한 것은 강요된 지식과 고착화된 전달 방식이 아니라, 신나게 놀면서 배울 수 있는 박물관입니다. 이는 모든 박물관 관람객에게 우선되어야 할 중요한 화두이기도 합니다. 박물관은 놀면서, 쉬면서, 위로받을 수 있는 '쉼'의 공간으로 거듭나야 합니다. 박물관은 그저 과거의 유물을 전시하는 곳에서 벗어나 변화와 변신이 요구되는 새로운 장으로 탈바꿈해야 합니다.

국립전주박물관의 문턱을 낮추고 열겠습니다. 역사와 문화를 공부하는, 오감으로 체험하고 놀 수 있는, 재미있는, 쉬러오는, 맛있는 박물관으로 바꾸어 나가겠습니다. 박물관의 변신은 무죄입니다. 국립전주박물관을 '통째로' 관람객에게 돌려드리겠습니다. 이제 여러분들은 국립전주박물관을 즐길 마음의 준비만 하고 놀러 오면 됩니다. 2019년 국립전주박물관은 다양한 전시, 교육, 행사를 통해 관람객들에게 다가가겠습니다. 우선 몇 가지 맛뵈기로 자랑하겠습니다. '조선의 선비문화'의 특성화 올해 국립전주박물관의 최우선 과제입니다. 선비는 '실천하는 지식인'입니다. 지역명칭에서 '양반'이란 이름을 붙이는 곳은 전주와 안동뿐입니다. 국립박물관 중에서 유일하게 전주에서만 조선의 선비문화를 만날 수 있게 될 것입니다. 지역과 세대를 뛰어 넘어 학문과 정을 나누었던 퇴계와 고봉의 편지, 다산 선생이 아들에게 보내는 하피첩, 죽은 남편에게 보내는 원이엄마 편지 등을 전시하는 '선비, 글을 넘어 마음을 담다' 특별전을 4월 중에 개최하겠습니다. 선비화가 이정직, 완주의 역사와 문화 특별전도 준비하고 있습니다. 선비아카데미, 선비어린이박물관도 올해 새롭게 선보일 예정입니다. 소나무 밭에는 작년에 이어 해먹을 설치하고, 한여름에 물총대전, 가을의 짚·풀 놀이터를 개설하여 재밌게 즐기고 쉬는 박물관을 만들겠습니다. 무엇보다 맛있는 박물관을 위해 간편하게 즐길 수 있는 푸드트럭을 운영하고, 강당·교육관·영화관·회의실·야외전시장 등 박물관의 모든 시설과 공간을 공개하겠습니다. 누구나 박물관에서 동창회도 하고 계모임도 하고, 작은 결혼식도 올릴 수 있도록 박물관을 통째로 돌려 드리겠습니다.

예전에는 전주가 전국 5대 도시였는데, 지금은 많이 낙후되었다는 푸념을 하시는 소리를 가끔식 듣습니다. 국립중앙박물관 소속 박물관 중에서 관람객이 100만이 넘는 곳은 서울과 경주 정도이다. 만약 국립전주박물관의 관람객이 100만이 된다면 전국 제3의 박물관 도시가 될 수 있습니다. 이 꿈이 이루어 질 수 있도록 전북도민과 전주시민들은 꼭 한번 이상 국립전주박물관을 방문해 주셔야 합니다. 전북과 전주의 품격과 자존심을 위해 국립전주박물관으로 자주 놀러 오십시오. 국립전주박물관은 만반에 준비를 하고 기다겠습니다.

[전북일보 2019. 2. 12]

단상 7
박물관은 미래를 꿈꾸는 상상의 공간이다

박물관에 견학을 갔다가 공룡화석 밑에서 잠이 들어 다시 찾으러 갔던 아이가 바로 미국의 천재 영화감독 스티븐 스필버그였다고 합니다. 스필버그는 어린 시절 박물관에 드나들면서 무한한 탐구심과 상상력을 키웠다고 합니다. 박물관에서 키운 풍부하고 기발한 스필버그의 상상력은 현실을 뛰어넘어 미래를 내다보는 〈쥬라기 공원〉의 공룡으로, 〈인디아나존스〉의 고고학 등으로 재현되어 영화의 중요한 소재가 되었습니다. 아이들의 호기심을 한 몸에 받던 공룡의 존재가, 신비한 피라미드 속의 유물과 상황이 영화 속에서 현실이 된 것입니다. 물론 엄청난 경제적 이익도 창출했습니다.

우리는 보통 오래된 물건과 고루한 생각을 박물관으로 보내라고 합니다. 박물관 큐레이터로 평생을 일해 온 저로서는 이 말에 절대 동의하지 않습니다. 이어령 전 문화부장관은 "박물관은 죽은 물건을 가져다가 새로운 역사를 창조하는 '문화의 자궁이다'라고 강조하셨습니다. 한 나라의 역사와 문화를 알려면 박물관으로 가라고 했습니다. 박물관에 담겨 있는 선조들의 삶의 흔적을 통해 현재의 우리를 이해하고, 미래를 통찰하는 원천이 될 수 있기 때문입니다.

　박물관 유물 속에는 자연, 역사, 생활, 문화, 경제, 과학도 있습니다. 조선의 풍속화가 신윤복이 그린 "월하정인" 그림이 있습니다. 지금까지는 인문학에서만 연구되었는데, 천문학자 이태형 소장은 그림 속의 두 남녀가 만나고 있는 시각은 1798년 8월 21일 밤 11시 50분 경으로 추론했습니다. 그 단서는 그림 속의 부분월식이 일어난 달 모양과 야삼경(夜三更)이라는 글 속에서 찾았습니다. 그림 속 달은 볼록한 부분이 위로 올라가 있는 독특한 모습으로 초승달도 그믐달도 아닌 개기월식이 일어난 달의 모습이라는 사실을 알아냅니다. 이태형 소장은 달과 지구, 태양의 공전주기를 이용해 신윤복이 활동했던 시기인 18세기 중반부터 19세기 중반까지 약 100년 동안 일어난 월식을 우선 계산했습니다. 그 중 한양에서 관측할 수 있었던 월식은 신윤복이 26살이었던 1784년 8월 30일과 그로부터 9년 뒤인 1793년 8월 21일이었습니다. 그런데 승정원일기에는 당시 날씨가 1784년에는 비가 온 것으로 기록되어 있었습니다. 따라서 월하정인이 그려진 날은 1793년 8월 21일이라는 것을 알아낸 것입니다. 옛 그림과 천문학의 만남으로 얻은 답입니다.

　어릴 때부터 박물관과 친해야 합니다. 박물관을 좋아하는 아이들은 보통 고고학자, 역사학자, 민속학자 등이 될 것이라고 생각합니다. 그러나 박물관을 좋아하는 어린 관람객 속에서 스필버그처럼 천재적인 영화제작자, 세계적인 예술가, 창조적 디자이너, 인류를 책임질 과학자도 틀림없이 나올 것입니다. 과거와 현재, 미래는 뫼비우스의 띠처럼 연결되어 있습니다. 박물관은 자연, 역사와 문화, 과학의 과거 현재 미래를 이어주는 공간입니다. 미래는 창의력과 상상력이 지배하는 사회입니다.

어릴 때부터 창의력과 상상력을 키울 수 있게 많은 것을 경험하고 탐구하는 것이 중요합니다. 박물관이 바로 그 상상력의 주춧돌이 되는 곳입니다. 몇 천년 전의 조상들과 만날 수 있고, 지금도 흉내 낼 수 없는 찬란한 문화유산이 가득합니다. 마음껏 역사 속으로 유영하면 미래를 상상할 수 있습니다. 역사와의 대화는 미래에 대한 상상입니다. 박물관은 과거가 아닙니다. 현재이고 미래입니다. 박물관에서 경험과 추억은 틀림없이 풍성한 미래를 꿈꾸게 만들 것입니다. 이를 위해 국립전주박물관에서 어린이를 위한 다양한 전시, 행사, 놀이 뿐만 아니라, 개인의 생일잔치, 유치원 졸업식에 이르기까지 모든 것을 할 수 있도록 통째로 돌려드리고 있습니다.

[전북일보 3. 12]

단상 8

전주, 선비, 박물관

요즈음 대부분의 사람들에게 좋은 뜻이 담겨있는 '처음처럼'이라는 글귀를 들려주면 원래의 의미를 생각하기 보다는 술의 이름을 먼저 떠올릴 것이다. 현대인들은 물질적 풍요에 비해 인간성 상실, 정체성과 소속감의 부재, 공동체문화의 해체 등으로 몸과 마음을 둘 곳도 둘 바도 모르면서 그저 단순히 '처음처럼' 술로만 세상과 인생을 잊으려고 하고 있지나 않은지 반문해 본다.

얼마 전에 김병일이 쓴 『퇴계처럼』(글항아리, 2012), 『선비처럼(나남, 2015)』두 권 "처음처럼"과 같은 돌림의 책을 읽었다. 『퇴계처럼』에서는 학식이 높고 근엄한 대학자로만 알았던 퇴계선생 아니라 평생토록 자신을 낮추고, 자신보다 지위나 신분이 낮은 사람과 얼마나 공감하고, 배려했는지, 그리고 상대 누구든지 간에 함부로 대하지 않았던 일상 실천적 삶을 살았다고 소개하고 있다. 퇴계는 일상적인 생활 속에서 '겸손'과 '배려', '희생정신'을 어떻게 실천했는지를 가슴 속 깊이 느끼게 한다. 선비와 선비정신은 동서고금을 통해 최고의 사회적 어른이며 인류보편의 정신적 자산이다. 선비는 수양을 바탕으로 다른 사람과의 조화를 추구해나가는 인물이다. 선비가 도야하는 수양의 내용이 자신을 낮추고 남을 높이며, 자신에겐 엄격하고 남에게는 관대한 '박기후인(薄己厚人)'의 정신을 근본으로 한다.

앞으로 선비의 고장 전주에서, 선비문화를 선도하는 국립전주박물관에서 선비문화의 가치를 조명하고 재발견하여, 창출하고 새롭게 선도해 나가려고 한다. 전주 지명 뒤에 '양반', '선비'라는 명칭을 붙여도 어느 누구도 이의를 달지 못한다. 국립박물관 유일의 '선비문화' 중심은 국립전주박물관이다. 국립전주박물관은 '실천하는 지식인'으로서 선비의 모습을 제시하고, 특화된 공간·콘텐츠를 구축하려고 한다. 선비문화를 조사연구하고, 상설전시와 특별전시, 어린이박물관 전시를 통해 가시적으로 구현하며, 선비아카데미와 다양한 교육을 통해 국립전주박물관은 명실공히 국립박물관 유일의 선비문화를 지향하고 있다.

지금 국립전주박물관에서 "선비, 글을 넘어 마음을 전하다" 특별전을 개최하고 있다. 조선시대 선비의 편지글을 통해 우리가 알지 못했던 선비들의 인간적인 면모를 살펴볼 수 있다. 현재 3천편 이상 연구논문이 나올 정도로 유명한 퇴계와 고봉의 100여 통 편지 『양선생서』, 다산이 아내가 보낸 다홍치마에 아들과 딸을 위해 쓴 편지 『하피첩』과 『매화제병도』, 아들에게 고추장을 보낸다는 『연암선생서간첩』, 딸과 사위의 싸움은 타이르는 효종의 편지, 기생과의 추문은 사실이 아니니 걱정마라고 아내에게 보내는 「추사의 한글편지」, 서른에 죽은 사랑하는 남편의 관 속에 넣은 가슴 저미는 애절한 「원이엄마편지」와 머리카락으로 만든 '미투리신발' 등 선비의 편지와 사료를 전시하고 있다. 이번 전시 유물들은 보물, 중요민속자료 등으로 지정된 쉽게 만날 수도 없고 한자리에서 볼 수 없는 희귀한 자료들이다. 근엄하고 학문만 하는 선비들이 아니라 편지로 애틋한 우정, 따스한 사랑, 가족에 대한 애정을 나누었다. 5월은 가정의 달이다. 가족과 함께 꼭 한번 관람 하시기를 권한다 이제 선비와 선비정신에 대한 우리 시대의 왜곡과 편견을 걷어내고 새로이 탐구하고 구현해야 한다. '배려와 섬김'이라는 선비와 선비정신을 현대에 다시 불러내어 오늘날의 새로운 가치관과 자신의 생활 지침으로 삼는다면, 풍요로운 정신문화를 이룩하는 데 해법이 될 수 있다.

[전북일보 2019. 5. 17]

단상 9
인증샷 찍기 좋은 국립전주박물관 만들기

국립전주박물관은 현재 변신 중이다. 국립전주박물관은 역사와 문화를 공부하러 오는 곳이었지만, 여기에 더해 맛있는 것을 먹으러, 재미있는 것을 즐기고 쉬고 위로받고 놀러오는 곳으로 변화하고 있다. 박물관 입구에 전주에서 가장 큰 글자로 "국립전주박물관"이란 문패를 달았고, 밤에는 조명을 비추어 한층 더 멋스러워졌다. 이처럼 어수선한 박물관 입구를 국립전주박물관 격에 맞는 대문으로 만들어 가고 있다.

박물관 앞에 교통표시판을 설치하고 도로노면에 방향표시도 했다. 그러나 도로 표지판이 바뀌면 관람객들이 쉽게 찾아올 수는 있어도, 많이 오게 할 수는 없을 것 같다. 국립전주박물관이 해결해야 할 근본적인 문제는 단순히 접근성을 용이하게 한다고 해결될 문제가 아니라 인지도를 높여야 한다. 각종 온라인 포털 검색창에 '전주여행', '전주명소'를 치면 국립전주박물관이 나오지 않는다. 국립전주박물관의 가장 큰 적은 관람객으로부터 '무관심'이다. 국립전주박물관 만의 새로운 이슈를 지속적으로 만들어내고 관람객의 인식 속에 강력하게 자리 잡히도록 '전주시민도 오게 하는 콘텐츠, 전주에 여행오는 사람들도 오게 하는 콘텐츠'를 지속적으로 만들어 나가야 한다. 무관심을 깨기 위해는 이제까지의 국립전주박물관과는 전혀 달라야 한다.

"전주 거지 갔어?", "전주에 그거 봤어?", "전주에 그거랑 찍었어?" 요즘 사람들을 모을 수 있는 콘텐츠는 '사진찍기 좋은 곳'이다. 요즘

여행객들은 인증샷을 중시한다. 이제 장소가 중요한 것이 아니라 사진이 예쁘게 찍히는 명소가 사람을 모은다. 그러기 위해서는 지금까지의 '문화재, 전시, 큰 건물' 등의 국립전주박물관 관념에서 나아가 앞으로의 국립전주박물관이 인증샷 건지기 좋은 곳, 셀카 잘 나오는 곳, 사진찍기 좋은 곳으로 변모하면 어떨까!

"누구나 한번씩은 부처가 되어보라고 부처님들은 자기의 목을 잘랐구나"로 끝은 맺는 정호승 시인의 '소년부처'라는 시를 유물 설명문으로 삼고 목없는 부처님과 사진 찍으면 누구나 부처님 될 수 있는 장소도 만들었다. 이것을 기점으로 정문 국립전주박물관 문패와 함께 단순한 박물관의 싸인물이 아닌 랜드마크 같은 선비 캐릭터를 개발하여 세우고 싶다. 선비 캐릭터는 국립전주박물관의 상징이자 랜드마크 되고, 사진찍기 좋은 명소로 만들어 주지 않을까. 또한 집모양 가야토기의 꼭대기에 고양이처럼 어린이박물관 옥상에 세상에서 가장 큰 고양이를 그리고, 박물관 곳곳에 사진 찍기 좋은 장소를 앞으로 만들 것이다. 국립전주박물관은 이제 막 이런 변신을 시도하고 있다.

여름에 소나무 숲에 해먹을 설치하고 멍 때리고 쉬면서 위로 받을 수 있는 공간을 만들었다. 올 겨울에는 짚풀 놀이터를 만들려고 한다. 아이들은 놀이가 밥이다. 겨울에도 마음껏 박물관 야외에서 놀게 하고 싶다. 아무리 추운 겨울이라도 짚둥지 안에 들어가면 따뜻하다. 짚은 보온력이 뛰어나고 천연 자연재료다. 짚풀은 어린이놀이 재료로는 안성마춤이다. 짚으로 둥지와 미로를 만들어 마음껏 뛰놀게 하고, 가끔식 동네 어르신들을 모셔와 새끼 꼬고, 멍석 만들고, 짚신 삼는 것을 보고 체득한다면 아이들은 책상머리 바보가 아닌 손재주 많고, 창발적인 존재로 성장해 가지 않을까! 일년 내내 제철보다는 철없이 나오는 과일과 야채를 먹고, 더위와 추위를 모르니 현대인들은 철이 없다. "철을 안다", "철이 났다", "철이 들었다"는 계절의 변화를 알고 씨 뿌리고 기르고 수확하는 성인이 되고, 또한 성숙한 농군이 됐다는 의미이다. 앞으로 국립전주박물관에 자주 놀러 오셔서 인증샷도 건지고 철들 수 있는 많은 역사문화 콘텐츠를 즐기시길 바란다.

[전북일보 2019. 6. 4]

단상 10

『들판의 아이』(아마두 함파테 바/ 북스코프/ 이희정 옮김 / 2008년)

"구전 속에 숨겨진 아프리카 문화의 저력"한 아프리카 소년의 성장소설. 작가(1900~91) 자신인 그 소년은 아프리카의 현자라고 불린 민속학자이자 소설가로, 1962년 유네스코 연설에서 "아프리카에서 한 노인이 숨을 거두는 것은 도서관 하나가 불타는 것과 같다"는 유명한 말을 남겼다.

프랑스의 식민지배를 받았던 말리의 귀족가문 출신인 그는 프랑스 학교에서 교육을 받은 뒤 식민당국의 하급관리를 거쳐 아프리카 종족연구에 일생을 바쳤다. 60년 말리가 독립한 이후 유네스코 집행위원을 지내기도 했다. 그런 그의 스무살까지의 삶이 이 책에 담겼다.

'아프리카 아이들은 이야기를 먹고 자란다'는 부제처럼 이 소설의 주인공 암쿠렐('꼬마 이야기꾼'이란 뜻)은 자신을 둘러싼 모든 이야기를 몸에 새겨놓고 있다. 작가가 이 소설을 쓴 건 여든이 넘어서이고 사후에야 출판됐는데 그의 주변 사람들은 노인이 어릴 때 일을 그토록 세세하게 기억하는 걸 놀라워했다. 그

비밀은 아프리카 구전문화의 전통에 있다. 작가는 "우리는 어렸을 적부터 보고 듣고 관찰하도록 훈련받았다. 아무 것도 새기지 않은 깨끗한 밀랍 위에 찍듯이 모든 일을 우리 기억 속에 간직할 수 있도록…"이라고 설명한다.

암쿠렐의 이야기는 페울족 가운데서도 고귀한 가문의 후손인 조상들에서 시작된다. '들판의 귀'를 가진 외할아버지 파테 풀로, '젖의 여왕'인 외할머니 안타 은디옵디, 가문의 대학살에서 유일하게 살아남은 후손인 아버지 함파테, '바지 입은 여인'이라 불릴 만큼 강인했던 어머니 카디자. 특히 아프리카에서는 어머니를 신성하게 여겼고, 어머니의 말씀에 무조건 복종했다.

암쿠렐은 세살 때 아버지를 잃고 어머니와 재혼한 투클로르족 족장인 티자니의 양자가 된다. 이슬람전통에 따라 코란학교에 다니던 그는 티에르노 보카르라는 스승을 만나지만 열두살 때 프랑스 학교로 차출된다. 삼년 뒤 학교를 무작정 뛰쳐나와 어머니의 집으로 돌아가고 그곳에서 학업을 다시 시작한다. 스무살 때 식민당국의 결정에 따라 임시기간제 서기가 돼 우아가두구로 가는 데서 이야기는 끝난다.

이 소설은 우리에게 낯선 아프리카 전통과 일상을 전해주는 한편 식민당국의 강제와 자신의 문화 사이에서 갈등하는 한 소년의 혼란스러운 성장단계를 따라간다.

그는 코란학교와 프랑스 학교를 오가는데 양쪽의 문화에서는 지식의 의미 자체가 다르다. 스승 티에르노 보카르는 "지식이란 인간 내면에서 타오르는 빛, 조상들이 알아낸 모든 것, 그리고 우리에게 씨앗 형태로 물려준 유산"이라고 말한다. 그렇기에 아프리카에서 노인은 늙은이일 뿐 아니라 박식한 사람을 의미한다.

백인지배의 상황 역시 간접적으로나마 드러난다. 암쿠렐은 알리 아저씨에게서 백인들은 살갗은 희지만 똥은 아프리카 사람들 것보다 시커멓다는 이야기를 듣고 친구들과 함께 백인들의 마을에 잠입해 그들의 똥이 정말 물렁물렁하고 시커멓다는 것을 확인한다. 이것은 백인들의 위선에 대한 아프리카인들의 반항적 시선으로 읽힌다.

어린아이부터 어른까지 왈데라는 모임을 조직해 서로 교류하면서 사회생활을 익히는 풍습, 비록 싸울 때는 물불 안 가리고 잔인하게 싸우지만 결코 상대방의 명예를 깎아내리지 않는 전사들의 태도, 재산의 유무에 상관없이 고귀한 영혼을 잃지 않는 아프리카인들의 모습에서 서구문화에 비해 결코 열등하지 않은 문화적 저력을 느끼게 된다.

이 책에 담긴 성장기 이후 아마두 바는 여러 행정직에 근무하다가 다카르에 위치한 프랑스 '검은아프리카연구소'에서 아프리카 구전문화를 연구했으며 파리에도 체류했다.

[경향신문 2008. 2. 23]

단상 11
박물관장의 다섯 가지 기도

저는 매일 아침에 다섯 가지 기도를 합니다. "박물관에 근무하기 전에는 '일신의 안녕과 개인의 영달을 위해' 기도했고, 박물관장이 되고 난 후에는 '조국과 민족을 위해' 기도하다가 최근에는 여기에 세 가지가 더해졌습니다. '인류의 공존과 공영을 위해', '인종, 동물, 식물 등 자연생태의 건강성 회복을 위해', '우주질서의 안녕을 위해' 매일 기도합니다."라고 하면 대부분 듣는 분은 피식 웃으시고 맙니다. 그런데 저의 기도가 마치 농이 섞인 말처럼 보일 수도 있지만, 그 속에는 가슴 속 저 깊은 곳에서 우러나오는 희망이기도 합니다. 두 번째 기도까지는 누구나 인정을 할 수 있을 것입니다.

세 번째 이후의 기도부터는 좀 의아해 할 것입니다. 이 아름다운 초록별 지구를 지키기 위해서는 우선 인류가 타문화에 대해 다양성과 상대성을 인정하고, 공존과 공영을 위해 함께 노력해야 한다는 기도입니다. 그동안 저는 국립민속박물관에서 인류공통의 문화요소인, 샤만, 혼례, 청바지, 소금, 장난감과 인형 등을 조사하여 전시했습니다. 국립민속박물관에서 다루기엔 조금은 생소했던 주제 '청바지'는 19세기 중반 미국 서부광산 노동자의 작업복으로 탄생해 어떻게 세계인의 일상복이 되었는지를 조사하고 전시하여 큰 반향을 불러 일으켰습니다. 이웃을 잘못 만나면 이사가 가면 그나마 해결될 수 있지만 이웃나라를 잘못 만나면 나라를 옮길 수도 없고 아주 난처한 일입니다. 박물관을 통해 우리와 다른 역사와 문화를 가진 민족과 나라들을 이해하고 공존하고 공영할 수 있는 안목과 마음을 키워야 합니다. 세 번째 기도를 답하는 타문화, 인류학박물관은 전라북도에는 없습니다만 앞으로 국립전주박물관이 그 역할을 하겠습니다.

네 번째 인종, 식물, 동물 등 자연생태계의 균형을 위한 기도는 정말 지구와 인류의 미래를 좌우합니다. 인간들은 심심하면, 동물을 빗대어 욕지거리를 합니다. 그런데 동물세계에서 가장 나쁜 욕은 '인간 같은 놈'일 것입니다. 인종이야 말로 지구의 주인인양 자연을 훼손하고 환경을 오염시키면서 지구 멸망을 앞당기고 있습니다. 인종 이외에 지구의 주인은 많습니다. 식물계, 동물계도 어엿한 지구의 주인들입니다. 2017년 국립민속박물관에서 "쓰레기"전시를 통해 인간 문화에서 버린 모든 것이 얼마나 인류의 환경과 미래를 위협하는 지를 가늠해 보았습니다. 진시황도 결국 못찾았던 불로장생의 영약은 오늘날 영원히 없어지지 않는 스치로폼 물질로 나타났고, 18만년을 산 '삼천갑자동박삭'보다 더 오래 사는 유리·플락스틱·비닐 등 신 십장생이 새롭게 등장했습니다. 인류의 미래를 위협하는 물질입니다. 자연생태계의 획복과 균형을 위한 네 번째 저의 기도는 식물원, 동물원, 생태원, 자연사박물관에서 답하리라 믿습니다.

다섯 번째 '우주질서의 안녕'입니다. 참으로 중요한 명제입니다. 해가 뜨고 지고, 달이 뜨고 지고, 계절이 바뀌고, 밤하늘의 수많은 별들은 반짝입니다. 이 모두가 어우러지는 하나의 질서와 조화 속에서 우주가 운행됩니다. 만에 하나 어느 하나라도 질서에서 벗어나면 대재

앙이 지구에 닥칩니다. 얼마전 진주 인근에서 떨어진 운석도 어찌 보면 작은 우주질서의 반란입니다. 언론에서는 운석의 경제적 가치만 야단치레 따졌지, 우주의 수수께끼를 풀 수 있는 중요한 과학적 증거라는 사실은 대부분 외면했습니다. 이제 우리는 우주질서의 안녕에 대해서도 기도해야 합니다. 다섯 번째 기도는 우주항공박물관, 천문대 등에서 답을 구할 수 있습니다.

박물관에 놀러 가십시오. 박물관 존재의 필요성에 대한 철학적 바탕을 느끼게 될 이 다섯 기도의 답을 구할 수 있을 것입니다.

[전북일보 4. 9]

포항과
한시

권용호

권용호

경북 포항 출생. 중국 난징대 중문과에서 박사학위를 취득했다. 현재 한동대 객원교수로 있으면서 중국 고전문학 연구와 번역에 힘을 쏟고 있다. 포항 토박이로서 포항의 역사와 문화에도 큰 관심을 갖고 기고와 저술 활동을 하고 있다. 학술원 우수도서 및 세종도서에 네 차례 선정된 바 있다(2001, 2007, 2018, 2020). 지은 책으로는 『아름다운 중국문학1, 2』『중국문학의 탄생』『옛 지도로 보는 포항』『포항한시』등이 있고, 번역한 책으로는 『초사』『장자내편역주』『한비자1, 2, 3』『서경』『경전석사』『수서열전1, 2, 3』『수서경적지』『수서지리지』『포항지리지』등이 있다.

포항과 한시

　포항과 한시는 왠지 잘 어울릴 것 같지 않은 조합 같습니다. 공업 도시로 각인된 포항에서 한시는 다른 고장의 이야기로만 들리기 때문입니다. 그렇지만 놀랍게도 포항에는 많은 한시와 그에 얽힌 흥미로운 이야기가 전해옵니다. 그동안 우리가 모르는 채 문헌 속에 잠들어 있었던 것이죠. 이제 그 놀라운 이야기를 품은 한시를 깨워보고자 합니다.

　'포항 한시'란 포항지역에서 지어진 한시를 말합니다. 이들 한시는 대부분이 고려 말에서 조선 후기까지 600여 년에 이르는 시간 동안 지어졌습니다. 조선 시대 포항에는 흥해군·영일현·청하현·장기현 네 개의 고을이 있었습니다. '포항 한시'라고 하면 보통 이 네 고을에서 지어진 한시를 말하는 것이겠죠. 여기에 한 곳 더 보태면, 조선 시대 경주에 속했지만 지금은 포항시에 속한 죽장입니다. 죽장에서도 위의 네 고을 못지않게 많은 한시가 지어졌기 때문이죠.

　우선 필자가 출간한 『포항 한시』(도서출판 나루, 2021)에 근거해서 각 고을에서 지어진 한시의 수량을 살펴보겠습니다.[1]

1　아래의 통계에서 신광·기계·기북은 조선 시대 때 경주 지역에 속했기 때문에 통계에서 제외했다. 참고로 『포항 한시』에 수록된 통계를 보면, 신광은 33수, 기계는 46수, 기북은 18수의 한시가 있다.

행정구역	수량	총계
흥해	295수	295수
청하(송라)	341수(12수)	353수
영일(포항, 오천, 대송, 동해)	44수(86수, 46수, 4수, 1수)	181수
장기(구룡포, 호미곶)	154수(15수, 7수)	176수
죽장	257수	257수

수록한 시를 보면 흥해·청하·죽장에서 지어진 시들이 특히 많습니다. 흥해 관련 시는 망진루(望辰樓)·곡강서원의 문루인 제월루(霽月樓)·오도(鳥島) 등에서 많이 지어졌지만, 읊은 곳이 대부분 사라진 것이 아쉬운 점입니다. 청하 관련 시는 내연산과 보경사의 비중이 높은 편입니다. 청하 관련 시 341수 중 내연산 관련 시가 176수, 보경사 관련 시가 47수로, 총 223수에 이릅니다. 이는 청하의 전체 시에서 65%를 차지하는 분량이죠. 영일은 현재 행정구역상 여러 곳으로 나누어져 시가 분산되었지만 합해보면 그 수량이 적지 않습니다. 이중 영일현 북면에 속했던 '포항'을 읊은 시는 86수 정도 보이는데[2], 주로 조선 후기에서 일제강점기 때까지 많이 지어졌습니다. 내용을 보면 포항의 옛 모습과 문화를 잘 이해할 수 있어 시로 쓴 포항의 역사라고 할 수 있습니다. 장기 관련 시는 일출이나 바다를 읊은 시들이 많이 보이지만 무엇보다 유배를 당한 문인이 겪는 고초와 그 가족이 느끼는 고통에 관한 시가 많습니다. 죽장면은 입암 28경 형식으로 지은 시가 많은 것이 특징입니다. 죽장 관련 시 257수 중 28경 형식으로 지어진

---

2   86수는 형산강(兄山江)을 노래한 한시까지 포함한 수치이다. '포항'만 노래한 한시는 총 53수이다.

시는 168수로 전체의 65%를 차지하죠. 이러한 한시를 통해서 우리는 시 자체의 작품성뿐만 아니라 우리 지역 곳곳이 많은 문인의 아픔과 고뇌를 해소하고 품어준 곳임을 알 수 있습니다. 또한 그들이 시를 남긴 곳은 그 자체로 유적지이자 문화라고 할 수 있습니다.

흥해·청하·영일·장기·죽장에서 한시가 많이 지어질 수 있었던 것에는 몇 가지 요인이 있었습니다. 첫째는 유배지와 은거지였습니다. 특히 장기는 전라도와 더불어 조선 시대 대표적인 유배지였습니다. 송시열·정약용·김수흥 같은 조정에서 이름난 문신들이 유배를 오면서 많은 한시가 지어졌습니다. 죽장은 큰 산이 많고 골짜기가 깊어 선비들이 은거하기 좋은 곳이었습니다. 이곳에 온 선비들은 척박한 환경 속에서 학문과 문화를 꽃피웠습니다. 둘째는 승경지가 많았습니다. 내연산·운제산·형산강 같은 아름다운 산천도 있고, 보경사와 오어사 같은 고찰도 있었습니다. 포항에서 한시가 가장 많이 지어진 곳이 바로 내연사와 보경사인 것을 보면 승경지가 많았던 점 역시 포항에서 한시가 많이 지어진 이유라고 할 수 있겠습니다. 셋째, 바다가 있었습니다. 흥해·영일·청하·장기의 공통점은 모두 바다를 끼고 있는 고을이라는 점입니다. 바다는 이곳을 지나는 문인들의 시상을 자극하였고, 그들에게 더없는 시의 소재를 제공했습니다. 그들은 드넓은 바다, 장엄한 해돋이, 유영하는 고래를 보며 자신의 염원과 심사를 기탁했습니다. 이런 점은 내륙에 있었던 큰 마을이 가질 수 없는 우리 지역만의 장점이라고 하겠습니다.

'포항' 지명이 들어간 한시는 영조 7년(1731) 영일현의 북부 지역에 포항창(浦項倉)이라는 국가적 식량창고의 설치 이후로 나오기 시작합니다. 국가적인 식량창고의 설치로 인구가 유입되고 경제가 활성화되었습니다. 이로 1700년 후반에서 1800년 초반까지 '포항'이라는 이름의 마을이 형성되면서, '포항'은 식량창고 이름에서 지명으로 등장합니다. 포항이 지명으로서 문헌에 정식으로 보이기 시작한 것은 포항창이 설치된 지 약 100년 이후인데요, 바로 1833년에 나온 《경상도읍지(慶尙道邑誌)》에서입니다. 이 책의 〈방리(坊里)〉에서 '영일현 북면 포항리(迎日縣 北面 浦項里)'라고 한 것에서 확인할 수 있죠. 포항창이 세워질 초기인 1750년대 이전까지는 이렇다 할 '포항' 지명이 들어간 한시는 보이지 않습니다. 그러다가 '포항'이 지명으로 쓰이기 시작하는 1700년 후반에서 《경상도읍지》가 나온 1833년 이전까지 '포항' 지명이 들어가는 시가 조금씩 지어집니다. 필자가 발굴한 포항 관련 한시 53수 중 8수가 이 무렵에 지어졌습니다(아래 표 참고). 1833년 이후로는 '포항' 지명이 널리 알려지면서 '포항' 지명이 들어가는 한시가 본격적으로 지어지는데, 이전 시기보다 수량이 비약적으로 증가합니다. 이는 '포항'이라는 지명이 확고하게 자리 잡아 문인들이 한시에서 자연스럽게 사용했기 때문으로 보입니다. 필자가 발굴한 포항 관련 53수의 한시 중 41수가 1833년 이후에 지어졌습니다(아래 표 참고). 다만 흥해·청하·영일·장기·죽장에서 지어진 한시에 비하면, 창작시기가 확연히 늦고, 수량도 훨씬 적은 편입니다. 그러나 최초로 포항을 읊은 한시이고, 포항의 초기 모습을 잘 보여주는 점에서 포항 역사에서는 귀한 자료라고 할 수 있습니다.

 필자가 발굴한 53수의 '포항' 지명이 들어가는 한시는 아래와 같습니다.

	작가(생몰연대)	제목
1	김희조 (金喜祖; 1680~1752)	포항의 누에머리처럼 솟은 배에서 노닐며 (浦項蠶頭船遊)
2	정중기 (鄭重器; 1685~1757)	포항촌(浦項村)
3~5	남경희 (南景羲; 1748~1812)	포항에 배를 대고, 함께 두보(杜甫)의 시운을 땄는데, 내가 세 수를 짓고(舟下浦項, 共拈杜韻, 余賦三首) 3수
6	이효상 (李孝相; 1774~?)	9월 27일 장사하는 왜인 11명이 두모진까지 표류하여(九月二十七日商倭十一人漂泊豆毛津)
7	〃	포촌에서 죽림서당을 지나며 (浦村過竹林書塾)
8	〃	용담동 개오동나무 아래를 지나서 죽림서당에 묵으며(自龍潭楸下過宿竹林村塾)
9	사공억 (司空檍; 1805~1841)	비에 막혀 포항에 묵으며(宿浦項阻雨)
10	〃	포항의 물가를 지나며(過浦洲)
11~12	〃	포항에서 서대아 형제에게 장난삼아 주며 (浦項戲贈徐大雅昆弟)
13	〃	밥을 먹음에 생선이 없어(食無魚)
14	〃	소금의 섬(鹽島)
15	허훈 (許薰; 1836~1907)	죽도에 정박하며(泊竹島)
16	〃	죽도의 배에서(竹島舟中)
17	이관영 (李觀永; 1839~?)	오천의 여러 벗과 포항에서 뱃놀이하고, 포장의 동주헌 시에 차운하며 (與烏川諸益爲浦項舟遊, 用浦將銅軒軒韻)
18	권상현 (權象鉉; 1851~1929)	포항에서 바다를 보며(浦項觀海)

19	이현구 (李鉉九; 1856~1944)	연일 포항(延日浦港)
20	정해영 (鄭海榮; 1868~1946)	포항(浦項)
21	김재형 (金在瀅; 1869~1939)	포항에서 바라를 보며(浦項觀海)
22	류시봉 (柳時鳳; 1869~1951)	연일 지곡에 묵으며(宿延日芝谷)
23	권석찬 (權錫瓚; 1873~1957)	포항에 머물며(泊浦項)
24	〃	포항으로 돌아와 묵으며(歸泊浦項)
25~34	〃	포항 10경 시에 차운하며(次浦項十景韻) 10수
35	〃	포항으로 돌아오는 길에 최 참봉, 안소석과 함께 읊으며(浦項歸路與崔參奉安小石共吟)
36	송기식 (宋基植; 1878~1949)	저녁에 포항 나루터를 건너면서 읊으며 (暮渡浦項津口號)
37	신봉래 (申鳳來; 1878~1947)	포항(浦項)
38	배병한 (裴炳翰; 1882~1948)	저녁에 포항에 도착하여(暮抵浦項)
39	홍재하 (洪載夏; 1882~1949)	포항(浦項)
40	김진종 (金振鍾; 1883~1951)	포항에서 벗들과 밤에 읊으며(與諸友夜吟浦項)
41	박곤복 (朴坤復; 1896~1948)	포항에서 달밤에 바다를 바라보며 (浦項月夜觀海)
42	이종각 (李鍾珏; 1896~1972)	포항에서 글벗들과 함께(於浦項同詞伯)

43	〃	포항에서 글벗들과 함께 또(又)
44	〃	포항에서 글벗들과 함께 또(又)
45	〃	포항 가는 길에서 느낌이 일어 (浦項路上感懷吟)
46	〃	포항의 여러 벗이 찾아주며(浦項諸益見訪)
47	〃	대항에서 바다를 바라보며(大項觀海)
48	권택용 (權宅容; 1903~1987)	연일 포항(延日浦港)
49	이승태 (李承台; 1911~1985)	봄날에 포항을 유람하며(春日遊浦項)
50	하정식 (河禎植; 1912~1990)	포항에서 형제를 만나(浦項相逢兄弟)
51~53	조병하 (曺秉夏; 미상)	바다를 보고 돌아와 포항에 묵으며 원효형 칠우회 시에 차운하며 (觀海歸路宿浦項, 次原孝衡七偶懷韻) 3수

《포항 한시》, 도서출판 나루, 2021 참고

　'포항' 지명이 들어가는 한시를 지은 작가들은 대부분 지역에 연고가 있었던 문인과 포항을 지나가던 문인이었습니다. 포항지역 출신 문인으로 확인되는 사람은 흥해에 살았던 이효상과 포항과 영천 일대에 살았던 권석찬이 있습니다. 이외의 작가들은 타지 출신으로 포항에 와서 한시를 지었거나 생애가 불분명한 경우입니다. 이들은 포항의 다양한 모습을 시에 담았습니다. 영일만에서 뛰어노는 고래, 생선 가게의 활기찬 모습, 염전을 일구는 사람들, 옛 시가지의 모습, 형산강을 오가는 배들, 동해의 해돋이 같은 귀한 장면들을 시에 담았습니다. 이중 매산(梅山) 정중기(鄭重器; 1685~1757)의 《포항촌(浦項村)》

은 1750년 전후의 포항의 모습을 잘 보여주는 귀한 시입니다.

말 타고 형강의 물가까지 오니,	走馬兄江江水湄,
이어진 모래 십 리엔 석양 질 때네.	平沙十里夕陽時.
오천의 빼어난 모습은 서라벌을 누르고,	烏川形勝控徐伐,
동해의 바람과 물결 오랑캐 섬까지 출렁이네.	鰈海風濤漾島夷.
근 천 세대의 어촌은 흰 비단 입은 벽 같고,	漁屋近千納被壁,
백여 척의 상선은 삼으로 밧줄을 삼았네.	商船餘百枲爲維.
큰길은 서쪽으로 장안 가는 길까지 뚫리고,	通衢西徹長安道,
구름처럼 떠돌다 주막의 깃발 바라보네.	行旅如雲望酒旗.

　시에서 '근 천 세대의 어촌', '백여 척의 상선'이라고 했습니다. 이를 통해 당시 포항에 어느 정도의 인구가 형성되었고, 영일만으로 얼마나 많은 배가 오갔음을 엿볼 수 있습니다. 이외에도 이효상(李孝相; 1774~?)의《9월 27일 장사하는 왜인 11명이 두모진까지 표류하여(九月二十七日商倭十一人漂泊豆毛津)》는 지금의 영일대해수욕장까지 표류한 일본인들을 따뜻하게 맞아준 지역 주민들의 이야기가, 사공억(司空檍; 1805~1841)의《소금의 섬(鹽島)》은 해도에서 염전을 일군 사람들의 이야기가, 권석찬(權錫瓚; 1873~1957)의《포항 10경 시에 차운하며(次浦項十景韻)》10수는 그 시절 포항의 10경 이야기가 흥미롭게 나옵니다. 이러한 시들은 기존 사료 외에 간접적으로 포항의 옛 모습을 보여주는 귀한 자료라고 할 수 있어, 가히 '포항 시사(詩史)'라고 불러도 손색이 없을 것입니다.

한시로 보는 포항

552년의 역사를 품은 우현(牛峴)

우현은 원래 포항에서 흥해로 넘어가는 고개 이름입니다. 지금은 소티재로 잘 알려진 고개죠. 우리가 늘 지나다니는 이 고개가 실은 최소 552년의 역사를 품고 있다는 사실을 아시나요? '우현' 명칭은 조선 예종 1년(1469)에 나온 《경상도속찬지리지(慶尙道續撰地理志)》에 최초로 보입니다. 아주 먼 옛날부터 우리 선조들은 이 고개를 이용했나 봅니다. 《경상도속찬지리지》의 기록이 중요한 것은 이후 '우현' 명칭이 280여 년이 지난 1750년대에 나온 《해동지도》에서 보이기 때문이죠. 《경상도속찬지리지》의 이 기록이 없었더라면, 우리는 '우현'의 역사를 기껏해야 1750년대로 볼 수밖에 없었을 테니까요. 《경상도속찬지리지》의 기록으로 '우현'의 역사가 최소 1469년 이전으로 거슬러 올라간 것이죠.

조선 후기 흥해 출신 문인 이효상의 《용담동 개오동나무 아래를 지나서 죽림서당에 묵으며(自龍潭楸下過宿竹林村塾)》는 '우현'과 포항의 옛 지명이 나오는 아주 흥미로운 시입니다.

백발노인 유유자적 짧은 대지팡이 짚고,   飄然白髮短笻枝,
한식날 동풍에 가는 길 더디네.   寒食東風道路遲.
아침부터 술 취하니 소티재 오르기 귀찮고,   牛峴倦登朝醉後,
용담에 겨우 도착하니 밥 짓는 저녁때네.   龍潭纔到夕炊時.
젖은 논두렁길의 비와 이슬 해마다 고맙고,   瀧阡雨露經年感,

강가 가게 꾀꼬리와 꽃은 세대 건너 기약하네.　　江店鶯花隔世期.
죽림 사는 어떤 선비의 집을 지나니,　　　　　行過竹林居士屋,
문 열고 웃으며 새로 지은 시를 말씀하네.　　　開門一笑話新詩.

　시는 흥해에서 우현, 즉 소티재를 거쳐 용흥동의 죽림서당으로 가
는 길의 주변 풍광과 도착한 후 죽림산의 선비와 시를 논한 모습을
정겹게 읊었습니다. 한식날 작가는 용흥동에 볼일이 있어 길을 나선
모양입니다. 봄바람은 부는데 아침부터 취기가 올랐군요. 설상가상
으로 앞에는 소티재가 버티고 있으니, 가는 길이 더욱 더뎌집니다.
길에서 봄꽃 구경하느라 시간은 또 지체되었습니다. 그 결과 아침에
나선 길이 저녁이 되어서야 목적지인 죽림서당에 도착하게 되었습니
다. 그러나 이렇게 힘들게 도착한 후에는 자신을 반갑게 맞이해주는

포항에서 흥해로 바라본 소티재의 모습. 저 멀리 비학산이 보인다

선비가 읊어주는 시에 하루의 피곤함이 눈 녹듯 깨끗이 사라집니다. 참 기막힌 반전이 일어난 셈이죠.

시에는 '우현' 외에도 '용담(龍潭)'·'죽림(竹林)' 같은 포항의 옛 지명이 나옵니다. '용담'은 지금의 용흥동을 말합니다. 용담은 용당(龍堂)이라고도 하는데요, 지금의 남부초등학교 자리에 있던 용소(龍沼)에서 용이 하늘로 올라갔다 하여 당을 세우고 제사를 지냈던 곳입니다. '죽림'은 죽림산으로, 탑산으로 잘 알려진 나지막한 산입니다.

소금의 섬, 해도(海島)

해도동과 염전산업에 얽힌 흥미로운 이야기를 해볼까 합니다. 해도는 '바다 해(海)'자와 '섬 도(島)'자로 이뤄져 있습니다. 그러니까 해도는 섬이었다는 것이죠. 해도가 섬이었다는 것에 의아해하시는 분들이 있을지 모르겠습니다. 사실 포항의 지명에는 '섬 도'자가 들어간 지명이 제법 많습니다. 해도·상도·죽도·송도·대도 같은 곳이 있죠. 이런 곳은 모두 이전에 섬이었습니다. '섬 도'자가 들어간 곳의 역사만 알아도 포항 역사를 꽤 안다고 볼 수 있죠. 이중 해도는 포항 역사에서 흥미로운 역사를 품고 있는 곳입니다.

해도는 조선 말기 이전까지는 이름대로 섬이었습니다. 이곳은 형산강의 가장 하류에 있었고 바다와 맞닿아 있습니다. 조선 시대에 나온 지도를 보면 죽도와 함께 확연히 섬인 것을 알 수 있습니다. 심지어 어떤 지도에는 영일만에 둥둥 떠 있는 외딴 섬처럼 보이기도 했죠. 당시 사람들은 이를 두고 홀로 육지에서 멀리 떨어져 있는 섬이라 해서, 해도를 '독도(獨島)' 또는 '딴섬'으로 부르기도 했죠.

해도는 형산강 하류에 쌓인 퇴적물로 강보다 지면이 높아져 육지로 변해갔습니다. 그러자 사람들이 이곳에 들어가면서 본격적으로 개발되기 시작했죠. 해도가 행정구역으로 포항 역사에 보이는 것은 1871년에 나온 《영남읍지(嶺南邑誌)》가 아닐까 싶습니다. 여기에는 해도가 영일현 읍내면에 속한 것으로 나옵니다. 해도는 1914년에 포항면에 편입되었다가, 1917년에는 형산면에 편입됩니다. 그러다 1949년 8월 15일 포항시 해도동으로 개편되었습니다. 1970년 포항제철이 들어서면서 인구가 늘어나 1982년 9월 1일 해도 1동과 2동으로 나누어져서 지금에 이르고 있죠.

해도의 역사에서 빠뜨릴 수 없는 것이 바로 염전을 일군 이야기일 것입니다. 말씀드렸듯이 해도는 포항의 다른 섬들보다 바다에 가까워 수시로 바닷물이 올라왔습니다. 이 바닷물을 이용해 사람들은 염전을 일구었던 것이죠. 문인들도 포항에 오면 해도에서 염전을 일구는 이 흥미로운 모습을 시에 담았습니다. 그중에서 조선 후기의 유학자 사공억의 《소금의 섬(鹽島)》은 이런 모습을 잘 보여주죠.

언덕 같은 소금 모래와 연못 같은 솥,	醎沙如皐鼎如池,
흰 나무와 긴 바가지로 눈을 싹 털어내네.	白木長匏斗雪漸.
연기 가에 서서 손으로 그을음 묻은 옷 털고,	手拂煤衣烟際立,
일꾼들 서둘러 맑아진 바다로 달려가네.	儕人忙趁海晴時.

시는 해도에 쌓인 소금과 이곳에서 작업하는 사람들의 모습을 생동적으로 읊고 있습니다. '언덕 같은 소금'과 '연못 같은 솥'은 해도

의 염전이 어느 정도로 성했는지 짐작할 수 있게 해줍니다. 지금으로 서는 상상하지 못할 광경입니다. 해도는 이렇게 초창기에 사람들이 이곳에서 염전을 일구면서 마을이 형성되기 시작했습니다. 이곳에서 생산된 소금은 윤택하고 고와서 조선 시대에는 임금님께도 진상되었 다고도 전합니다. 동네 이름도 빛이 곱고 윤이 난다 하여 한때 금산 동(金山洞)이라 불렀죠.

이곳의 소금은 바닷물을 가두고 햇빛에 말리는 서해안의 천일염과 는 달리 특이한 방법으로 소금을 만들었습니다. 흙을 평평하게 깔아 놓고, 그 위로 바닷물이 드나들게 했습니다. 바닷물을 어느 정도 머 금으면 그 흙을 푹 눌러 짜서 움막을 지었습니다. 움막을 지은 흙에 서 나오는 바닷물을 큰 솥에 삶으면 소금이 되었습니다. 움막의 흙은 다시 평평하게 깔아 바닷물이 드나들기를 기다렸죠. 흙을 이용했기 때문에 처음에는 누런색을 띠었지만 일정 기간 지나면 하얀 빛깔을 드러냈습니다.

이렇게 독특하게 만든 소금을 당시에는 (삶은 소금의 의미로) 자염(煮 鹽)이라 했습니다. 해도 자염은 당시 포항의 10대 명물로 손꼽힐 만큼 유명했습니다. 조선 후기의 유학자 권석찬은 《포항 10경 시에 차운 하며(次浦項十景韻)》의 《해도자염(海島煮鹽)》에서 이렇게 노래했습니다.

나는 소금 농사는 서리 두려워하지 않음 알고,   我識鹽農不怕霜,
진양같이 마을을 뒤덮는 공업 이룬 사람 몇이던가. 蓋州功業幾秦陽.
만일 이 방법을 우리나라에 옮긴다면,   若將玆法移於國,
사람들 부유한 고을로 가는 것 근심하지 않으리.   不患人歸富貴鄉.

이곳에서 생산된 자염은 품질이 워낙 좋아 전국적으로 팔려나갔습니다. 당시 소금을 실어 나르는 마차가 밤낮을 가리지 않고 드나들었고 짐꾼들도 북적였다고 하죠. 1961년까지만 해도 경영한 염전 면적이 약 8만 평에 달했고, 20여 가구가 염전산업에 종사하여 연간 1500~2000가마니 정도의 소금을 생산했습니다. 아이들은 소금이 쌓인 곳에서 미끄럼을 타기도 하고, 누렇고 하얀 소금을 손으로 찍어 먹기도 했죠.

그러나 이곳의 염전은 오래가지 못했습니다. 한국전쟁이 끝나자 연료비 상승으로 생산단가를 맞출 수 없었습니다. 서해안의 천일염과의 가격경쟁에서 뒤진 것이죠. 결국 제염업자들이 하나둘씩 도산위기에 빠지면서 앞날을 걱정하는 신세가 되었죠. 이에 1960년대 초

해도에서 염전을 일군 모습. 그림의 하얀 것이 바로 소금이다.

정부에서 제염업자들에게 보상금을 지급하면서 이곳의 염전산업은 막을 내렸습니다.

후에 포스코의 건립으로 해도동에 많은 인구가 유입되면서 개발이 가속화되어 지금처럼 변모했지요. 한때 우리 지역에 전국적인 염전산업이 발달했다는 것이 흥미롭게 다가옵니다. 이러한 포항의 흥미로운 옛 역사를 잊어서는 안 될 거 같습니다.

영일만 앞바다의 고래

포항지역은 예로부터 고래와도 깊은 관련이 있었습니다. 영일만은 차고 푸르며 얕지도 깊지도 않은 바닷물과 날카롭게 치고 나간 육지의 형상이 방파제 역할을 해준 결과로 안정적인 조류에 난류와 한류

울산 반구대 암각화에 보이는 고래들의 모습

가 만나는 어장환경으로 고래가 새끼를 낳고 기를 수 있는 최적의 장소였습니다. 배 위에서 관찰할 수 있는 고래의 종류만도 10여 종이 넘었습니다. 이중 귀신고래는 학명마저 '한국 회색 고래'의 의미로 'Korean Gray Whale'로 불리기도 했었죠. 귀신고래의 몸길이는 12m 정도이고, 몸무게는 14~35톤 정도 나간다고 합니다. 이 고래는 북태평양에서만 사는데 여름에는 빙해에서 지내고, 겨울에는 우리나라의 동해까지 남하하죠. 고래에 대한 기록은 울산 반구대 암각화가 아닌가 싶은데요, 다양한 고래가 한 화면에 집중적으로 묘사된 것이 특징인데, 암각화에 등장하는 고래로는 북방긴수염고래, 귀신고래, 참고래, 범고래, 참돌고래 등 모두 11종에 67점이나 된다고 합니다.

조선 시대 포항지역을 들렀던 문인들도 영일만에서 본 고래의 모습을 시에 담았습니다. 사공억의 《비에 막혀 포항에 묵으며(宿浦項阻雨)》는 비 오는 날 영일만 앞바다에서 거품을 뿜어내는 고래의 모습을 시 속에 담았습니다.

아득한 해 뜨는 동쪽에서 서성이니,   扶桑東畔渺徘徊,
역량은 다하기 어려운데 바다는 드넓네.   力量難窮滄海恢.
거대한 산이 우뚝 오르는 것 같다가,   突兀有時騰鉅嶽,
온종일 쿵쾅하며 미친 벼락 소릴 내네.   砰訇終日起狂雷.
고래 거품과 섞인 비바람 쏴 지나가면,   雨和鯨沫颼颼過,
생선 비린내 머금은 바람 차례로 오네.   風帶魚腥陣陣來.
잠자다 갑자기 소금 섬 사라진 것 놀라고,   睡覺忽驚鹽島沒,
오천의 멀리 가는 배 뉘게 몰아 달라 하나.   烏川征棹倩誰開.

시의 '고래 거품'과 '소금 섬'은 그야말로 당시 포항의 바다에서만 볼 수 있었던 장관이었습니다. 이뿐만 아니라 지금의 이가리닻전망대와 포스코 수련원 사이에 조경대(釣鯨臺)라는 누대가 있었는데요. 이 누대도 고래와 연관이 있었습니다. 이곳은 원래 거울같이 맑은 누대의 의미로 조경대(照鏡臺)라고 했는데, 후에 청하에 유배를 온 류숙(柳潚: 1564~1636)이라는 분이 월포 바닷가 멀리 어부가 고래를 잡는 모습을 보고 고래를 낚는 누대라는 의미로 조경대라고 했다고 전합니다.

1900년 전후로도 많은 고래가 영일만에서 뛰어 노닌 것으로 추측이 되는데요, 이에 대해서는 1900년까지만 해도 영일만에 고래가 터져나갈 정도로 많았다는 기록이 있고, 당시 조업을 나온 미국과 일본의 포경선도 영일만에서 고래들이 많이 뛰어놀고 있음을 증언하고 있기 때문이죠.

아쉽게도 지금 영일만 일대에는 고래의 자취를 찾아보기 어렵습니다. 그렇지만 동해에서 유영하던 고래가 우리에게 남긴 자취는 작지 않습니다. 고래는 노래로 시로 우리 삶 속에 남아 우리의 삶을 위로하고 꿈을 주고 있기 때문입니다. 송창식의 《고래사냥》이라는 노래를 보면, '동해 바다로 신화처럼 숨을 쉬는 고래 잡으러'라는 가사가 있죠. 또 정호승 시인의 《고래를 위하여》라는 시도 있습니다.

푸른 바다에 고래가 없으면
푸른 바다가 아니지
마음속에 푸른 바다의 고래 한 마리 키우지 않으면
청년이 아니지

푸른 바다가 고래를 위하여
푸르다는 걸 아직 모르는 사람은
아직 사랑을 모르지

고래도 가끔 수평선 위로 치솟아올라
별을 바라본다
나도 가끔 내 마음속의 고래를 위하여
밤하늘 별들을 바라본다

이 시는 비단 청년들뿐만 아니라 우리 모두에게 고래는 큰 꿈을 주고 잃어버린 꿈을 다시 꾸게 해주죠. 그래서 영일만에 다시 고래가 다시 돌아오길 소망해봅니다. 고래가 돌아오면 우리 지역은 다시 건강한 생태계를 회복했다는 것이고, 우리는 고래를 보며 즐거워하고 다시 꿈을 꿀 수 있으니까요.

동해의 해돋이

바다와 인접한 포항은 예로부터 해와 뗄 수 없는 관계를 맺었습니다. 멀리 볼 것도 없이 '영일'이라는 지명에서 보듯 일찍부터 해와 큰 관련이 있습니다. 영일은 '해를 맞이한다'는 뜻으로, 이 자체가 해돋이를 아주 신성시했음을 보여줍니다. 문인들에게 이 장관은 놓칠 수 없는 소재였습니다.

많은 문인이 우리 지역을 지나가며 동해의 장엄한 해돋이를 보고 노래했습니다. 그들은 해돋이를 보면서 마음속 염원을 기원하고 울적한 심사를 풀었습니다. 일제강점기 때의 유학자 정해영(鄭海榮; 1868년~1946)의 《포항(浦項)》은 장엄한 해돋이와 자신의 신세를 비유하면서 해돋이를 본 후의 감개무량함을 시로 표현했습니다.

만 리 해 뜨는 부상 지척에 보이건만,	萬里扶桑咫尺看,
이곳에서 보니 물이 난처하게 만드네.	看於此者水爲難.
내 목숨 창해의 좁쌀 한 알과 같음을 슬프고,	渺然一粟哀吾命,
깊고 튼튼한 술통에 마음 절로 가벼워지네.	彊强深樽意自寬.

조선 후기의 유생인 이현구(李鉉九; 1856~1944)의 《연일 포항(延日浦港)[3]》은 가없는 동해에서 신선이 된 것 같은 기분을 느끼며 본 장엄한 해돋이 장면을 노래했습니다.

번화한 바다 마을 동쪽에서 땅 다하고,	海巷繁華地盡東,
순간 열자처럼 긴 바람 타고 하늘 나네.	冷然列子駕長風.
조수는 배를 치고 하늘은 벽해와 이어졌고,	潮衝畫舶天連碧,
새벽엔 맑은 구름 헤치고 붉은 해 나오네.	曉拂晴雲日出紅.

또 지금 포스코가 들어선 어룡사 해변에서 바라본 해돋이는 송림과 어우러져 장관을 연출했는데요, 조선 세조 때의 문인 점필재(佔畢齋) 김종직(金宗直)(1431~1492)은 《영일현인빈당기(迎日縣寅賓堂記)》에서

3　포항(浦港)의 '항'자는 '항(項)'이 되어야 하지 않을까 싶다. 작가가 포항이 바다와 접해 있어 '항'자는 '항구'의 의미인 '항(港)'으로 쓴 것이 아닌가 싶다.

다음과 같이 기록했습니다.

> 날이 저물어 이날은 자고 다음 날 이른 새벽에 대송정의 정자 위에 올라
> 가 기둥에 기대서서 동녘을 바라보니, 구름과 나무가 한 빛이라. 밝을락
> 말락 할 무렵 갑자기 붉은 빛이 수십 길 일어나더니, 해가 하늘에 솟아올
> 랐다. 나는 놀라 탄식해 말하기를, 오늘의 이 장관은 참으로 고을 이름
> 영일과 부합하지 않는가.

이외에도 청하의 월포와 조경대(釣鯨臺), 흥해의 칠포와 오도, 곡강
서원 뒷산, 장기의 장기읍성 등이 대표적인 해돋이 명소였고, 《장기
읍지》에 실린 홍일동(洪逸童; 1412~1464)의 시, 고용후(高用厚; 1577
~1652)의 《동해에서 일출을 보다(東海觀日出)》, 정약용(丁若鏞; 1762
~1836)의 《동문에서 일출을 보다(東門觀日出)》, 이진구(李震久; 1840~
1911)의 《곡강서원 뒤쪽 봉우리에 올라 일출을 바라보며(登曲江書院後
峯望日出)》 등의 해돋이를 읊은 많은 시가 있습니다.

청하 해월루(海月樓)

해월루는 청하에 있었던 아름다운 누대입니다. '해월'은 '바다' '해'
자와 '달 월'자를 쓰는데, 누대 이름이 참 멋지지 않나요? 청하읍성과
참 잘 어울린다는 생각이 듭니다. 이렇게 멋진 이름을 가진 이 누대
는 아쉽게도 지금 존재하지 않습니다.

그러나 역사 속의 해월루는 그 규모나 명성으로 보나 우리 지역을
대표하기에 손색이 없었던 멋진 누대였습니다. 청하를 지나간 많은

시인묵객들이 이곳에서 바라본 청하 일대의 멋진 풍광을 노래했습니다.

해월루는 조선 중종(中宗) 23년(1528)에 청하읍성 동헌(東軒) 부근에 세워졌습니다. 당시 이름은 임명각(臨溟閣)이었습니다. 임명각은 부실공사로 인해 몇 년 후 무너지고 맙니다. 10년 후 청하 현감으로 온 이고(李股)라는 분이 이 누대를 다시 지었습니다. 이고는 인근 고을의 병사들을 차출하여 제대로 된 공사를 진행했습니다. 건물을 튼튼하게 짓고 처마와 난간에 단청을 입혔습니다. 면모가 일신된 임명각은 이때 편액을 해월루로 바꾸었습니다. 이때부터 우리가 아는 해월루의 역사가 시작됩니다.

이고는 이렇게 다시 지은 해월루를 기념하기 위해 친구이자 문인인 이해(李瀣; 1496~1550)에게 해월루로 시 한 편 지어달라고 부탁합니다. 이때 이해가 지은 시가 《청하현 해월루를 노래하며(題淸河縣海月樓)》라는 시입니다.

12년 전 이곳을 지나며 노닐었고,	十二年前過此遊,
지금 오니 멋진 누대 다시 지음에 기뻐하네.	今來傑構喜重修.
천장은 바다의 해 머금어 푸른빛을 발하고,	囪含海旭淸光發,
동헌을 마주한 산엔 비취색 떠다니네.	軒對山嵐翠色浮.
고죽은 점점 말라 편액을 꺼리고,	苦竹漸枯嫌扁額,
바다는 갑자기 숨어 이름난 누대를 잃네.	滄溟乍隔失名樓.
새로 바다와 달을 읊으니 좋은 생각 많아지고,	新題海月多思藻,
이로 풍류는 바다 끝에 가까워지네.	從此風流薄海陬.

이 시는 해월루가 지어진 후의 첫 번째 시가 아닌가 싶습니다. 그런 점에서 의미가 있는 시이지요. 시는 다시 지은 해월루의 아름다운 모습을 노래하면서 주위의 대나무와 바다가 시샘하고 자신의 풍류도 이로 더 즐거워질 것이라고 노래합니다.

이고는 또 해월루가 다시 지어진 것을 기념하려고 당대의 학자인 이언적(李彦迪; 1491~1553)에게 기문(記文)을 부탁합니다. 이 기문이 바로 해월루의 이력을 알 수 있는 중요한 자료인 《해월루기》입니다. 이 기문에는 해월루에서 바라본 주위의 멋진 풍경이 잘 나타나 있습니다.

난간에 기대어 시야가 닿는 곳까지 한껏 바라보면 가지가지 경치가 눈앞에 펼쳐진다. 가까이 녹색 들판과 접하고, 멀리 하늘빛과 섞여 울창하게 북쪽에 우뚝이 솟은 것은 내연산(內延山)이고, 높다랗게 서쪽에 빼어난 것은 회학봉(回鶴峯)이다. 소나무 숲이 원근에 있어 짙푸른 산색을 감상할 만하고, 연무와 이내가 아침저녁으로 만 가지 자태와 형상을 빚어낸다.

겸재(謙齋) 정선(鄭歚; 1676~1759)의 《청하읍성도》에도 해월루의 모습이 나옵니다. 그림에서 청하읍성에서 홀로 우뚝 서 있는 해월루의 모습을 통해 그 규모를 짐작할 수 있습니다.

여기서 재미있는 것은 누대 이름인 '해월'이라는 명칭입니다. '해월'은 단순히 바다와 달을 뜻하지 않습니다. 물론 청하현에 맑은 하늘과 멀리 바다를 바라볼 수 있는 것은 이 누대가 가진 큰 장점이었습니다. 그러나 옛 선비들이 어떤 명칭을 지을 때는 주위의 경관뿐만 아니라 마음속 염원까지도 담아서 짓는 경우가 많았습니다. 이 '해

겸재(謙齋) 정선(鄭敾; 1676~1759)의 〈청하성읍도〉.
그림 속에 해월루로 추정되는 누대가 보인다.

월'이 그러한 경우였습니다. '해'는 '바다'를 의미하는데 바다처럼 넓
은 마음을, '월'은 '달'을 의미하는데 달처럼 밝은 마음을 의미합니다.
그렇다면 이 해월루에는 바다처럼 넓고 달처럼 밝은 마음을 가지고
자 했던 옛 선비들의 마음이 담겨 있는 것은 아니었을까요. 회재 선
생이《해월루기》에서 말했던 것처럼요.

바다에서 그 너그러움을 취하고, 달에서 그 밝음을 취하고자 함이다. 너
그러움으로 나의 도량을 넓히고, 밝음으로 나의 덕을 밝힌다면, 천하라
도 다스릴 수 있을 것인데, 한 고을이야 더 말해서 무엇하겠는가.

그러나 아쉽게도 이렇게 멋진 의미를 가진 해월루는 그나마 흔적이라도 남은 법광사나 조경대와는 달리, 아예 흔적조차 없이 사라지고 우리 곁에 없습니다. 그 시기는 을사조약이 맺어진 1905년 이후일 것이라고 추측하고 있습니다. 시인묵객들이 오갔던 이런 상징적인 누대가 사라졌다는 것이 참 아쉬울 뿐입니다. 한때 우리 고장에 진주의 촉석루, 삼척의 죽서루에 버금가는 누대가 청하에 있었다는 것에 가슴이 뭉클해집니다.

첨언

필자는 올해 5월에 포항지역을 노래한 역대 한시 1359수를 모아 《포항 한시》를 간행한 바 있다. 해월루 관련 시를 찾던 중 《일월향지》에서 작가를 밝히지 않았던 《해월루팔경(海月樓八景)》 시가 청하 현감으로 왔던 이징복(李徵復; 1685~1755)이 지었음을 확인했다. 당시 필자는 전의이씨지법공파화수회에 청하 현감으로 왔던 이징복의 《송암유고(松菴遺稿)》를 보고 싶다고 부탁을 드린 적이 있었다. 전의이씨지법공파화수회에서는 필자에게 지금 문중에 남아있는 문집이 없다고 하면서 필자를 위해 꼭 찾아서 전해드리겠다는 회신을 주었다. 얼마 후 필자는 《송암유고》를 받고 해월루 관련 시를 살펴보던 중, 이 문집에 《해월루팔경》 시가 수록된 것을 보고, 저자가 이징복이라는 사실을 확인할 수 있었다.

맺는말

본문은 필자가 포항에서 지어진 한시를 수집해 출간한 《포항 한시》를 토대로 작성되었습니다. 《포항 한시》에는 우리 지역에서 지어진 한시 1359수가 수록되어있습니다. 이 한시들은 위에서 살펴보았듯이 실로 포항의 살아있는 역사이자 귀중한 재부입니다. 그동안 누구도 주목하지 않았을 뿐이죠. 공업 도시로 각인된 포항에 이렇게 많은 시편이 있다는 사실에 새삼 놀라게 됩니다. 소개한 한시는 일부분이지만 시들을 통해 포항의 역사와 문화를 엿볼 수 있었습니다. 몇 수의 짧은 시에서 실로 무한한 가치와 엄청난 문화적 역량을 느낄 수 있었습니다. 우리가 이러한 한시들을 잘 발굴하고, 현대적 의미에 맞게 확대 재생산할 수 있다면, 우리의 문화는 더욱 다채로워질 것입니다.

참고문헌

권태한·방진우·백낙구 역, 《국역읍지》, 포항문화원, 2003년.

권용호 역주, 《포항지리지》, 포항문화원, 2021년.

권용호 편역, 《포항 한시》, 도서출판 나루, 2021년.

김춘식 외 공저, 《문화도시, 인문예술과 공간을 만나다》, 느티숲, 2016년.

배용일, 지음, 《포항 역사의 탐구》, 포항1대학 사회경제연구소, 2006년.

이재원 저, 《용흥동 이야기》, 도서출판 나루, 2019년.

포항시 편, 《이야기 보고(寶庫) 포항》, 복음씨링인쇄사, 2016년.

포항지역
신화의
현장과 의미

박창원

박창원

1982년부터 35년간 청하중학교에서 교직생활을 한 인연으로 지역의 역사와 문화를 탐구해 왔으며, 『영일군사』(1990) 『포항시사』(1999) 『포항시사』(2010) 『포항교육사』(2018) 『포항근·현대문화사』(2020) 등의 집필에 참여했다. 『포항지역 구전민요』(1999) 『내연산과 보경사』(공저, 2014) 『소리로 듣는 포항의 민요』(2015) 『동해안 민속을 기록하다』(2017) 『포항의 기인 권달삼 이야기』(2018) 『흥해의 민요』(공저, 2019) 『청하읍성』(공저, 2021) 등의 저서와 수필집 『향기 있는 사람』(2013)이 있다.

신화의 개념

설화로서의 신화

'예로부터 전승되어 오는 이야기'를 설화라 하는데, 신화는 전설, 민담과 함께 설화의 한 장르로 다음과 같이 구분된다.

• 신화

태초에 일어난 원초적인 사건을 이야기로 풀어낸 것이다. 신화는 옛날부터 전해 오는, 그 사회 구성원에게 신성시되는 설화로서 신 또는 신적인 존재에 관한 이야기, 우주 창조, 건국, 자연 및 사회 현상 등 그 기원과 질서에 관한 이야기이다. 일상적인 경험의 틀이나 자연의 법칙을 넘어선 신비롭고도 초현실적인 이야기이다.

• 전설

전설은 옛날부터 구전되어 오는 이야기로서, 지리적인 자연물이나 역사적 사건 등의 증거물을 가지는 이야기이다. 신화가 신의 이야기인데 비해서 전설은 대체로 인간의 활동을 담은 이야기이다. 전설은 전승 범위가 특정 지역에 한정되어 자연히 향토성을 띠게 된다. 그러므로 전설은 전해지는 그 지역 사람들에게 유대감을 주고 향토애를 고취시키며, 그 지역 사람들의 정서적적 구심점 역할을 한다. 또 전설은 바위나 산 등 특정적이고 개별적인 증거물과 관련을 맺고 형성된다.

---

* 이 글은 필자의 〈포항지역 신화의 전승현장과 의미〉(『포항문학』 25호, 포항문인협회, 2005)를 수정·보완한 것임.

• 민담

　예로부터 구전되어 오는 이야기로서 민족이나 지역을 초월하여 전승되며, 그 주인공도 미천한 처지에서 어렵게 살아 가다가 뜻하지 않은 행운으로 소망을 두루 성취하는 것을 내용으로 한다. 민담은 구체적인 시간적·공간적 배경이나 내용의 사실성 여부에 얽매이지 않고 전승된다.

신화의 종류

• 천지창조신화

　천지(天地), 우주, 천체, 자연의 창조를 설명하는 신화로 구약 성경 속 〈창세기〉, 〈그리스신화〉, 중국의 〈반고〉, 우리나라 함경도 무가인 〈창세가〉 등이 이에 해당한다.

• 건국신화

　국가의 창업 기원을 주된 내용으로 하는 신화로 〈단군 신화〉, 〈동명왕 신화〉, 〈혁거세 신화〉, 〈김수로왕 신화〉 등이 이에 해당한다.

• 성씨시조신화

　각 성씨의 시조에 관한 신화로 〈김알지 신화〉. 〈석탈해왕 신화〉, 〈파평윤씨 신화〉, 〈남평문씨 신화〉 등이 이에 해당한다.

• 당신화

　공동체 신앙에서 제의의 대상인 당신(堂神)이 제당(祭堂)에 좌정하게 된 내력을 설명하는 신화로 〈죽령다자구할머니 신화〉, 〈내연산할무당 신화〉, 〈일월산황씨부인 신화〉 등이 이에 해당한다.

• 무속신화

  무당이 받드는 신의 기원과 유래에 대한 신화로 서사무가(敍事巫歌)에서 가장 많은 부분을 차지하며, 〈당금애기 신화〉, 〈바리공주 신화〉, 〈칠성 신화〉 등이 이에 해당한다.

천지창조신화의 제 양상

그리스 신화

  이 세상 최초의 상태는 '카오스(Chaos)'였다. 카오스란 혼돈, 거대한 무한 공간, 공허를 뜻하는 말로 아무런 질서가 잡히지 않은 상태를 뜻하며, 그 속에는 이 세상을 창조하는 신적인 존재라는 뜻도 담겨 있다. 어쨌든 이때는 아직 하늘과 땅이 나누어지지 않았으며, 음양(陰陽)의 구별도 없었다. 이러한 카오스 상태에서 스스로 최초의 신들이 나타나기 시작한다. 가장 먼저 대지의 여신 가이아(Gaia)가 태어났다. 다음으로 땅속 가장 깊은 곳에서 타르타로스가, 그 다음으로 정신적인 힘의 신 에로스가 태어났다. 그리고 계속해서 암흑의 신 에레보스와 밤의 신 닉스가 태어났다.

  최초의 신 가이아는 스스로 몇 명의 신들을 낳았는데, 바로 하늘 신 우라노스, 산맥 신 오레, 바다 신 폰토스이다. 이때까지만 해도 신들은 인간의 모습을 하고 있는 것이 아니라 단순히 신격화된 자연 그대로의 모습을 하고 있었다. 대지의 여신 가이아는 그 중 하늘의 남신인 우라노스와 서로 교합하였는데, 이는 하늘과 땅이 붙은 것이 되므로 그 사이에 빛이 들어올 수 없어 세상은 캄캄하였다.

한편 우라노스의 뒤를 이어 세상을 지배하게 된 크로노스는 티탄족 12남매 중 한 명인 레아와 결혼하였다. 이 둘 사이에 5명의 자식(헤스티아, 데메테르, 헤라, 하데스, 포세이돈)이 차례로 태어났으나 크로노스는 아이가 태어날 때마다 그대로 삼켜버렸다. 그 이유는 아버지 우라노스가 한 유언 때문이었다. 이를 보다 못한 레아는 여섯 번째 태어나는 아이만은 살려야겠다고 마음먹었다.

드디어 여섯 번째 아이가 태어났다. 이 아이가 바로 그리스 신들 중 최고신이라 불리는 제우스이다. 크로노스는 여섯 번째 아이마저 삼켜버리기 위해 빨리 데려오라고 성화를 부렸다. 이에 레아는 돌덩이를 아이라고 속여 보자기에 싸 크로노스 앞에 바쳤고, 멍청한 크로노스는 그 돌덩이를 삼키며 안심하는 표정을 지었다.

구약성서 '창세기'

"태초에 하나님이 천지를 창조하시니라 땅이 혼돈하고 공허하며 흑암이 깊음 위에 있고 하나님의 신은 수면에 운행하시니라 하나님이 가라사대 빛이 있으라 하시매 빛이 있었고 그 빛이 하나님의 보시기에 좋았더라 하나님이 빛과 어두움을 나누사 빛을 낮이라 칭하시고 어두움을 밤이라 칭하시니라 저녁이 되며 아침이 되니 이는 첫째 날이니라"

"하나님이 가라사대 물 가운데 궁창이 있어 물과 물로 나뉘게 하리라 하시고 하나님이 궁창을 만드사 궁창 아래의 물과 궁창 위의 물로 나뉘게 하시매 그대로 되니라 하나님이 궁창을 하늘이라 칭하시니라 저녁이 되며 아침이 되니 이는 둘째 날이니라"

"하나님이 가라사대 천하의 물이 한곳으로 모이고 뭍이 드러나라 하시매 그대로 되니라 하나님이 뭍을 땅이라 칭하시고 모인 물을 바다라 칭하시니라 하나님의 보시기에 좋았더라 하나님이 가라사대 땅은 풀과 씨 맺는 채소와 각기 종류대로 씨 가진 열매 맺는 과목을 내라 하시매 그대로 되어 땅이 풀과 각기 종류대로 씨 맺는 채소와 각기 종류대로 씨 가진 열매 맺는 나무를 내니 하나님의 보시기에 좋았더라 저녁이 되며 아침이 되니 이는 셋째 날이니라……

중국의 반고

아주 먼 옛날, 하늘과 땅이 분리되지 않고 하나였던 시대, 세상은 검은 한 덩어리처럼 이루어졌는데 이는 마치 하나의 알처럼 이루어져 있었다. 그 알 속에 잉태되어 있는 사람이 바로 반고였다. 알 속에서 무려 18,000년이라는 긴 시간을 살던 반고는 잠에서 깨어났다. 하지만 아무것도 보이지 않고 온통 어둠으로 둘러 쌓인 혼돈뿐이었다. 반고는 이런 어둠에 답답하고 화가 났다. 홧김에 큰 도끼를 휘두르자 알이 깨지고 말았다. 그러자 알 속에 있던 무거운 기운은 가라앉고 가벼운 기운들은 하늘 위로 치솟았다. 하늘과 땅으로 갈라진 것이다.

하지만 하늘(가벼운 기운)과 땅(무거운 기운)이 다시 붙을까봐 염려한 반고는 머리로는 하늘을 받치고 다리로 땅을 누르며 하나가 되는 것을 막았다. 시간이 흐를수록 하늘은 하루에 한 길씩 높아지고 땅은 한 길씩 낮아졌다. 이 둘 사이를 지지하고 있던 반고의 키는 하루에 두 길씩 자라게 된다. 이렇게 애를 쓴 것이 무려 18,000년이니 되었다. 무거운 것과 가벼운 것이 서로 9만리의 거리로 멀어지자 드디어 반고는 혼돈을 막았다고 안심하며 대지에 누워 휴식을 취했고, 그 상태로 죽게 된다.

그리고 반고의 숨결은 바람과 구름이 되었고, 목소리는 천둥이 되었고 눈빛은 번개가 되었고 눈물은 강물이 되었다. 왼쪽 눈은 태양이 되었고, 오른쪽 눈은 달이 되었다. 그의 몸은 산과 땅이 되었고 피는 강물이 되었고 핏줄은 길이 되었고 살은 논과 밭이 되고 머리카락과 수염은 벼가 되었고, 피부와 털은 풀과 나무가 되었다. 이빨과 뼈는 돌과 쇠가 되었다. 반고가 죽을 때 그의 몸에서 생겨난 구더기가 바람을 만나 인간이 되었다. 이렇게 세상이 만들어졌다.

함경도 서사무가 '창세가'

세상이 생겨날 적에 어마어마한 거인인 미륵님이 태어나 하늘은 위로 밀어 올리고 땅은 아래로 내려가게 분리를 시켜놓았다.

이 때 하늘에는 해도 달도 둘씩 떠 있었다. 미륵님은 해 하나를 부수어 큰 별과 작은 별들을 만들어 흩뿌리고 달 하나로는 북두칠성과 남두칠성을 만들어 비로소 세상에는 해와 달이 각각 하나씩만 남게 되었다.

미륵님은 칡으로 옷을 지어 입고 나서 동식물을 만들고, 마지막에 사람의 남자와 여자를 만들어 세상을 돌보게 했다.

포항지역 신화의 현장과 의미

포항지역에 적지 않은 신화가 전승되어 오고 있지만, 여기서는 천지 창조 신화인 〈영일만의 형성〉, 〈형제산 단맥〉, 당신화인 〈수용포 골목 할매〉, 〈연오랑과 세오녀〉, 〈내연산 산신 할무당〉, 〈덕성리 거북신〉 등 에 대해 신화의 현장과 개요, 신화의 의미 등에 대해 살펴보고자 한다.

영일만의 형성

• 신화의 개요

우리나라 지도를 놓고 보면 동해안은 남해안이나 서해안에 비해 해 안선이 단조롭기 짝이 없다. 울릉도와 독도를 제외하면 섬도 거의 없 다. 그런데 유독 포항 지역의 해안선은 예외다. 울진, 영덕 쪽에서 밋 밋하게 내려 긋던 해안선은 갑자기 육지 쪽으로 움푹 패여 들어가 있 다. 여기가 바로 영일만이다. 왜 이 곳이 움푹 파이게 되었을까? 그 까닭을 설명한 이야기가 〈영일만의 형성〉 신화다.

옛날 왜국에 힘 센 역사(力士)가 한 명 있었다. 이 역사는 일본 전국을 두 루 다니면서 힘겨루기를 일삼았다. 힘이 세다는 일본의 모든 장수를 굴 복시킨 후 조선으로 건너왔다. 전국 방방곡곡을 돌아다니면서 강한 자가 있다는 소문만 들으면 그곳으로 달려가 힘을 겨루어 모두 물리쳤다.
어느 날, 영일땅 운제산 대각봉에 다다르니 동해가 활짝 열리고 수평선 너머에 고국 일본이 보일 것만 같았다. 문득 고향과 부모 형제 생각에 젖 어 있는데 등 뒤에서 인기척이 났다. 깜짝 놀라 뒤돌아보니 한 역사가 버

영일만 부근의 위성지도

티고 있었다. 키는 하늘을 찌를 듯하고 몸은 태산과 같았으며, 눈은 혜성 같이 빛났고, 팔다리는 동철에 갑주를 둘러놓은 것 같았다.

이 역사는 뇌성벽력 같은 소리로

"네가 일본에서 건너왔다는 역사인가?"

"그렇다, 너는 누구냐?"

"요사이 이 나라 방방곡곡을 돌아다니면서 힘을 과시하는 왜인이 있다더니 바로 너로구나. 나는 조선의 창해역사다. 너를 찾아 수십 일을 헤매다가 오늘 여기서 만나게 되었구나."

창해역사와 일본역사가 치고받고 싸우니 운제산이 뿌리째 흔들리는 것 같았고, 바람과 먼지가 천지를 뒤덮었다. 하늘을 날고 땅을 치며 싸우다

창해역사 신화가 서려 있는 운제산 대왕암

가 일본역사가 넘어지면서 손을 짚었는데, 그곳이 그만 움푹 꺼지면서 바닷물이 밀려 들어와 호수가 되었다. 이 호수가 지금의 영일만이 되었다.

일본역사는 창해역사 앞에 무릎을 꿇고 군신(君臣)의 예를 갖추게 된 바, 여기서 창해역사는 임금이 되고, 일본역사는 신하가 되었다. 그 장소가 바로 운제산 정상부에 있는 대왕암(大王巖)인데, 대왕암이란 이름은 창해역사가 일본역사를 이기고 왕이 된 데 연유한다고 한다.

이 신화에 의하면 영일만은 일본역사와 조선의 창해역사가 운제산 대각봉에서 싸울 때 일본역사가 넘어지면서 손을 짚어 땅이 움푹 꺼지게 되었고, 그곳으로 바닷물이 밀려들어 옴으로써 형성되었다고 한다. 이 이야기는 기본적으로 영일만이라는 지형의 형성 유래를 설명하는 것이지마는 일본에 대한 적개심과 함께 우리 겨레의 민족적 우월감이 묻어난다.

• 창해역사와 진시황 암살 미수사건

창해역사 이야기는 강릉에서 채록되어 전하는 게 있고, 사마천의 사기(史記)에도 등장하는 인물이어서 주목된다. 강릉의 창해역사 이야기는 이렇다.

강릉 남대천에 큰 두레박이 떠내려가는 것을 발견하고 그것을 건져다가 열어 보니 얼굴이 검은 한 아이가 있었는데, 그 아이가 곧 창해역사라는 것이다. 창해역사는 힘이 천하장사였는데, 장자방(장량)이 진시황을 제거하려고 천하를 두루 다니며 힘 센 사람을 찾다가, 강릉에 이르러 창해역사를 만나 진시황을 없애 달라고 당부를 하였다.

창해역사는 천 근짜리 철퇴를 들고 진시황이 행차하는 길목에 숨어 있다가 진시황이 탔을 것으로 짐작되는 가장 화려한 수레를 공격하였는데, 진시황이 다른 수레에 타고 있어 죽음을 모면하였다.

창해역사는 즉시 모래밭을 뚫고 삼 십 리를 달아나 사라졌다. 또는 열흘 동안 붙잡히지 않았는데 결국 잡혔을 것이라고도 한다.

중국의 창해역사 이야기는 사마천이 지은 사기에 나온다.

장량은 일찍이 회양(淮陽)에서 예법(禮法)을 배웠다. 동방으로 가서 창해군

(倉海君)을 만났다. 역사(力士)를 얻어 120근 나가는 철퇴를 만들었다. 진황제가 동쪽으로 순시를 나왔을 때 장량과 자객은 진황제를 박랑사(博浪沙)에서 저격했으나 잘못하여 뒤따르는 수레를 맞추었다. 진시황은 크게 화가 나서 전국을 대대적으로 수색하며 자객을 아주 급하게 찾았는데 장량 때문이었다. 이에 장량은 이름과 성을 바꾸고 도망쳐 하비(下邳)에 숨었다.(良嘗學禮淮陽。東見倉海君。得力士, 為鐵椎重百二十斤。秦皇帝東游, 良與客狙擊秦皇帝博浪沙中, 誤中副車。秦皇帝大怒, 大索天下, 求賊甚急, 為張良故也。良乃更名姓, 亡匿下邳(史記,〈留侯世家〉)

　　포항이나 강릉 등에 전승되는 창해역사 이야기는 사마천의 사기에 근원을 둔 것으로 우리나라에 전해지면서 다양한 형태로 변이되어 나타난 결과로 보여진다.

• 이 신화의 의미

　　〈영일만 형성 신화〉는 거인신화의 한 유형으로 영일만의 생성 유래를 설명하면서 일본에 대한 적개심과 민족적 우월감 표출하고 있다. 중국역사에 나오는 창해역사를 우리나라 인물로 설정하게 된 것은 창해(滄海)라는 말이 본래 우리나라를 가리키는 말이고, 창해역사의 신원이 역사에서 분명히 밝혀져 있지 않은 데 기인한다.

　　강릉에 전해오는 설화에서 폭군 진시황을 공격한 창해역사의 행위는 설화 향유층의 공감을 확보할 수 있는데, 이러한 인물을 우리나라 사람으로 만듦으로써 민족적 긍지를 살릴 수 있다고 볼 수 있다.

형제산 단맥설화의 현장, 포항시 연일읍 유강리

형제산 단맥

• 신화의 개요

경주에서 국도 7호선을 따라 포항시 구역으로 들어오다 보면 형산 강을 끼고 발달된 들판은 온데 간데 없고, 강은 갑자기 칼로 자른 듯한 좁은 협곡 사이로 빨려 들어간다. 협곡의 남쪽을 형산(兄山), 북쪽을 제산(弟山), 합쳐서 형제산이라 하고, 잘려 나간 듯한 부분을 '형산 맥이'라 한다. 형제가 갈라진 셈이다. 형제가 왜 갈라서야만 했을까? 박일천(朴一天)의 『일월향지(日月鄕誌)』에 전하는 이야기는 이렇다.

옛날, 형제산이 단맥되기 전에는 남천과 북천, 기계천의 물이 안강 일대에 모여 호수를 형성하였고, 범람하면 경주까지 그 피해를 입었다고 한다. 그래서 안강의 치수 문제는 신라의 숙원사업이었다. 경순왕 김부(金

형산 정상부 기원정사에 있는 왕장군용왕전

傳)가 왕위에 올랐을 때는 후삼국이 일어나 서로 각축을 벌였을 뿐만 아니라, 나라 안에서는 사방에서 도적떼가 일어나 치안이 극도로 문란해지는 등 신라는 장래를 예측할 수 없는 상황이었다.

답답해진 경순왕은 사관에게 신라의 장래에 관한 점을 보도록 하였다. 신라의 산천과 지세를 살펴 본 사관은 장차 신라의 왕위를 찬탈할 역적은 북쪽의 궁예도 아니고, 남쪽의 후백제왕도 아니며, 동쪽 임정현(현재의 포항시 연일읍, 대송면, 동해면 일대)에서 일어날 것이라고 하였다. 또 이를 막기 위해서는 형산포의 산을 끊어 안강 호수의 물을 동해로 흐르게 해야 한다고 했다. 이렇게 하면 임정현 땅의 왕기(王氣)가 제압되어 역적이 출현하지 못할 것이라고 하였다.

이에 경순왕은 태자 김충(金忠)과 의논하여 백일 안에 형제산을 단맥(斷脈)하기로 하고, 백일간의 기도를 올리기로 하였다. 경순왕은 하늘에 올라가 목침(木枕)으로 삼층집을 짓고, 옥황상제와 천지신명과 신라왕실의 조종(祖宗)들에게 사직의 안녕을 기원하는 한편, 태자 김충은 용으로 화하여 형제산을 단맥하기로 약속하였다.

태자는 기도 끝에 일단 큰 뱀이 되었다. 그러나 사람들이 그를 용으로 불러 줘야만 용이 될 수가 있었다. 길가에 누워 지나가는 사람이 용으로 불러주기를 기다렸다. 그러나 아무도 용이라 불러주는 사람은 없고, 큰 뱀을 보고는 두려워서 달아나기만 하였다. 왕과 약속한 백일이 불과 하루밖에 남지 않은 날이었다. 크게 낙심을 하고 있는데, 마침 한 노인이 손자를 업고 지나다가 큰 뱀을 보고 깜짝 놀라면서 "저런 큰 뱀도 이 세상에 있는가?" 하고 말했다. 그 때 업혀 있던 손자가 "할머니, 저것은 뱀이 아니고 용이에요." 하고 말했다.

이 말이 떨어지기가 무섭게 흑운이 일어나며 뱀은 용으로 화하여 등천하는가 싶더니, 조화를 부려 형제산의 맥을 절단하여 안강 호수의 물을 연일 땅으로 흐르게 하고, 영일만을 형성하였으며, 왕도 경주를 수재로부터 구하였다.

그러나 부왕 김부는 차일피일 미루다가 백일이 다 되도록 아들과 한 약속을 이행하지 못하는 신세가 됐다. 이에 자기의 생명을 아들 태자에게 맡기게 되었는데, 태자는 약속을 이행치 못한 부왕에게 칼을 빼들어 형식적으로 참하는 양 얼굴에 작은 상처만 살짝 입히고는 아버지를 용서해 주었다.

한편 태자는 용으로 불러준 그 아이에게 고마움의 표시로 안강 호수의 물이 빠진 후에 생겨난 하상과 그 일대의 옥토를 하사하였는데, 지금도 그 일대를 유금(有琴)이라 부르는 것은 그 아이의 이름을 딴 것이라 한다.

이 이야기는 전설로 볼 수도 있지만, 땅의 생성에 관한 이야기이면서 이야기 속 주인공이 현재 사찰에서 모시고 있는 신격이기에 신화로 보는 것이 옳다.

• 경순왕 추모사당에서 무속신앙터로

지금 형산 정상부에 가면 기원정사란 절이 있다. 최근까지 왕룡사원(王龍寺院)이라 부르던 절이다. 이 절에는 왕장군용왕전(王將軍王龍錢)이란 특이한 전각이 있다. 이 속에는 부처가 아닌 두 기의 목제조상(木製造像)이 있다. 왼쪽 무인상이고 오른쪽은 문인상이다. 모두 통나무에 왼쪽 손만 노출시켰고, 오른쪽 손은 의복 문양 속에 감추어진 모습이다. 전문가의 감식에 의하면 조선후기 작품으로 회화나무 재질로 되어 있다는데, 이 목상은 도대체 누가 무슨 용도로 봉안했을까?

이 목상은 앞에 소개한 형산강 단맥신화의 두 주인공인 김부대왕(金傅大王) 부자의 목상(木像)을 모신 것이라 한다. 오른쪽이 경순왕이고 왼쪽이 김충태자이다. 어째서 이곳에다 김부대왕 부자의 목상을 모시게 되었을까? 인과 관계가 분명한 『일월향지』의 다음 기록은 제법 설득력이 있어 보인다. 그 내용을 요약하면 이렇다.

경순왕이 고려 태조 왕건에게 나라를 바치고 고려의 도읍지 송도로 이거한 후 신라의 유민들이 경순왕의 납국합병(納國合倂)을 반대하고 신라의 독립을 도모하고자 경주에서 가까운 북형산성에 농성(籠城)하여 고려와 일전을 불사하며 수천 명이 운집하였다. 왕건으로선 삼한을 통합한 여세로 공격하면 북형산성의 신라군쯤이야 추풍낙엽으로 만들 수도 있었으나 농성군을 무마하여 회유함으로써 자진 해산하게 하였다. 세월이 흘러 경순왕이 송도에서 서거한 후 신라의 유민들은 그를 추모하여 북형산성 터에 사당을 건립하고 그의 아들 김충 태자와 함께 모시고 형산성황사(兄山城隍祀)라 하였다. 당초에는 경순왕의 유덕을 추모하는 사당으로 춘추 향제를 올려 그 넋을 위로하였는데, 고려말부터 기복신앙처로 전락하였다. 본래 사당은 토막식 건물로 조선말엽까지 있었으나 연일의 모 문중에서 그 터에 분묘를 설치하면서 철거하자 성터 바로 밑에 있는 왕룡사에서 약 100년 전에 경내로 옮겨 복원한 것이라 한다.

말하자면 용왕전 김부대왕 부자 목상은 원래 경순왕이 죽은 뒤 신라의 유민들이 북형산성 터에 그를 추모하기 위해 세운 형산성황사란 사당에 봉안한 것인데, 조선말 어지러운 상황을 틈타 어느 문중에

왕장군용왕전에 모셔진 김부대왕(우)과 김충태자의 목상

서 이를 철거하고 분묘를 설치하자 성터 밑에 위치한 왕룡사에서 경내로 옮겨 지금에 이른 것이다. 그런데 『일월향지』의 기록에서 보듯 사당은 고려말에 이미 기복신앙처로 전락해 있었다. 다시 말해 무속신앙으로 변질돼 있었다는 얘기다.

역사적 인물이 무속신으로 받들어지고 있는 경우는 전국적으로 많다. 나라를 처음 세운 단군이나 태조 이성계, 고려말에 불우하게 지낸 공민왕이나 억울하게 죽은 사도세자, 장군 중에서 억울하게 죽은 임경업 장군이나 최영 장군, 남이 장군, 아니면 막강한 힘을 가졌던 김유신 장군이나 중국의 관우 장군 등이 여기에 해당한다.

경순왕의 경우, 그가 비록 나라를 멸망에 이르게 한 임금이기는 하지만, 말년을 불우하게 지낸 신라의 마지막 왕에 대한 연민과 신라 유민의 신라에 대한 향수가 빚어낸 결과로 해석된다. 1927년에 이능화가 쓴 『조선무속고(朝鮮巫俗考)』에 "김부대왕은 신라의 끝 왕인 경순왕이다. 충북 청풍과 제천 등지의 사람들이 그 신을 신봉하고 있다."고 하였으며, 현재 강원도 인제군 남면 김부리에 김부대왕과 관련된 이야기와 함께 김부대왕을 모시는 사당(대왕각)이 있고, 경기도 시흥시 군자동에 있는 군자봉 성황당에 김부대왕과 그의 부인 안씨부인, 장모 홍씨부인이 신격으로 모셔지고 있는 점으로 보아 김부대왕을 무속신으로 신봉하는 현상은 그 범위가 꽤 넓음을 알 수 있다.

• 두 목상의 주인공은 경순왕 부자가 맞나

1990년대 이후 몇 차례 기원정사를 답사하면서 김부대왕 부자라고 알려져 있는 목상에 대해 이 절의 구성원들은 어떻게 알고 있는지

궁금했다.

1992년 10월 11일, 이곳을 답사할 때 스님으로부터 들은 이야기 한 토막이 흥미를 끈다. 옛날 어느 사대부가 이곳에 올라 잡귀 섬기는 풍습을 뿌리 뽑겠다며 목상을 꺼내 벼랑에 버렸다. 그 사대부는 산을 내려가다가 급사했다. 그 후 오랜 세월이 흘러 심한 가뭄에 형산강 바닥이 드러났을 때 이 목상이 형산강 강바닥에서 발견되었는데, 전혀 썩지 않았다. 사람들이 신기하게 여겨 다시 봉안하게 되었다 한다. 문헌에도 없는 새로운 이야기이다. 신상을 해친 사람이 변을 당한다든지 오랫동안 강바닥에 묻혀 있던 신상이 전혀 손상을 입지 않았다는 이야기는 신의 영험담이다.

2003년 6월 3일에 들렀을 때 용왕전을 관리하는 보살에게 물어보았더니 전각 안에 있는 목상 중 오른쪽은 왕이고, 왼쪽은 왕의 사위라 대답했다. 아들이 아닌 사위로 알고 있다. 또 2004년 5월 25일에 답사를 가서 주지스님에게 물어 보니 왼쪽은 김유신 장군, 오른쪽은 무열왕이라 대답하면서 삼국을 통일하는 데 큰 업적을 쌓은 분으로 형산강 치수를 잘한 공적을 기리기 위해 모신다고 했다.

이 절의 구성원들은 두 목상의 정체에 대해 다른 얘기를 하고 있고, 외부세계에 알려져 있는 정보와 동떨어진 얘기를 하고 있음을 알 수 있다.

필자는 이 목상을 볼 때마다 몇 가지 의문이 든다. 경순왕은 왕인데, 왜 왕의 모습이 아닌 문인의 형상이며, 태자는 왜 왕자의 모습이 아닌 장군의 모습일까? 그리고 전각의 이름은 왜 왕장군용왕전(王將軍龍王殿)일까? 경순왕과 김충태자에게 장군이나 용왕이란 호칭은 도

무지 어울리지 않은데 말이다.

우리가 알고 있는 김부대왕 부자가 아닌 어떤 무속의 신상일 것 같다는 생각이 든다. 원래 신라 멸망 후 경순왕 부자를 모셨겠지만, 후대에 무속신앙처로 변질되면서 무속의 신상이 모셔진 것으로 보인다. '장군'이니 '용왕'이니 하는 용어는 무속에서 쓰는 용어가 아닌가. 우리가 이 두 목상을 김부대왕의 전설과 연관시키다 보니 김부대왕 부자로 착각하고 있을 가능성이 있다.

수용포 골목할매

• 신화의 개요

포항시 남구 장기면 영암리 수용포마을에 가보면 이색적인 동신당 (洞神堂)을 만날 수 있다. 바다에 접한 마을 앞길 한가운데 소나무 가지를 한 묶음 꺾어다 꽂아놓은 형태로, 흔히 '골목할매'라 부르는 아랫당사가 바로 그것이다.

동신당이라면 보통 사람의 왕래가 적은 구석진 데 위치하고, 주변에 당나무나 당숲이 있어 신성한 분위기를 연출하지만, 이 마을 아랫당사는 전혀 그런 느낌을 주지 않는다. 사람들의 왕래가 잦은 바닷길 한복판이라는 개방된 공간인데다가 바싹 마른 솔가지 한 다발을 세워 둔 게 전부이기 때문이다.

포항 지역에 동제당의 형태는 당나무만 있는 경우, 당나무 아래에 제단이 있는 경우, 커다란 바위만 있는 경우, 당나무와 당집이 함께 있는 경우, 당나무와 바위가 함께 있는 경우 등 다양하다. 그러나 수용포 마을은 소나무 가지를 한 묶음 꽂아놓은 형태라는 점에서 사람들의 관심을 끌기에 충분하다. 어째서 소나무 가지를 신체(神體)로 만들어 세우게 되었을까? 무슨 대단한 사연이 존재할 것 같지만, 이를 설명해 주는 신화는 의외로 간단하다.

> 언제인지는 모르지만 아주 먼 옛날, 마을 앞바다에 소나무 한 그루가 떠밀려왔다. 어선이 다니는 데 지장을 주고 해서 마을 사람들이 소나무를 바다 쪽으로 밀쳐냈다.
>
> 그러나 아무리 밀쳐내도 파도가 치면 다시 되돌아오는 것이었다. 이를 신기하게 여긴 동민들이 건져내어 마을 앞 바닷가에 세우고 제사를 지내니 고기도 잘 잡히고, 마을이 평안하게 되었다. 이 할매당은 바닷에서 불과 5~6m 거리밖에 안 되지만, 큰 파도는 물론 해일이 밀려와도 단 한번도 피해를 본 적이 없다 한다.(경상북도·경북향토사연구협의회, 『경북마을지』)

위의 신화로 보아 골목할매는 바다를 건너온 여신, 즉 도래여신(渡來女神)이다. 대상 신격이 여신으로 설정된 것은 바다의 이미지와 연계되어 있다. 바다가 여성의 이미지로서 특히 모태를 상징하는 것이라면, 바다에 있는 고기를 잡아낸다는 것은 모태 속에 존재하는 것을 건져내는 것이라는 의미를 가지게 된다. 그러므로 바다는 여성이 관장하는 것으로 여길 수 있으며, 풍어제의 대상 신격으로 바리데기나 당금애기 같은 여신이 설정돼 있는 것은 지극히 당연한 일이다.

• 수용포의 동제와 솔가지 묶음

수용포의 동제는 매년 6월에 날을 받아 마을 뒤쪽 언덕배기에 있는 윗당사와 함께 지낸다. 윗당사는 골목할배를 모신 곳으로 근처에 우람한 크기의 곰솔 신목도 있으며, 콘크리트로 지은 건물 안에 위패를 봉안하고 있는 형태이다. 마을 뒤쪽에는 할배를 모신 윗당사가 있고, 마을 앞에는 할매를 모신 아랫당사가 있는 셈이다.

수용포 마을의 골목할매를 모신
아랫당사

아랫당사의 솔가지 묶음은 해마다 동제를 지내는 날 낮에 새 것으로 바꾸어 세운다. 수용포마을 아랫당사와 같은 형태를 보이고 있는 동신당은 계원리 황계마을에서도 볼 수 있다. 마을앞 해변 도로에 위치한 점도 일치한다. 그러나 황계 마을 아랫당사는 신화를 갖고 있지 않다. 신화가 원래부터 없었다기보다는 구전돼 오던 신화가 주민들에게서 잊혀져 버렸다고 할 수 있다.

수용포나 황계 마을에서 볼 수 있는 솔가지 묶음을 한 신당 형태는 위패를 봉안한 가옥 형태의 신당에 비해 아주 원시적인 신당 형태로 볼 수 있다. 마을 공동체 신앙이 수천 년 전부터 있어 온 토속 신앙이라고 볼 때, 태초의 신당은 인위적인 장치가 전혀 없는 나무 밑이나 바위 밑, 또는 산봉우리 같은 개방된 공간이었을 것이다. 세월이 지나면서 단을 만들거나 울타리를 치는 등의 인위적인 장치를 시도했던 것이다. 집을 지어 위패를 모신 형태는 훨씬 후대의 일이다.

수용포에서 가까운 영암1리도 수용포 마을처럼 원래는 솔가지 묶음을 한 신체를 모셔오다가 50여 년 전에 당집을 지었다는 점이 이를 입증한다. 따라서 수용포 아랫당사는 원시적인 형태의 동신당이라 할 수 있다.

• 물속에서 나온 신

신이 어떻게 출현하느냐 하는 것은 해당 지역의 지리적 환경에 따라 다르다. 바다를 삶의 터전으로 하고 있는 해안에서는 신이 바다에서 나오는 경우가 많다.

석탈해는 원래 용성국의 왕과 적녀국의 왕녀 사이에서 알로 태어났는데, 불길한 일이라 하여 궤짝 속에 넣어져 바다에 버려졌다. 표류하던 중 BC 19년 아진포(阿珍浦)에서 한 노파에게 발견, 양육된 후 지혜로써 임금이 되고, 석씨(昔氏)의 시조가 된다.

씨족시조신화로서의 석탈해 신화를 통하여 우리는 그 출생의 원천이 바다 속이라는 사실에 주목할 필요가 있다. 단군 신화나 해모수 신화에서는 하늘이 출생의 원천으로 설정돼 있다. 그러나 석탈해 신화는 물이 신의 출생에서 있어 중요한 원천임을 말해 주고 있다.

수용포의 골목할매도 물속이 초월적 세계로서 관념화되어 있다. 이와 같은 사실은 동명왕 신화에 등장하는 유화(柳花), 혁거세 신화의 알영(閼英), 그리고 김수로왕 신화의 허황후 등에서도 확인되고 있다.

탈해의 경우는 예외지만 나머지 경우에 있어 여신은 물속이 출생의 원천이라는 점이 두드러지게 나타난다. 수용포의 골목할매도 여신이며, 물속에서 나왔다. 다만 수용포 아랫당사의 신화가 단순한 것은 원래의 신화가 오랜 세월을 흐르면서 구전되는 동안 상당 부분이 소실되고 일부 파편만 남았기 때문으로 보인다.

• 소나무의 신성성

그런데 수용포 아랫당사의 신체는 왜 하필 소나무 가지로 형상화되어 있는가 하는 점이 또한 궁금하다. 예로부터 우리 민족은 소나무를 신성한 나무로 여겨 왔다. 성주신의 신화인 무가(巫歌) 〈성주풀이〉에 보면 성주신의 근본과 소나무의 근본이 경상도 안동 땅 제비원으로 되어 있다. 이곳에서 솔씨가 생겨나 전국으로 소나무가 퍼지고, 그 재목으로 집을 짓게 되었기 때문에, 제비원이 성주신의 본향이자 소나무의 본향이기기도 하다. 〈성주풀이〉는 집을 짓거나 이사하여 성주신을 받아들이는 의례인 성주받이와 마을굿 중 성주굿에서 행해지는 것으로 집안의 안전과 부귀영화를 기원하는 내용이 담겨 있다.

소나무 가지는 제의 때 부정을 물리치는 도구로서 제의 공간을 정화 또는 청정하게 하는 의미를 지니고 있다. 동제를 지내기 여러 날 전에 신당 주변은 물론 제수를 준비하는 도갓집, 공동 우물 등에 금줄을 치는데, 여기에도 소나무 가지가 들어간다. 이는 밖에서 들어오는 부정을 막아 제의 공간을 정화 또는 신성화하기 위함이다.

따라서 수용포 마을 아랫당사의 솔가지 묶음은 신성 공간의 표시이며, 아랫당사가 위치한 곳은 태곳적에 바다를 건너온 신격이 최초로 상륙한 곳으로 추정된다. 다만 신격이 상륙하는 과정이나 신으로 좌정하기까지의 과정 등은 오랜 세월을 거치면서 떨어져 나감으로써 신화의 파편에 해당하는 위의 이야기만 남은 것으로 볼 수 있다.

연오랑과 세오녀

• 신화의 개요

『삼국유사(三國遺事)』에 기록되어 널리 알려져 있는 연오랑·세오녀 (延烏郎細烏女) 이야기는 오랜 세월 동안 포항 지역의 정체성 내지 역사적 뿌리 구실을 해 왔다. 이 책에 실려 있는 연오랑·세오녀 신화의 내용은 다음과 같다.

신라 제8대 아달라왕 4년(157) 동해변에 연오랑·세오녀 부부가 살았다. 하루는 연오가 바닷가에서 해조(海藻)를 따고 있던 중 갑자기 바위가 연오를 싣고 일본 땅으로 건너갔다. 그 나라 사람들이 연오를 보고 비상한 사람으로 여겨 왕으로 삼았다. 세오는 남편 연오가 돌아오지 않자 찾아 나섰다가 남편이 벗어 둔 신을 보고 그 바위에 오르니 바위가 또 세오를 일본으로 실어 갔다. 그 나라 사람들이 놀라 이 사실을 왕께 아뢰니 부부가 서로 만나 세오를 귀비로 삼았다. 이 때 신라에서는 해와 달이 빛을 잃었다. 일관(日官)이 아뢰기를 일월의 정기가 일본으로 건너가 버려 괴변이 생겼다고 하였다. 이에 국왕은 사자를 일본에 보내어 이들 부부를 찾게 되었다. 연오는 그들의 이동이 하늘의 뜻임을 말하고 세오가 짠 세초(細綃)로 하늘에 제사를 지내면 다시 일월이 밝아질 것이라고 하였다. 이에 사자가 가지고 돌아온 그 비단을 모셔 놓고 제사를 드렸더니 해와 달이 옛날같이 다시 밝아졌다. 비단을 창고에 모셔 국보로 삼고 그 창고를 귀비고(貴妃庫)라 하였으며, 하늘에 제사 지내던 곳을 영일현(迎日縣) 또는 도기야(都祈野)라 하였다.

〈연오랑 세오녀〉 신화에서 우리가 주목해야 할 점 중의 하나는 일월의 정기가 동쪽, 즉 일본으로 이동한 사실에 관한 것이다. 한반도

연오랑과 세오녀를 제사지내는 일월사당(동해면 도구리)

의 동남해안과 일본의 이즈모(出雲) 지방은 역사적으로 문화의 전승 경로에 해당한다.

제사처인 도기야(都祈野)의 도기(都祈)는 일본의 지명인 '욱기[郁祈, 오끼]'의 오칭이며, 영일의 옛 지명인 근오지(斤烏支)의 오지(烏支)도 일본의 지명 '오키(迎日)'와 동일한 바, 연오랑·세오녀가 일본에 건너가 자신들이 살았던 '오키(迎日)'의 이름을 자신들의 신왕국(新王國)의 명칭으로 삼았다고 보는 것이다.(소재영, 「연오·세오 설화 고」)

이 설화를 진한 지방에서 동해를 건너 일본의 어떤 지방에 들어가 지배자가 된 역사적 사실을 기술한 한 것으로 보는 관점도 있다. 즉 일본의 이즈모 지방과 신라의 관계를 말해주는 이야기로 이 유형의 설화를 가졌던 집단이 신라에서 이즈모 지방으로 들어가 왕권을 장악한 것이라고 풀이하는 견해(김화경, 『일본의 신화』)가 있는가 하면, 선사시대 영일 지방에 형성된 진한의 한 소국인 근기국(勤耆國)의 주체 세력이 2세기 중엽을 전후하여 신라의 팽창과 함께 비단기술, 제철기술 등 선진문화를 가지고 일본 땅인 이즈모 근처나 북구주(北九州) 지방에 진출한 역사적 사실을 반영한 것으로, 연오랑·세오녀 설화는 일본의 개국신화라는 주장도 있다.(배용일, 「연오랑·세오녀 일월신화 연구」)

• 근오지·영일·도기야

먼저 이 신화에 등장하는 지명을 어떻게 이해해야 할까? 삼국사기(三國史記)에는 영일현의 옛 이름을 근오지현(斤烏支縣)이라 했고, 삼국유사에는 "하늘에 제사 지내던 곳을 영일현(迎日縣) 또는 도기야(都祈

일월지

野)라 하였다.”고 했다. 이들은 언뜻 연결이 안 되는 이름처럼 보이는
데, 이들 지명은 같은 말이다.

고대의 지명은 이두식(吏讀式)으로 표기하였다. 근오지의 ‘근(斤)’이
‘도끼’를 의미하는데, ‘도끼’의 첫 음 ‘도’를 취하고, 다음에 오는 ‘오
(烏)’의 음을 취하면 ‘도오’가 된다. 그 뒤에 오는 ‘지(支)’를 음차(音借)
로 보면 ‘도오지’, 즉 ‘돋이’가 된다. 따라서 斤烏支는 ‘(해가)돋는다’는
뜻의 순우리말임을 알 수 있다.

삼국유사의 기록 도기야(都祈野)나 영일(迎日)도 같은 의미로 해석된
다. 경상도 방언에서는 ‘기름’을 ‘지름’이라 하는 것처럼 ‘기’를 ‘지’로
발음하는, 이른바 구개음화현상이 일반화되어 있다. 도기야(都祈野)의
경우 ‘도(都)’는 ‘도’로, 기(祈)는 ‘지’로, 야(野)는 뜻을 따서 ‘들’로 읽었

을 것이다. 『신증동국여지승람(新增東國輿地勝覽)』에는 이 부근에 설치된 부곡 명칭으로 도지부곡(都只部曲)이 나온다. 결국 '도기야'는 '해가 돋는 들판, 해를 맞는 곳'이란 뜻의 '돋이들'로 읽힌 것이다. 이 '돋이들'을 한자로 표기한 것이 영일(迎日)이다.

• 연오랑은 어떤 인물일까

신화의 주인공인 연오랑(延烏郞)이 어디에 살았으며, 어떤 인물인지가 궁금하다. 『영일읍지(迎日邑誌)』에 보면 세계동(世界洞)을 설명하면서 "옛날에는 세곡(細谷)이라 부르다가 후에 누을(累乙)이라 했다.…신라 아달라왕 때 영오랑 세오녀가 동네에서 당평 부근에 집을 짓고 살던 이곳이 지금은 황폐화되어 언덕이 되었다(古稱細谷後累乙…新羅阿達

호미곶해맞이광장에 세워진 연오랑세오녀상

羅王時 迎烏郎細烏女於洞之塘坪上 建堂爲棲息之所 今爲丘墟焉"는 기록이 있다. 이 연오랑과 세오녀가 거주했던 지역의 주변상황을 구체적으로는 보여는 이 자료는 두 주인공이 실존인물임을 보여 준다.

연오(延烏·迎烏)란 이름에 대한 해석도 중요하다. 고대신화에는 태양 속에 발이 셋 달린 까마귀, 즉 삼족오(三足烏)가 산다고 한다. 그렇다 보니 까마귀를 뜻하는 오(烏)는 흔히 태양을 상징하기도 하여 오(烏)와 일(日)은 같은 의미로 해석된다. 결국 영일(迎日)·연일(延日)과 연오(延烏)·영오(迎烏)는 글자만 다르지 같은 의미인 것이다. 그리고 '랑(郎)'은 '주인'이란 뜻을 가지고 있는데, 제정일치 사회에서 연오랑(延烏郎)은 '영일 지방의 주인' 또는 '해맞이 고을의 제사장'이란 뜻으로 풀이할 수 있다. 다시 말해 연오랑은 해를 숭배하는 집단의 제사장이었다고 봐야 한다.(이상준, 「연오랑·세오녀 설화의 연구」)

그런데 연오랑·세오녀는 왜 일본으로 갔을까? 처음부터 어떤 뜻을 품고 이민 가듯이 험한 바다를 건너지는 않았을 것이다. 어떤 세력에 밀려 어쩔 수 없이 바다를 건넜을 것으로 봐야 한다. 신라는 국가 형성 초기에 동쪽으로 세력을 확장하면서 돌이들 일대를 지배하던 근기국 세력과 마찰을 피할 수 없었고, 이 과정에서 힘에 밀린 연오랑 집단이 일본으로 이주했다고 할 수 있다.

2007년 9월 8일, 이곳을 답사할 때 오천읍 세계리의 한 주민은 과거 세계리 마을제당에는 벽에 남녀가 하늘에서 내려오는 그림이 모셔져 있었으며, 연오랑·세오녀의 영정 같다는 진술을 했다. 이는 세계동 제당이 오랫동안 연오랑·세오녀를 모시는 제당의 기능을 해 왔음을 말해 준다. 그러니까 세계동 제당은 연오랑·세오녀가 일본으로 떠나기 전에는 태양신을 모시는 제당으로 기능을 했고, 두 사람이 일본으로 떠난 뒤 태양이 빛을 잃자 이를 되찾기 위해 세오녀가 짠 비단으로 제사를 지냈으며, 그 후 어느 시점부터는 연오랑과 세오녀를 신격으로 모시는 제당으로서 역할을 해 온 것이다.

• 비단을 바치는 제의

　세오녀가 짠 비단으로 제사를 지냈다고 하는데, 왜 하필 비단이며, 비단은 어떤 기능을 했을까 하는 점도 관심거리이다. 예로부터 신에게 바치는 최고의 선물은 비단이었다. 지금은 예단(禮緞)이 '딸을 시집 보낼 때 시가의 식구들에게 예를 차리기 위해 보내는 옷감이나 옷가지'란 뜻으로 쓰인다. 하지만 예단은 원래 '신에게 바치는 비단'이란 뜻이었다. 그렇다면 이 비단을 가지고 어떻게 제사를 지냈을까? 비단을 다른 제물처럼 제단에 진설하지는 않고 신목에 걸어두고 제사를 지냈을 것으로 본다.

2019년에 개관한 연오랑세오녀 테마공원 내의 귀비고

신에게 예단을 바치는 의식은 아주 뿌리 깊은 전통으로 아마도 연오랑·세오녀가 살았던 시기에도 행해졌을 것으로 보인다. 신라의 사신이 연오랑을 모시러 일본에 갔을 때 세오녀가 짠 비단으로 제사를 지내게 했다는 것은 당시 큰 제사에서 신에게 예단을 바치는 의례가 보편화되었음을 보여주는 것으로 태양의 빛을 회복하기 위한 제사에 세오녀가 짠 비단을 보내게 되었던 것이다.

신에게 예단을 바치는 전통은 현재 어떤 모습으로 남아 있을까? 주강현·장정룡이 쓴 『조선땅 마을지킴이』에 보면 제주도 남제주군 성산읍 신양리 일뤠할망당, 충남 부여군 은산면 은산리 범바위고개 서낭당을 비롯하여 전국적으로 대여섯 곳의 사례를 보고하고 있다. 현재 강릉단오제 행사의 하나로 열리는 대관령국사성황제는 신에게 예단을 바치는 풍습을 잘 보존하고 있는 경우라 하겠다. 범일국사(梵日國師)를 신으로 모시는 대관령국사성황제에서는 단풍나무에 강림한 신을 위해 신목에 오색의 예단을 바치는 의식이 진행된다.

비단을 바치는 제의의 흔적이 남아 있는 구만리 제당

신에게 예단을 바치는 행위는 신에게 새 옷을 해 입힌다는 의미이다. 이 의식은 신목 가지에 예단을 주렁주렁 매다는 방법으로 시행한다. 신목 가지에 예단을 매다는 방식은 경주시 안강읍 노당리에서 포항시 기계면 성계리로 넘어가는 노당재 고갯마루에 있는 서낭당에서도 확인된다. 연오랑·세오녀 신화의 현장인 돌이들에서 그리 멀지 않은 포항시 남구 호미곶면 구만마을 동제의 경우 오래 전부터 오색 천으로 된 예단을 해송 신목에 감는 의식이 행해져 오고 있다.

신에게 예단을 바치는 전통은 현재 몽골에서 '하닥'이란 이름으로 잘 남아 있다. 하닥은 우리나라의 서낭당에 해당하는 몽골의 어워에 어김없이 걸려 있는 푸른색 천이다. 그렇다면 신에게 천을 바치는 이유는 무엇일까?

가죽으로 옷을 만들어 입었던 시절, 무엇인가를 적을라치면 나뭇조각을 이용했던 시절을 돌이켜 생각한다면 종이와 천은 최첨단의 기술력으로 생산된 신제품이었을 것이고, 무척이나 귀한 물건이었을 것이다. 인간에게 귀하고 그만큼 고가였다면, 신에게도 귀중한 헌물이 되었을 것이다. 바로 이러한 때부터 행해진 관습이 시대가 변하여 문물이 발달한 오늘에까지 이르렀다는 해석이 가능하다. 이는 몽골의 어워나 우리네의 서낭당도 동일하게 적용될 수 신앙 행위다.

• 일월지 관련 제의의 변화

연오랑과 세오녀를 신격으로 하면서 태양을 숭배하는 제의가 언제까지 지속되었으며, 어떤 변화를 겪어 왔는가 하는 점도 관심거리이다. 연오랑·세오녀 이야기는 고대사회에서 태양신을 숭배하는 집단에 의해 형성된 신화인데, 이후 신라, 고려, 조선, 근·현대로 이어지는 사회 변화 속에서 지역에서 태양신을 숭배하는 사상이 퇴색하고 다른 토속신앙이 그 자리를 채우면서 근본적인 변화를 가져오게 되었다.

1832년에 나온 경상도읍지(慶尙道邑誌) 영일현 고적조에 일월지(日月池)에 관한 기록에는 "일월지는 현에서 15리 떨어진 돋이들에 있는데, 가물 때 기우제를 지낸다(在縣十五里 都祈野 歲旱祈雨)."라고 적었다. 이 기록은 조선시대에 이미 일월지는 농사에 필요한 비를 기원하기 위한 기우제 장소로 기능하고 있음을 보여주는 사례로서, 태양신 숭배사상에서 시작된 일월지 관련 제의가 후대에 농경과 관련한 토속신앙으로 자리매김했음을 보여 준다.

1992년 영일문화원에서 일월지 옆에 세운 일월지사적비(日月池事蹟碑)에는 "이곳에 일월사당이 있었는데, 천제당(天祭堂) 또는 일월사당이라 불렀고, 신라시대에는 왕실에서, 고려·조선시대에는 영일현감이 친히 제사를 지냈으며, 이 못의 물로 농사를 짓던 농민들이 봄, 가을로 제사를 올리고, 이 사당에 모신 신위를 일월신이라 불러 연오랑, 세오녀의 신위라 전한다."고 씌어 있다. 이 비문은 일월지에 대한 기존의 문헌과 구전자료를 토대로 정리한 것으로 보이는데, 여기에서 주목되는 점은 고려·조선시대에는 영일현감이 제사를 지냈다는 것과 이 못의 물로 농사를 짓던 농민들이 봄가을로 제사를 올렸다는 점이다.

연일현감이 주재한 제사나 농민들이 지낸 제사는 결국 신위가 비록 일월신이었다 해도 실질적인 대상은 절대자로서의 일월신이 아닌 풍우순조를 관장하는 풍농신이었던 것으로 판단된다. 하늘에 제사를 지낸다는 의미를 지닌 천제당(天祭堂)이라는 명칭에서 하나의 시사점을 얻을 수 있다. 현재 포항 지역에서 천제당과 유사한 천제단(天祭壇)이라 부르는 곳이 네 군데 있는데, 죽장면 두마리 천제단, 죽장면 매현리 천제단, 기북면 덕동마을 천제단이 그것이다. 이 중 덕동마을 천제단은 가물 때 기우제를 지내는 곳이고, 두마리와 매현리 천제단은 풍우순조를 기원하는 마을 제당 역할을 하고 있다. 그렇다면 일월지 천제당도 이와 유사한 형태로 운영되어 왔음을 짐작할 수 있다.

• 연오랑·세오녀 신화와 포항

1980년대 이후 연오랑과 세오녀는 구 영일군, 포항시의 상징적 존재로 등장하였다. 지역의 정체성 확립을 위한 정책으로 1983년에 연오랑·세오녀를 모시는 일월사당(日月祠堂)이 동해면 도구리에 건립되었고, 연오랑·세오녀 선발대회를 격년제로 개최하고 있으며, 여기에서 뽑힌 연오랑과 세오녀가 해마다 일월사당에서 열리는 일월신제(日月神祭)의 제관으로 참여해 오고 있다.

포항에는 우리나라 지형상 호랑이 꼬리에 해당하는 호미곶이 있다. 한반도 최동단에 위치하여 가장 먼저 해가 뜨는 곳으로 2000년 및 2001년 1월 1일 두 차례에 걸쳐 국가지정 해맞이축전이 개최되었고, 해마다 한민족해맞이축전이 성대하게 열리고 있다. 이곳에 조성된 해맞이 광장에는 1,000년대의 마지막 햇빛과 날짜변경선인 피지섬의 첫 햇빛, 그리고 이곳 호미곶에서 채화된 2,000년대 시작의 햇빛 등을 합해 간직하고 있는 '영원의 불씨함'이 있으며, 삼국유사에 전해 내려오는 이 지방 신화의 주인공 연오랑·세오녀상이 있다.

연오랑·세오녀 신화를 기반으로 포항을 '불과 빛의 도시'라는 이미지로 만들기 위해 포항시에서는 포항국제불빛축제를 열고 있다. 세계적인 철강기업 포스코가 포항을 상징하는 빛과 제철소 용광로를 상징하는 불의 이미지를 주제로 지난 2004년 포항시민의 날에 맞춰 불꽃쇼를 가진 것이 축제의 시작이다. 이후 매년 여름 휴가철인 7월 말~8월초 국제 규모의 축제로 확대됐고, 콘텐츠도 단순한 '불꽃' 중심에서 탈피, 산업과 문화적 요소를 융합해 다채롭게 펼치는 화합의 축제로 변모하고 있다.

지역사회에서는 연오랑·세오녀 신화를 활용한 다양한 콘텐츠 개발에도 힘을 기울여 2005년에 창작뮤지컬로 처음 무대에 올랐고, 2007년에는 '제1회 포항을 빛낸 인물'로 연오랑·세오녀가 선정됨과 동시에 시립극단에서 연극으로 공연하였으며, 2012년에는 국악뮤지컬로도 선을 보였다. 포항시에서는 2011년에 동해면 임곡리에 연오랑·세오녀 테마공원 조성공사를 시작하여 2019년에 완공하였으며, 현재 연오랑·세오녀가 살았다고 전해지는 오천읍 세계리에 일월문화공원을 조성하고 있다.

할무당 신화

• 신화의 개요

할무당은 포항의 명산 내연산의 산신이다. 보경사 보살 신분이었던 주인공이 내연산 산으로 좌정하기까지의 과정을 설명해 주는 다음과 같은 구전 신화가 있다.

보경사에 박씨 성을 가진 할머니 보살이 있었다. 남편을 일찍 여의고 자식도 없는 처지라 의지할 데가 없어 절에 들어와 살게 되었다. 할머니 나이가 많아지고, 죽을 때가 얼마 안 남았다고 생각한 할머니는 한 번씩 부처님한테 "부처님, 부처님, 날 공들이는 데 데리고 가 없애 주시오."하고 기도를 했다. 자꾸 기도를 하니 어느 날 밤에, 호랑이가 와서 할머니를 업고는 산꼭대기에 모셔다 놓았는데, 거기서 할무당 할매가 됐다.

할무당을 모시는 백계당 내에는 석조 신상이 봉안되어 있다. 할무당 석조 석상은 높이 35㎝인데, 몸체 아래 7㎝ 높이의 좌대가 조각되어 있다. 의좌형(倚坐形), 즉 의자에 앉은 모습을 하고 있지만 의자는 자세히 표현되지 않았다. 의좌형 석상을 나무로 만든 의자에 올려놓았으며, 방석을 깔았다.

할무당을 모신 신당인 백계당

얼굴은 넓고 둥글게 표현되었고, 머리카락은 뒤로 빗어 넘긴 모습이며, 팔은 가지런히 내린 채 양손을 펴서 무릎에 붙인 자세다. 몸에 비해 머리와 팔이 크게 표현되었으며, 전신을 살구색으로 칠을 해 두었다.

백계당에 봉안된 할무당 석상

• 연관 설화

　내연산 할무당 신화와 연관성을 가진 몇 가지 설화가 있다. 부산 금정산 고당봉 고모영신과 보경사 원진국사 승탑 설화다. 금정산 고당봉 고모영신 설화의 요지는 다음과 같다.

　약 400여 년 전에 혼자된 밀양 박씨 성을 가진 여인이 불가에 귀의해서 범어사 화주보살로 봉사하며 살았다. 이 보살이 범어사 주지에게 죽을 때 유언으로 저 높은 고당봉에 고모영신(姑母靈神)을 모시는 산신각을 지어 고당제(姑堂祭)를 지내준다면 수호신이 되어 범어사를 돕겠다고 했다. 범어사에서 유언대로 고당봉에 작은 산신각을 지어 해마다 정월 보름날과 단오날 두 차례 제사를 지내 준 것이 지금에 이르고 있으니, 바로 고모당(姑母堂)이다.

원진국사 승탑 관련 설화는 두 가지가 전한다. 하나는 회관 스님이 쓴 〈보경사사적기〉에 나오는 이야기이고, 다른 하나는 보경사 인근 마을 주민이 들려준 구전설화다. 먼저 〈보경사사적기〉에 적힌 내용을 보자.

> 스님이 어느 날 저녁 예불을 하고 나오는데, 낙타만한 범이 버티고 있었다. 이에 스님이 얼굴빛을 변하지 않고 말했다. "내가 너에게 못다 갚은 빚이 있는 모양인데, 내 어찌 한번 죽는 것을 두려워하여 너의 배고픔을 풀어주지 못하겠는가? 다만, 네가 나의 고기로 배를 채우고 남은 뼈를 안온한 곳에 남겨라." 하니 범이 그 가르침대로 잔해를 뒷산 기슭에 버렸다. 승탑을 세운 자리가 바로 그 자리다.(余聞古來之傳言則 師一夕禮拜之次 有虎如駱駝者 近前 師顏色不動曰, 余與汝 應有未盡之債也 吾何畏一死 而不賽爾慾乎 第汝飽我肉 而餘殘骸於安閑之地 虎如其教 棄骸後山麓 後建塔之時 仍其處立之云)

이 설화에서 역사적 사실과 다르게 원진국사가 보경사에서 입적한 것으로 전하는 것은 원진국사가 염불암으로 가서 입적하기 전까지 보경사 주지로 있었고, 입적 후 비석과 승탑이 보경사에 세워짐으로써 후대에 이 지역 주민들이 원진국사가 보경사에서 입적한 것으로 인식했기 때문으로 이해할 수 있다. 또한 자신의 몸을 호랑이에게 내어주는 모티프는 왕이 국사로 추증할 정도의 고승이어서 신도들이나 주민들 사이에서 국사를 신격화하는 과정에서 생겨난 이야기로 보인다.

보경사 인근 마을에서 채록한 구전설화는 할무당 신화와 〈보경사사적기〉 속의 이야기를 융합한 듯한 인상을 준다. 줄거리는 이렇다.

> 옛날 김해김씨 선조가 보경사 스님으로 있었다. 자식이 없어 죽을 날이 가까워오자 날마다 (부처님께) 호식(虎食)을 해 달라고 기원했다. 어느 날 눈이 살짝 내린 밤에 호랑이가 와서 곱게 업고 부도산(현재 원진국사부도가 있는 산)에 가서 앉혀 놓았다.

구전자료인 이 전설을 〈보경사사적기〉의 내용과 비교해 보면 전승 과정에서 상당한 변이가 있었음을 보여 준다. 우선 속성이 신씨(申氏)인 원진국사를 '김해김씨 선조'라 표현한 점이 눈에 띄지만, 성씨의 차이는 이 전설을 이해하는 데 그리 중요한 사항은 아니다.

〈보경사사적기〉의 내용은 호식 과정에서 주인공 원진국사와 범 사이에 치열한 긴장 관계가 그려진 데 비해 구전설화는 주인공 김해김씨 선조 스님의 원에 의해 범이 곱게 모시는 내용으로 그려져 있다.

보경사사적기에 나오는 이야기와 구전자료에 등장하는 이야기가 모두 얼핏 호랑이의 행동을 제어할 정도에 이른 스님의 신통력을 강조하는 것처럼 보인다. 그러나 전체적인 맥락에서 보면 두 이야기에 나오는 호랑이는 모두 산신령을 상징한다. 그렇기에 호랑이는 높은 법력을 보유한 스님의 가르침을 따랐고, 스님의 원을 들어 주었다.

• 할무당의 영험

할무당의 영험을 설명해 주는 다양한 이야기들이 전해온다. 그 내용을 소개하면 다음과 같다.

할무당 제사

- 할무당 할매가 모셔진 백계당 앞을 지날 때는 우마를 타고 지날 수 없
  다. 만약 우마를 타고 지나가면 발굽이 땅에 붙어 떨어지지 않는다.
- 6·25 전쟁 때 격전지였지만 이 신당만은 폭격을 면했다.
- 한 이십 년 전에 여거서 산판을 하던 사람이 있었는데, 정사장이라
  고. 신당 앞에 있던 아름드리 소나무를 빌라(*베려) 캐서 할매한테
  돼지 한 마리 잡아 술이라도 한 잔 올레 놓고 비라 캤는데도, 기양(*
  그냥) 빘다가 정사장이 탄 차가 전복되어 즉사했다 카이. 첫 바리 실
  고 가다가, 거거는 죽을 자리도 아인데, 옆에 탄 사람은 아무 탈이
  없었는데, 나무 끌티기가 옆구리를 찔라가 그래 됐다카이.
- 송라 조사리에 사는 장영성이라 카는 분이 있어요. 나이 육십이 되
  도록 무자식이었는데, 할무당 할매한테 공을 들에가 육십 넘어 자

손을 안 봤나. 그러이 그 사람은 제사 때마다 꼭 참례한다.

- 17,8년 쯤 됐지. 울 아들이 부산대학교 대학원에서 석사학위를 받았는데, 대전 대덕연구단지 원자력연구소 연구원 공채시험에 응시를 했다. 이 때 내가 할매한테 공을 들옜어. 지원자 여섯 명 중에 두 명을 뽑는데, 쟁쟁한 서울대학 출신들을 물리치고 합격을 했거든. 할매 덕이라.

- 한번은 아들이 고향 내려와 이 뒤에 향로봉 등산을 가는데, 할매한테 절을 하고 가라 캤는데, 문이 잠게 있아가 절을 몬 하고 기양 갔다가 질을(*길을) 일가뿌고(*잊어버리고) 애로(*애를) 묵은 적도 있다.

- 아버님이 한번은 여름인데, 당에 붙은 말벌집도 띠내고, 수리할 것도 있고 해가 백계당에 올라갔어요. 보통 당을 수리할 때는 소주 한 병에 포 한 마리 갖고 가가 할매한테 고하고 일을 하는데, 그 날은 그냥 했다 캐요. 다 하고 내려와가 점심 잡숫고 한숨 자다가 깨보이 팔다리가 뻐덩뻐덩하이, 몸에 마비가 왔는 기라요. 말도 안 나오고. 온 식구가 놀래가 요 아래 하광동 보살할매를 불러다가 물어보이 당에 할매가 노했다 이래 됐어요. 그 보살할매가 할무당 할매한테 한 시간이나 빌고 해가 그래 갠찮아졌어요. 아버님이 깨고나서 하시는 이야긴데, 꿈속에 할매가 나타나가 막 꾸중을 하시면서 땅바닥에 때기(*패대기)를 치더래요. 그 할매는 영검이 있어요.

• 이 신화의 의미

〈할무당 신화〉는 내연산 동쪽 지역에 광범위하게 분포해 있는 산신 신앙으로 우리 민족 전래의 신모(神母) 신앙의 범주에 해당한다. 이 신화는 마을 공동체 신앙이 아닌 지역 공동체 신앙으로 불교신앙과 무속이 융합된 토속신앙이라 할 수 있다. 그리고 〈금정산 고모당 신화〉, 〈원진국사 부도 전설〉 등 다른 설화의 영향을 받아 생성·전승·변이된 것으로 추정된다.

덕성리 거북신

• 신화의 개요

포항시 북구 청하면 덕성리의 동신은 거북신으로 흔히 '거북님', '거북할배', '할배' 등으로 불린다. 이와 관련해서는 다음과 같은 신화가 있다.

> 오랜 옛날, 동해에서 어미 거북 한 마리가 새끼 거북들을 데리고 와 이 마을에 살았는데, 그 이후부터 마을이 번성하였다. 나중에 사람들이 이 거북을 마을의 수호신으로 알고 모시게 되었다.

위의 당신화를 통해 덕성마을에서 거북을 동신으로 모시게 된 것은, 동해 거북이 이 마을에 올라와 좌정했다는 당신화에 근거함을 알 수 있다.

• 영기(靈旗)의 거북 그림

영기에 그려진 거북 그림은 어미거북 한 마리(가운데)가 새끼거북 8마리를 거느리고 이동하는 모습을 형상화한 그림으로 1962년 이 마을 주민인 최문구 씨가 그린 것이다. 그림 속 거북은 머리 부분이 용

거북신의 형상을 그린 영기

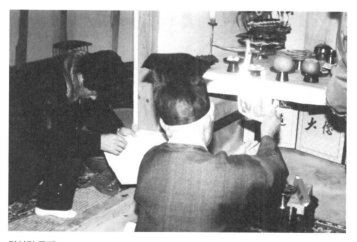

덕성리 동제

두화(龍頭化)된 귀두(龜頭)의 모습이다. 이는 덕성리 거북신이 용 또는 용왕을 상징하는 것으로 이해하는 근거가 된다.

바다의 거북을 용으로 인식한 사례는 많다. 삼국유사 기이편 수로부인(水路夫人)조에 나오는 이야기가 대표적이다.

신라 성덕왕 때 순정공이 강릉태수로 부임하던 길에 갑자기 해룡이 나타나 그의 아내 수로부인을 바다로 끌고 들어갔다. 공이 어찌할 바를 모르고 있던 중 한 노인이 말하되 "옛 말에 뭇 사람의 입김은 쇠도 녹인다 했으니, 용인들 어찌 이를 두려워하지 않겠고, 모름지기 경내의 백성을 모아 노래를 부르며 막대기로 땅을 치면 나타나리라"고 하여 그렇게 했더니 과연 나타났다 한다. 삼국유사에 실린 한역 가사는 다음과 같다.

"龜乎龜乎出水路 掠人婦女罪何極 汝若悖逆不出獻 入網捕掠燔之喫"(거북아 거북아 수로를 내놓아라, 남의 부녀 앗아간 죄 얼마나 큰가, 네 만일 거역하고 바치지 않으면, 그물로 잡아서 구워먹고 말리라).

여기서 수로부인을 바다로 끌고 간 것은 해룡(海龍)인데, 느닷없이 "거북아 거북아 수로를 내놓아라(龜乎龜乎出水路)"했다. 이 거북은 바로 용인 것이다.

바다거북이 용왕으로 인식되는 사건이 하나 있다. 1994년 여름, 영덕군 남정면 구계리 앞바다에서 잡혔다가 방생된 거북 관련 신문기사를 보자.

최근 포항·영일 지역 주민들 사이에선 오랜 가뭄에 지칠 대로 지치면서 갖가지 사회 현상과 전통 속설을 가뭄에 연관 지으려는 경향이 나타나고 있다. (중략) 석 달 전인 지난 6월 20일 영덕군 남정면 구계리 앞바다 정치망에서 길이 120cm, 무게 120kg의 초대형 수거북과 암거북 한 쌍이 하루 간격으로 잡혔다는 사실이 알려지면서 영일 지역 주민들의 심사가 편치 못하다. 이곳 주민들은 "이 거북은 동해 용왕이 틀림없다"며 "잡힌 곳에서 하루 빨리 방생하든가 가뭄이 가장 심한 영일 지역에 넘겨 영일만 앞바다에서 방생해야 한다"고 입을 모으고 있다. 현재 이 거북은 대한불교법화종에 인계돼 오는 26일 부산 해운대 앞바다에서 열리는 아시안게임부산유치기원법회 행사 후 방생될 예정으로 있다. 한편 경북도 문화체육과장과 영일군 수산과장 및 영일군 새마을부녀회 등 여성단체 대표들은 이례적으로 13일 부산 법화종 총무원을 방문, 가뭄 때문에 주민들의 민심이 들끓고 있는 만큼 이 거북을 하루 빨리 동해안에 방생해 줄 것을 요구했다. 흥해·청하·신광면 등 영일 지역 주민들도 이와 관련 법화종 본부를 방문, 거북 조기 방생을 항의할 움직임을 보이고 있다.

[대동일보, 1994년 9월 14일자 기사]

• 신의 영험

거북신의 영험을 설명해 주는 다양한 이야기들이 전해온다. 그 내용을 소개하면 다음과 같다.

- 제당을 저자거리에서 현재의 위치로 옮긴 후, 새장터에서 사진관을 경영하던 사람이 원래 제당이 있었던 자리에 집을 새로 지어 이사

덕성리 동제의 '내림받기'

를 했는데, 집에 밤마다 자갈이 날아 왔다. 새 집뿐만 아니라, 시장
터의 옛 집에도 자갈이 날아왔다. 그래도 아무도 다친 이는 없는지
라 신기하여 누구에게 물으니 동네 할배가 내린 돌이라 했다. 그래
서 제당에 가서 기원을 하였더니 더 이상 자갈이 날아오지 않았다.

- 당샘은 제관의 목욕재계 및 제수 장만하는 일에 쓰이는 신성한 우
  물인데, 이 곳을 막았다가 액을 입은 사람이 있다.
- 제사 지낼 때는 동네가 조용해야 한다. 사람들도 떠들면 안 되고,
  심지어 집안의 개도 짖지 못하도록 단속해야 한다. 이를 어기다가
  화를 입은 예가 더러 있으며, 특히 이 시각에 개가 짖다가 죽는 경
  우가 많았다.

- 어느 해에는 제관이 피투성이가 되어 싸우던 '닭싸움' 광경을 보고 그 날 밤 동제를 모셨다. 다음 날 일어나 보니 제관의 양쪽 볼에 싸우던 수탉의 볏에 묻은 낭자한 핏자국 같은 것이 흉터처럼 나 있었다.
- 동제를 지내고 나면 거북신이 흥감(興感)했는지를 확인하는 단계인 내림받기 절차가 있다. 신의 흥감은 영기를 잡고 풍물을 울릴 때 영대의 떨림으로 온다. 한번은 내림이 안 와서 새로 제사를 모시기 위하여 다음날 제당 주변을 다시 청소하는데, 피를 흘리고 죽은 개가 있어 치우고 새로 제사를 모시니 흥감했다.

• 이 신화의 의미

〈덕성리 거북신〉이야기는 거북을 신성시해 온 민족적 전통이 스며 있다. 그림 속 거북은 용두화(龍頭化)된 귀두(龜頭)의 모습으로 덕성리 거북신은 용왕을 상징한다.

참고 문헌

인터넷 다음백과

박일천, 『일월향지』, 일월향지편찬위원회, 1967.

영일군사편찬위원회, 『영일군사』, 1990.

소재영, 연오·세오 설화고, 『국어국문학』36, 국어국문학회, 1967.

박창원, 『동해안 민속을 기록하다』, 민속원, 2017.

박창원, 포항 덕성리 동제 연구, 『한구민속학보』9호, 한국민속학회, 1998.

박창원, 포항지역 신화의 전승현장과 의미, 『포항문학』25호, 포항문인협회, 2005.

박창원, 포항지역 당신화의 전승양상, 『포항문화』5호, 포항문화원, 2009.

박창원, 내연산 산신 할무당 신앙의 성격, '포항문화의 원형' 심포지엄 발표논문집, 포항문
　　화원, 2015.

배용일, 연오랑·세오녀 일월신화 연구, '연오랑·세오녀 설화와 일월사상' 심포지엄 자료집,

포항정신문화발전연구위원회, 2007.

이상준, 연오랑·세오녀 설화의 연구, 영남대학교대학원, 2010.

장장식, 몽골민속기행, 지우출판, 2002.

지형학으로 본
포항의
지리적 입지

민석규

민석규

교육학 박사, 지형전공
국립생태원 전국자연환경조사 지형분야 전문조사원
국립생태원 생태·자연도 외부 전문위원
저서 : 아이슬란드 여행지도(공저), 지리의 쓸모(공저), 사진, 삶과 지리를 말하다(공저).

지리학은 어떤 학문일까?

일반인들에게 지리라는 학문이 좀 낯설게 느껴질 정도로 우리 사회에서 지리에 대한 인식과 입지가 좁은 것이 사실이다. 웬만한 차에 네비게이션 1대 정도는 달려있다. 네비게이션은 지리정보시스템과 위성항법장치를 결합해 만들어진 디지털기기다. 지리는 우리와 가까이 있지만 잘 인식하지 못하고 있을 뿐이다.

우리가 살아가고 있는 지표는 자연과 인문적 특징이 같은 곳이 한 곳도 없다. 포항시라는 지역도 청하면과 흥해면의 지형이 다르고 사람들이 살아가는 모습도 차이가 난다. 같은 산지라고 해도 신광면의 비학산과 포항의 명산 내연산의 지형이 다르고, 그곳에 기대어 사는 사람들의 생활 모습이 각각 다르다. 그래서 지리학이 존재할 수 있고, 학문으로서 가치가 있는 것이다.

지리학은 지표의 각기 다른 특징이 있는 지역의 자연 지리적(지형, 기후)인 특징과 인문지리적(역사, 문화, 경제 등) 특징을 연구해 그 지역만의 독특한 지역적 특징(지역성)을 찾아내는 학문이다. 예를 들어 포항은 다른 도시들과 달리 제철 도시라는 지역적 특징(지역성)을 갖고 있다. 왜 이런 지역성을 갖게 되었을까? 지형적인 측면에서 포항은 영일만에 자리한 항구다. 둘째 영일만은 서해보다 상대적으로 수심이 깊고 조차가 작아 큰 배가 드나들기 편리하다. 셋째 인문적인 측면에서 기술, 자본이 풍부한 일본과 지리적으로 가깝다. 철광석을 수입해 가공하고 생산한 철제품을 수출하는 장소로 포항 같은 곳을 찾기 어렵다. 제철 도시라는 지역성을 갖게 된 것은 포항의 자연지리와 인문지리적인 특징이 제철소 입지와 맞아떨어졌기 때문이다.

역사적으로 지리를 실제 생활에 활용했던 사례

바로 제갈량이라고도 불리는 제갈공명이 지리를 실제 생활에 활용했던 대표적인 인물이다. 제갈량은 유비의 책사로 귀신같은 전술과 전략을 발휘했던 인물로, 중국 역사에서 대표적인 현인(엘리트 지식인)으로 추앙받는 인물이다. 고대 중국에서 현인(賢人)으로서 갖추어야 할 조건에 상통천문(上通天文), 하달지리(하달지리)라고 해서, 지리학을 알아야 한다는 내용이 나온다. 위로는 하늘의 이치를 깨닫고, 아래로는 땅의 이치(지리)에 통달했다. 라고 해석할 수 있다.

상통천문의 천문은 하늘에서 일어나는 여러 가지 자연현상(태양과 별의 움직임, 기후변화)을 의미한다. 천문현상은 지리에서는 기후라는

그림 1. 지리는 지구 환경을 종합적으로 연구하는 학문이다.

분야에 해당한다. 하달지리의 지리는 땅 모양인 지형(산, 계곡, 호수, 분지, 평야, 강, 습지 등등)을 말한다.

여기서 현인은 현대식으로 엘리트 지식인이라고 할 수 있는데, 단순히 자기 분야의 지식만 갖춘 전문가가 아니라, 고매한 인품과 지혜까지 갖추고 있어, 한 나라나, 한 시대를 경영할 만한 사람을 의미한다. 쉽게 말해 뛰어난 지식과 지도력을 겸비한 사람이라 할 수 있다.

삼국지에 나오는 적벽대전에서 제갈량이 눈부신 활약을 해 조조의 100만 대군을 괴멸시키고 큰 승리를 거둔다. 적벽대전은 북서풍이 부는 겨울철에 벌어졌는데, 제갈량이 갑자기 남동풍을 불러와 화공(火攻), 즉 불로 적을 공격해 이겼다고 나온다. 어찌 된 걸까? 제갈량이 도술을 부렸을까? 아니다! 천문현상, 즉 적벽 지역의 겨울철 기상현상(날씨 변화)을 꿰뚫고 있던 제갈량이, 동남풍이 분다는 걸 알고 있었기에 가능했던 작전이었다. 제갈량이 오나라의 주유와 3일 안에 화살 10 만개를 만들어내는 내기를 벌이자, 주변 사람들이 모두 걱정하지만 제갈량은 안개 낀 양쯔강에 짚단을 씌운 수십 척의 배를 띄워 조조 진영을 한 바퀴 돌아 조조 군이 발사한 화살을 거둬, 화살 10 만개를 주유에게 줌으로써 내기를 이기게 된다. 제갈량은 북서풍이 불고 추운 겨울 날씨가 이어지다, 북서풍이 약해지고, 양쯔강에 안개가 끼고 몇 칠이 지나면 동남풍이 부는 적벽의 날씨 변화를 꿰뚫어 보았다. 겨울 날씨의 변화를 전술에 이용해 이긴 것이 그 유명한 적벽대전이다. 지리의 중요한 분야인 기후에 대한 지식을 병법에 활용한 작전이었다.

그 외에도 지형의 유리한 점을 잘 살려 전술에 활용해 많은 승리를 거둔 것도 하달지리(땅의 이치에 통달) 했기 때문이다. 제갈량이 지형을 이용한 전술 전략을 보면, 하늘에서 땅을 내려다 보고하는 것처럼 해당 지역의 지형을 꿰뚫고 있지 않으면 구사할 수 없는 전술이라는 사실에 놀라게 된다.

　명량대첩을 그린 영화 명량을 보면 빠른 조류를 전투에 이용했다는 사실을 알 수 있다. 임진왜란 당시 칠천량해전에서 삼도수군통제사 원균이 이끌던 조선의 수군이 패배하자 선조에 의해 이순신 장군이 삼도수군통제사로 컴백 하지만, 장군에게 남은 배는 12척뿐이었다. 12척으로 330여 척의 일본 해군을 물리친 전투가 바로 명량해전, 즉 명량대첩이다. 이순신 장군이 적은 병력과 함선으로 대승을 거둘 수 있었던 것은 명량해협의 빠른 조류(썰물과 밀물의 차에 따른 바닷물의 흐름)라는 이곳의 지리적인 특징을 꿰뚫고 있었기에 가능했다. 23전 23승 무패라는 불멸의 기록 뒤에는, 전투가 벌어질 바다의 지리적 특징을 미리 알고 작전을 세웠던 이순신 장군의 전략과 전술이 있었다. 바다의 지리적 특징을 알기 위해 전투가 벌어질 바다에 대해 가장 경험이 많은 어부들의 의견을 작전에 참고했다고 한다. 어부들은 물길과 조류의 흐름과 수심, 암초 같은 바다의 지리적 특징을, 경험을 통해 잘 알고 있었다. 어부들은 그런 지식이 지리라는 걸 인식하지는 못했을 뿐이다.

지리로 본 지구 온난화

　종합학문인 지리학이 현재 지구상에서 일어나고 있는 환경문제의 해결책을 가장 잘 제시할 수 있다고 개인적으로 생각한다. 동양철학에서 만물을 구성하는 재료로 천(天), 지(地), 인(人)을 말한다. 흔히 삼재(세 가지 재료)라고 한다. 자연과의 조화를 중시했던 동양철학에서 말하는 천지인을 가지고 현재의 환경문제를 간단하게 설명해 보자.

천(하늘 천)은 지리에서 기후 현상을 말하고, 지는 모든 생물이 살아가는 땅을 의미한다. 하늘과 땅 사이에는 사람이 존재한다. 우리가 말하는 자연환경은 바로 사람을 둘러싸고 있는 하늘(기후)과 땅(지형)을 뜻한다. 물론 사람이 만든 도시, 도로와 같은 인공 환경도 환경이다. 천지인은 따로 움직이는 것이 아니라 하나로 연결되어 서로 영향을 주고받는다. 예를 들어 보면, 산업혁명 이후 (인)사람 들의 화석연료 사용량이 급증하며, (천)대기 중에 이산화탄소 농도가 높아지자 온실효과로 지구의 평균기온이 상승하는 지구 온난화 현상이 나타나게 되었다. 사람의 활동으로 하늘이 변하고, 온난화로 이상 기후가 일상화되면서, 캐나다와 미국 서부의 살인적인 폭염, 54일이나 지속되었던 작년 우리나라의 여름 장마, 작년 말에서 올해 1월까지 우리나라에 닥친 유래 없는 혹한 등이 (지)땅에 사는 우리에게 많은피해를 주고 있다.

새로 탄생한 젊은 바다 동해

원래 일본은 한반도와 함께 유라시아대륙에(유럽+아시아대륙) 붙어 있던 땅이다. 즉 동해는 먼 지질시대에는 현재의 자리에 없었다. 한덩어리였던 일본과 한반도가 지각 운동으로 갈라지고, 그 자리에 바닷물이 들어와 동해가 탄생하게 된 것이다. A4 용지를 두 손으로 잡고 잡아당기면 종이가 늘어나다 한계에 달하면 찢어지듯이, 한 덩어리였던 한반도와 일본 땅덩이가 지각 운동의 거대한 힘으로 갈라져(찢어져) 내려앉은(침강) 낮은 곳에 바닷물이 들어와 동해가 탄생하였다.

그림 2. 지각이 갈라져 동해가 형성되는 과정
약 2,300만 년 전~1,500만 년 전 현재 동해가 만들어졌다.

그동안 우리나라와 일본 지질 학계의 연구를 보면 지금으로부터 2,300 만 년 전인 신생대 마이오세라는 지질시대에 동해가 탄생하기 시작해 1,500 만 년 전쯤에 현재의 동해가 완성된 것으로 보고 있다. 신생대 마이오세에 지각판이 움직이며 일본과 한반도를 양쪽에서 잡아당기는 힘(인장력)이 발생해 지각이 갈라지게 되고, 갈라져 낮아진 자리에 바닷물이 들어와 동해가 탄생하게 된 것이다.

100년도 못사는 인간이 몇백만 년, 몇천만 년이라는 단어가 나오니 실감 나지 않을 수 있다. 그렇지만 46억 살 먹은 지구 나이에 비하면 동해가 만들어진 사건은 지구의 입장에서 아주 최근의 역사라고 할 수 있다. 지구의 역사를 한국의 역사로 구분해 얘기한다고 하면,

한국사는 고대사-중세사-근세사-현대사로 구분한 할 수 있는데, 동해 탄생은 한국의 현대사 그것도 현재 우리가 살아가고 있는 2,000년대인 21세기 초기의 역사라 할 만큼 최근의 사건이다.

움직이는 지각이 동해와 대양을 만든다.

우리가 발을 딛고 살아가는 땅은 사실 매년 조금씩 움직이고 있다. 지구 표면은 10여 개의 큰 조각으로 나누어져 있는데, 이 조각난 지각을 각각 판이라고 한다. 우리나라가 속해 있는 유라시아판 그리고 북아메리카판, 남아메리카판, 오스트레일리아판, 아라비아판, 코코스판, 인도판, 필리핀판, 태평양판, 남극판, 아프리카판 등이 있다. 즉 지구 표면은 10여 개의 지각판이 퍼즐 조각을 이루고 있다. 백화점이나 대형마트의 계산대에 가서 계산할 물건을 올려놓으면, 계산원 앞

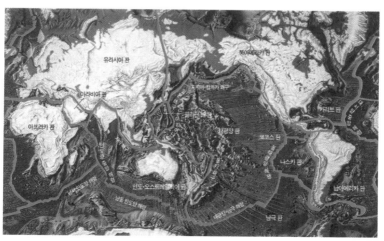

그림 3. 지구 표면의 지각판 분포. 선은 지각판과 판 사이의 경계다.

까지 이동시키는 장치가 있는데 이것이 컨베어 벨트다. 위에 물건을 올려놓으면 벨트가 움직여 계산할 물건들이 이동한다. 10개가 넘는 지표면의 지각판은(계산할 물건) 맨틀(컨베어 벨트) 위에 놓여있다. 맨틀이 컨베어 벨트처럼 움직이면 그 위에 놓여 있는 지각판이 계산대의 물건처럼 이동하게 되는 것이다.

지각판이 서로 움직이다 부딪히는 경계 지역에서는 땅이 융기해 히말라야 같은 큰 산맥이 만들어지거나, 일본처럼 화산, 지진이 자주 발생하는, 지각이 불안정한 땅이 되기도 한다. 세계에서 유일하게 8,000m급 고봉 14좌가 있는 히말라야산맥은 인도판과 유라시아판이 충돌하는 과정에서 땅이 융기해 형성되고 있다. 반대로 지각판이 갈라지는 곳에서는 동해처럼 바다가 탄생하거나, 갈라진 틈으로 마그마가 올라와 화산활동이 발생하기도 한다. 아라비아반도와 아프리카 사이에 홍해(Red Sea)라는 바다는 판이 갈라진 틈으로 바닷물이 들어와 만들어진 바다 중 하나다.

한반도는 다행스럽게도 판 경계에서 벗어나 유라시아판의 안쪽에 있어, 판 충돌 경계에 자리한 일본보다 지진의 위험이 훨씬 적고 화산활동도 거의 없다. 그러나 한반도가 완전한 지진의 안전지대는 아니다. 일본보다 지진 빈도가 낮고, 강도가 약하다는 정도다. 지진은 언제고 발생할 수 있다. 특히 유라시아판과 필리핀판의 충돌 경계인 일본과 가까운 우리나라 동남부(포항, 경주, 울산, 부산) 지역에는 양산단층, 울산단층 같은 큰 단층과 이에 동반된 수많은 단층이 발달한 지역이라 당장 지진이 일어난다고 해도 전혀 이상하지 않다. 2016년 경주 지진이 그 증거다. 일본은 화산과 지진의 지뢰밭이다. 지각이 불안정한 이유는, 일본이라는 땅이 유라시아판, 필리핀판 북아메리카판, 태평양판 등 무려 4개의 지각판이 충돌하는 경계 지역이라 활화산, 지진, 온천이 많은 땅이 된 것이다. 일본이 바다 밑으로 사라진다는 일본 침몰설이 있지만, 일본은 판의 충돌 경계라 솟아오르는(융기) 땅이고, 화산, 지진 등이 많은 땅일 뿐 가라앉을 일은 없다.

지구 표면의 큰 바다 그러면, 3대양인 태평양, 대서양, 인도양이 있는데, 대양들의 탄생도 동해처럼 지각판의 이동과 관련되어 있다. 지각판들의 움직임에 의해 하나로 붙어 있던 대륙이 갈라지고, 그 사이에 바다가 만들어지고 있는 대표적인 곳이, 대서양이다. 원래 남아메리카 대륙과 아프리카는 하나의 땅덩어리였는데, 두 대륙이 얹혀있는 지각판이 움직이면서 두 대륙 사이가 갈라지고 바닷물이 들어와, 대서양이 만들어지고 있다. 남미의 브라질과 대서양을 사이에 두고 수천km 떨어져 있는 아프리카 나미비아가 원래는 브라질과 하나로 붙어 있던 땅이라는 사실이 믿기지 않지만, 과학적인 사실이다. 지각판의 이동으로 현재도 대서양은 매년 조금씩 넓어지고 있다. 세계에서 가장 큰 바다인 태평양도 지각판이 갈라져 이동하면서 형성된 바다 중 하나다. 지각판의 이동으로 대서양과 태평양 같은 큰 바다도 만들어지는데, 일본과 우리나라가 갈라지고 그 자리에 태평양보다 훨씬 작은 동해가 탄생했다는 것은 놀라운 것이 아니라 과학적 사실이다.

동해는 사라질 수도 있다?

신생대 마이오세 일본과 한반도를 갈라지게 했던, 지각을 양쪽에서 잡아당기는 힘이 사라지고 일본 열도가 유라시아대륙 쪽으로 이동하고 있는 것으로 최근 연구에서 밝혀지고 있다. 동해가 사라지고 한반도와 일본이 다시 붙을 수도 있다는 말이 되는 것이다. 물론 몇백만 년이나 몇천만 년 뒤에 있을 일이라 우리 시대 동해가 사라지는 걸 볼 순 없을 것이다. 동해의 탄생으로 만들어진 포항은 신생대 제3기 층이라는 퇴적암으로 되어 있다. 퇴적암이 만들어질 때 포항은 주변보다 낮은 땅이라 자갈과 토사가 쌓여 퇴적암이 되었는데, 이 퇴적암이 융기해 우리가 살아가는 포항 땅을 이루고 있다. 땅이 융기하려면 잡아당기는 힘이 아니라 두 지각이 서로 미는 힘(압축력)이 작용해야 한다. 두 지각판의 충돌로 생긴 미는 힘이 히말라야 같은 큰 산맥을 만든 것처럼. 현재는 동해를 만들었던 잡아당기던 힘이 사라지고, 지각판의 움직임이 달라져 일본과 한반도를 양쪽에 미는 압축력으로 바뀌고 있다는 말이다. 좀 어렵지만. 그래도 우리 시대 동해가 사라질 걱정은 없다는 사실이다.

서해와 남해는 육지가 침수돼 만들어진 바다

서해와 남해는 동해처럼 지각이 갈라져 만들어진 바다가 아니다. 육지의 낮은 부분이 해수면 상승으로 물에 잠겨 만들어진 바다이다. 그래서 동해에 비해 수심이 얕다. 서해의 평균수심은 44m, 가장 깊은 곳도 100m를 넘지 않는다. 남해의 평균수심은 101m, 가장 깊은 곳이 227m 정도이다. 그러나, 지각이 갈라져 형성된 동해는 수심이 아주 깊다. 동해의 평균수심은 1,684m, 가장 깊은 곳은 무려 3,762m에 달한다.

남해와 서해처럼 육지의 낮은 곳이 침수돼 만들어진 수심 200m

이하의 얕은 바다를 대륙붕이라고 한다. 전 세계 바다생물의 90% 이상이 대륙붕에서 살고 있다. 서해의 갯벌과 남해의 수심이 얕은 복잡한 해안이 물고기의 산란장이자 보육실이다. 그래서 다양한 물고기가 서식해 좋은 어장을 이룬다. 너무 깊은 바다는 생물이 살기에 좋지 않다. 마치 에베레스트산처럼 너무 높은 곳은, 호흡에 필요한 산소가 적고, 빙하와 만년설이 만들어질 정도로 기온이 낮아, 서식하는 생물이 아주 적은 것처럼, 너무 깊은 바다도 생물이 살기 어렵다. 태평양처럼 넓고 수심이 깊은 바다에서 생물이 많이 사는 곳은 산호초가 자라는 열대 바다다. 산호초지대는 수심이 얕아 햇볕이 잘 들어 물고기 먹이인 플랑크톤이 잘 자라고, 천적으로부터 숨을 공간이 많기 때문이다. 대양의 산호초는 사막의 오아시스와 같다고 보면 된다. 깊은 바다인 동해의 물고기 오아시스는 독도와 울릉도 같은 화산섬이다.

중고등학교 지리 시간에 드나듦이 복잡한(만, 반도, 섬이 많은) 서해와 남해안을 리아스식해안이라고 배웠을 것이다. 다도해를 이루고 있어 경치가 아름답고 양식업이 발달했다. 그러나 동해안의 해안선을 보면 드나듦이 매우 적어 단조로운 해안선을 이루고 있고, 섬과 만 반도가 거의 없다. 그리고 바다는 하루에 두 번씩 밀물과 썰물이 있고, 해수면 높이가 변동하는데, 해수면이 변동하는 크기를 조수간만의 차, 줄여서 조차라고 한다. 서해는 조차가 가장 큰 경기만은 8.5m가 넘지만, 수심이 깊은 동해는 30cm를 넘지 않는다. 남해는 서쪽의 전남 서해안은 3.5m 정도고, 동쪽의 부산은 1m 정도다. 세 바다 중 동해의 조차가 제일 작다.

젊은 땅 포항

우리나라 지각의 43%가 시원생대라는 지질시대에 만들어진 오래된 땅이다. 시원생대는 46억 년 지구 역사에서 40억 년 이상을 차지했던 긴 지질시대다. 한반도 땅의 대부분은 사람에 비유하자면 오랜 세월을 살아온(나이 많은) 노인이라고 생각하면 이해하기 쉽다. 경상도 지역은 시원생대와 고생대 암석이 분포하는 한반도 다른 지역에 비해 상대적으로 젊은 땅이다. 경상도 지방에 분포하는 퇴적암은 중생대 백악기라는 시기에 경상도 지역을 중심으로 퇴적된 암석이라 경상계 퇴적암이라고 부른다. 그런데 중생대 백악기만 해도 1억 3500 만 년 전부터 6500 만 년 전까지의 지질시대니까 사실 오래된 땅이다. 그런데 2300 만 년 전부터 퇴적된 포항의 신생대 제3기 층은 중생대부터 그 이전에 형성된 땅들에 비하면 정말 젊은 땅이다. 46억 살 먹은 지구에 비하면 젊은 정도가 아니라 갓 태어난 아기라고 해야 맞을 것이다. 오래된 지각이 대부분을 차지하는 한반도에서 가장 새로운 지질시대인 신생대 제3기 층이 분포하는 포항은 매우 특별한 땅이다. 금, 은 보석의 가치가 높은 이유는 희소하기 때문인데 포항에 분포하는 신생대 제3기 층은 우리나라 전체 면적의 4.8%밖에 되지 않을 정도로 희소하다.

포항은 신생대 제4기에도 땅이 만들어졌으니 정말 젊은 땅인 셈이다. 신생대 제4기는 약 250만 년 전부터 우리가 살아가고 있는 현재까지의 지질시대를 말한다. 포항 땅은 사람에 비유하면 에너지 넘치는 피 끓는 젊은이라고 할 수 있다.

신생대의 포항 분지

신생대 제3기 마이오세라는 지질시대 동해를 탄생시킨 지각의 당기는 힘이 포항 땅에도 작용해 동해가 갈라질 때, 우리나라 동해안 지역도 여러 곳의 지각이 갈라졌다. 포항, 경주, 울산 지역 등도 여기저기가 갈라져 낮은 땅이 되었다. 땅이 갈라지고 어긋난 것을 단층이라고 부르는데, 여러 개의 단층이 만들어지면서 땅이 벌어지고 일부가 내려앉아 낮은 땅이 만들어지게 되었는데, 이런 지각 운동을 침강이라고 부른다. 갈라진 땅이 꺼진 자리(침강)에 주변에서 토사가 이동해 쌓이게 된다. 지질학에서는 주변보다 낮아 토사가 쌓이는 곳을 퇴적분지(떡시루)라고 한다. 동해 탄생의 영향으로 포항의 지각이 갈라져 낮아지게 되고 여기에 토사가 퇴적되고, 퇴적암(시루떡)이 만들어졌기 때문에, 지질학에서는 포항 분지라고 부른다. 분지라는 지형의 원래 의미는 산으로 둘러싸인 평야를 말한다. 분지를 둘러싼 주변 산지보다 낮은 땅이다. 그래서 지질시대 주변보다 낮아 퇴적이 이루어진 곳을 퇴적분지라고 부르는데, 포항도 신생대 마이오세에는 주변보다 낮은 퇴적분지였다. 마이오세 지각의 잡아당기는 힘으로 인해 포항은 주변보다 낮은 분지를 이루었다.

동해가 열릴 때 장기도 포항처럼 지각이 갈라져 가라앉아 낮은 땅이 되고 퇴적층이 쌓이게 되었다. 그래서 지질학에서 장기분지라고 부르는데, 장기분지의 퇴적층이 포항 분지 퇴적층보다 나이가 더 많다. 포항 분지보다 장기분지가 먼저 형성되었다. 즉 장기분지가 포항 분지보다도 형인 셈이다. 뿐만아니라, 장기분지는 포항 분지보다 상대적으로 화산활동이 활발했었다. 그래서 화산활동과 관련된 퇴적암과 육지에 쌓인 육성층 퇴적암이 대부분이다. 육지와 화산에서 나온 물질로 만들어진 퇴적암이 대부분이라 바다생물 화석이 거의 발견되지 않고 있다. 장기분지의 화산활동과 관련된 독특한 지형이 장기~구룡포읍~호미곶~마산리~흥환리~입암리~임곡리에 이르는 해안에 분포한다. 상정리 바닷가의 주상절리가 신생대 제3기 화산활동으로 형성된 지형의 대표적인 사례다.

위에서 설명한 포항 분지는 얕은 바다에서 퇴적된 해성층으로 알려져 있다. 포항 분지의 퇴적암 중에 두호 층이라는 퇴적암에서 조개 같은 바다생물 화석이 많이 나와 바다에서 퇴적된 지층이라는 사실을 알 수 있다. 전에는 두호동 바닷가 절벽에서 화석이 많이 나와 전국적으로 화석 산지로 알려졌었지만, 현재는 환호공원을 조성하면서 해안도로 변의 절벽이 무너지지 않게 공사를 해서 화석이 나오던 옛 모습은 볼 수 없다. 포항과 경주, 울산의 일부 지역의 퇴적암이 신생대 제3기에 형성되었기 때문에 신생대 제3기 층이라고 부른다.

그림 4. 신생대 제3기 연일층군의 두호층에서 나온 조개화석

경주와 울산의 일부 지역에도 땅이 갈라져 낮아진 퇴적분지에 퇴적층이 형성되었다. 경주의 추령, 어일, 와읍 그리고 울산의 정자 같은 지역은 규모가 작은 퇴적분지였다. 그러나 이들 지역은 포항 분지와 장기분지에 비해 상대적으로 규모가 작다. 경주 골굴사의 바위는 해골처럼 굴이 많은 독특한 지형을 이루고 있다. 바로 장기분지와 같은 시기에 분출한, 화산분출물이 쌓여 만들어진 응회암이라는 암석이 풍화되면서 만들어진 타포니(풍화혈)라는 독특한 지형이다.

포항이 젊은 땅이라는 증거

첫째, 떡돌이라 불리는 신생대 제3기 퇴적암이다. 왜 포항지역 사람들이 하필 떡돌이라고 했을까? 가장 최근의 지질시대에 퇴적된 암석이라 완전하게 돌로 굳어지지 못해 망치로 툭 쳐도 부서지는 약한 돌이라 이렇게 부른 것이다. 신생대 이전의 오래된 지질시대 만들어진 퇴적암은 완전히 굳은 단단한 돌이라 망치로 쳐도 잘 깨지지 않는

그림 5. 신생대 제3기 연일층군의 흥해층. 주로 진흙이 퇴적된 이암층(셰일)이다.

다. 경주 안강읍 옥계 계곡의 시루떡 같은 암석층이 중생대 백악기 경상계 퇴적암층이다. 포항의 떡돌과는 강도 면에서 비교할 수 없을 정도로 단단하다. 떡돌은 무른 암석이라 건축재로 사용할 수 없다. 포항에 있는 조선시대 읍성 중 영일, 흥해, 청하 읍성은 신생대 제3기 층이 분포하는 곳에 자리한다. 그래서 읍성을 쌓은 돌을 다른 곳에서 실어와 성을 쌓았다. 또한 떡돌은 지진에 아주 약하다. 지진파가 왔을 때 강한 암석이 기반을 이루고 있는 곳보다, 약한 암석이나 하천 퇴적층으로 덮여있는 지역이 피해가 더 크다. 비록 촉발 지진이지만 2017년 포항지진 때 흥해읍 중성리의 피해가 컸던 것은, 이곳이 곡강천의 퇴적물로 이루어진 연약지반이라 피해가 컸다.

둘째, 포항은 외부에 제철 도시로만 알려져 있고, 포항 사람들도 포항이 온천 도시라는 사실을 아는 사람이 거의 없다. 경북 동해안에 34개의 온천이 있는데 그중에 23개가 포항에 있다. 이정도 면 온천 도시라 부를 만하지 않을까? 최신의 지질시대인 신생대에 땅이 만들어지고 있는 일본에 화산, 지진, 온천이 많은 것처럼, 신생대 제3기의 젊은 땅 포항에 온천이 많은 것도 어찌 보면 당연하다. 노인과 달리 젊은이가 에너지가 많아 뜨거운 피를 가졌듯이, 포항 땅은 지표에서 발산되는 열인 지열류량이 높은 뜨거운 땅이다. 탄소 없는 녹색성장을 내세웠던 이명박 정부에서, 포항에 지열발전 개발을 추진했었는데, 안타깝게도 2017년 촉발 지진으로 이 지역에 큰 피해를 주고 끝났다. 지열발전을 추진했던 과학적인 이유가 높은 지열류량이었던 것이다.

셋째, 포항에 석유가 나왔다고 해서 곧 산유국이 될 것처럼 온 나라가 들썩였던 사건이다. 1976년 1월 당시 박정희 대통령이 신년 기자

회견에서 포항에서 석유가 나왔다고 발표를 했다. 당시 전 세계가 석유파동(오일쇼크)으로 매우 힘든 상황이었고 석유를 사기 위해 주유소 앞에 길게 줄을 섰었던 사람들의 모습이 기억난다.

이런 시대적 상황 때문에 산유국이 될 수도 있다는 온 국민의 희망과 기대가 컸었지만, 결국 해프닝으로 끝났다. 왜 하필 포항에서 석유가 나왔다는 해프닝이 있었을까? 답은 포항의 땅을 이루고 있는 신생대 제3기 층 때문이다. 세계에서 석유와 천연가스가 많이 매장되어 있는 지층이 신생대 제3기 층이 이다. 석유는 신생대 제3기 배사구조에 매장되어 있는 사례가 많다. 세계적 석유 수출지역인 서남아시아의 페르샤만(이란, 쿠웨이트, 이라크, 사우디아라비아, 아랍에미레이트 등)국가들도 포항과 같은 신생대 제3기 층에서 석유를 생산한다. 아마 포항에 신생대 제3기 층이 분포하지 않았으면 이런 해프닝도 없었을 것이다. 젊은 포항 땅이 이런 해프닝을 만든 것이다.

절실했던 산유국의 꿈!

A. 대한민국의 세계 5위의 석유 수입국
B. 1973, 1978년 두 차례 Oil Shock(석유파동) – 급격한 원유가격 인상으로 국내 경제 직격탄(원유=검은황금)
 : 포항 지역 시추 과정에서 기름이 나옴 – 경유로 밝혀짐
C. 2004년 울산 앞바다 돌고래 D구조(배사)에서 천연가스 발견으로 세계 95번 째 산유국이 됨.
D. 제 7광구의 높은 석유 부존 가능성(1986년 이후 일본의 비협조로 시추 못 함)

포항은 석유, 천연가스가 많이 매장된 신생대 제3기 층이 분포하기 때문에 석유발견 가능성이 있는 곳이라서 해프닝이 일어났던 것이다.

그림 6. 신생대 제3기층과 포항의 석유 발견 해프닝

셋째, 포항 제3기 층에 묻혀있는 천연가스가 새어 나와 불이 붙어 타고 있는 불의 정원이다. 신생대 제3기 층에는 석유와 천연가스가 많이 매장되어 있다. 석유생산이 많은 나라들이 천연가스 생산도 많다. 사우디아라비아가 석유와 천연가스를 많이 생산 수출하고 있다. 포항은 신생대 제3기 층이 분포하고 있어 가스가 매장돼 있을 수 있는 땅인데, 공사를 하면서 땅에 구멍을 뚫었다가, 가스가 매장된 지층을 건드려 가스가 새고 불이 붙어 계속 타게 된 것을, 포항시에서 공원으로 조성해, 불의 정원이란 이름을 붙여 포항의 색다른 명물이 되었다.

불의 정원 아래 신생대 제3기 층에는 약 3만 톤의 천연가스가 매장되어 있는데 주로 메탄가스라고 한다. 왜 개발을 하지 않을까? 경제성이 없어 개발을 못 하는 것이다. 가스 개발에 투자되는 돈보다 가스 개발로 얻어지는 이익 더 많아야 하는데, 그렇지 못한 것이다. 매장된 3만 톤의 가스도 개발해서 실제 사용할 수 있는 양은 삼 분의 일

그림 7. 신생대 제3기 층에 매장된 천연가스가 불타고 있는 불의 정원

정도인 1만 톤 정도로, 이정도 양이면 포항시민 전체가 10일 정도 쓸수 있다고 한다. 현재처럼 불이 타도록 두면 한 10년 정도는 더 탈것이라는 전문가의 예상도 있다. 더 오래 탈 수도 있고, 빨리 꺼질 수도 있다. 위에서 설명한 떡돌, 온천, 석유 발견 해프닝, 불의 정원은 시원생대, 고생대, 중생대의 오래된 지각이 분포하는 우리나라의 다른 지역에서는 볼 수 없는, 젊은 땅 포항지역만의 지리적인 특징들이다. 자연 지리학자(지형학자)로서 이런 지리적 특징을 갖는 포항은 정말 특별한 땅이라고 생각 한다.

온천 도시 포항

2016년 한국은행 포항본부 자료에 따르면, 경북지역의 96개 온천 중 34곳이 경북 동해안에 자리해 있고 그중 23곳이 포항에 있다고

그림 8. 포항시의 주요 온천

한다. 많은 온천을 보유하고 있는 포항은 그냥 온천 도시가 아니라, 전국 제1의 온천 도시라고 해도 손색이 없다. 현재 우리나라의 많은 지방자치 단체들이 지역경제를 살리기 위해 역사, 문화, 관광, 레저 산업 개발에 열을 올리고 있다. 온천은 제철 도시 포항이 관광자원으로 활용할 수 있는 정말 좋은 자원이다. 산과 계곡, 바다를 모두 가지고 있는 포항이 온천을 잘 활용한다면 뛰어난 경관을 가진 산, 계곡, 바다와 연계해 대한민국의 어떤 지방자치 단체보다도 미래 경제의 원동력인 관광, 레저 산업에서 비전과 경쟁력이 있다고 생각한다.

• 포항이 온천이 많은 지리적인 원인

포항이 대한민국 다른 지역보다 유독 온천이 많은, 두 가지 지리적

그림 9. 우리나라의 지열류량 분포도와 포항의 높은 지열류량
신생대 제3기 층이 분포하는 포항은 전국에서도 단연 지열류량이 높다.

인 이유가 있다. 첫째, 포항이 신생대 제3기 층이 분포하는 젊은 땅이라는 점이다. 지표에서 발산(나오는)되는 지열의 크기를 지열류량이라고 한다. 지열류량이 높다는 것은, 땅속에 지열이 많다는 뜻이다. 지열이 많으면 지하수가 데워져 따뜻한 물, 즉 온천이 만들어질 수 있다는 것이다. 신생대 제3기 층이 분포하는 포항은 대한민국의 다른 지방에 비해 지열류량이 높다.

지질 학계의 연구에 따르면 지질연대가 젊은 퇴적암이 분포하는 지역일수록 지열류량이 높다고 한다. 젊은 퇴적암이 지열 발산을 막아주는 덮개 역할을 한다고 한다. 포항은 신생대 제3기 층이 분포하는, 대한민국에서 가장 젊은 땅이다. 젊은이가 나이 많은 어른보다 뜨거운 피를 가졌고, 에너지 넘치는 것처럼, 신생대 제3기 층이 분포하는 젊은 땅이라, 지열류량이 높은 포항에, 온천이 많은 것은 당연한 결과다.

백암온천은 전국적으로 이름난 온천이라 코로나19가 발생하기 전에는 전국에서 많은 관광객이 몰렸던 곳이다. 부산의 동래온천, 경남의 마금산온천, 충북의 수안보온천, 충남 아산의 온양온천 등이 많이 알려진 온천들인데, 지질자원연구원 자료를 보면 이들 온천이 있는 지역도 대한민국에서는 상대적으로 지열류량이 높은 곳들에 해당한다. 즉 온천지대는 지열이 많은 곳이고, 그중에서도 포항이 단연 으뜸이다.

둘째, 단층이다. 단층은 땅이 갈라지고 어긋난 자리인데 지하, 수 km에서 수 십km 깊이까지 땅이 갈라지고 어긋나 있다. 단층은 지하 깊은 곳의 뜨거운 지열 에너지가 지표로 이동하는 통로 역할을 해준다. 단층은, 보일러의 뜨거운 에너지를 방에 공급해주는 보일러 배관과 같은 역할을 한다고 생각하면 쉽게 이해할 수 있다. 그런데 젊은 땅 포항에는, 이런 단층이 아주 많다. 단층은 지표에 내린 빗물이 지하 깊은 곳까지 스며들어 지열로 데워질 수 있는 물의 이동 통로 역할도 한다. 그리고 단층대를 따라 단단한 지각(암석)이 부서져 지표에서 스며든 지하수가 저장될 수 있는 공간을 만들어 주기도 한다.

온천이 단층대에 잘 발달한다는 살아있는 증거가 포항시 북구 신광면에 있는 신광온천이다. 신광온천은 양산단층대에 자리한 온천이다. 양산단층대에 자리한 신광온천의 깊이는 450m이고, 공내(시추공 내부) 온도는 58℃, 용출온도는 51℃에 달한다. 공내 온도와 실제 우리가 사용 하는 용출수의 온도 차이가 나는 이유는 지표로 올라오면서 온천수가 식기 때문이다. 우리나라 온천법에서 지하수 온도가 25℃ 이상이면 온천으로 인정된다. 생각보다 온천수 온도가 낮다. 우리나라 온천의 49%가 용출온도가 낮아 인공적으로 열을 가해 데워서 욕탕으로 보내는 실정이다. 신광온천 정도의 용출온도를 가진 온천은 우리나라에서 몇 손가락 안에 꼽힐 정도다.

신광온천은 천연유황 온천으로 유황, 나트륨, 마그네슘 등 몸에 유익한 미네랄이 다량 함유되어 있다. 양산단층대를 따라 지하로 스며든 물이, 단층대를 따라 올라온 지열로 데워져 온천수가 만들어지고 시추를 해서 개발된 곳이 신광온천이다. 신광온천이 있는 곳은 중생대 백악기 말에서 신생대 초에 관입한 불국사 화강암이 분포하는 곳이다. 신생대 제3기 퇴적암층이 분포하는 곳이 아니다. 같은 포항이라고 해도 신광은 3기 층보다 훨씬 오래된 땅이다. 양산단층은 잘 알려져있지만, 포항지역에는 아직 발견되지 않거나 발견됐지만 특정한 이름이 붙여지지 않은 단층이 아주 많다. 사실 우리나라는 어떤 지역의 땅과 지형을 이해하는 가장 기초분야인 단층에 대한 연구가 제대로 되어 있지 못하다. 경주 지진 이후에 단층에 대해 국가적인 관심을 갖게 되었으니, 이제 우리나라도 단층 연구 시작된 단계라고 보면 된다.

포항의 지형 및 지질구조가 온천이 만들어질 수 있는 좋은 조건을 갖추고 있다. 경주와 포항의 지진 때문에 단층에 대해 부정적인 시각을 가질 수 있다. 사실 모두 자연현상인데 사람이 자기 기준으로 가치가 있다, 없다, 그러는 것일 뿐이다. 포항을 지리적 관점에서 보면 단층은 온천 형성의 촉매제라는 긍정적인 역할을 하고 있다.

• 포항의 온천이 형성되는 원리

포항의 신생대 제3기 층은 모래가 퇴적되어 만들어진 사암층과 고운 진흙이 퇴적되어 만들어진 셰일(이암=진흙 니, 泥)층이 교대로 쌓여 있다. 입자가 상대적으로 굵은 모래가 굳어 만들어진 사암은 암석 입자 사이에 공간(공극)이 많다. 이 공간에 지하수가 고일 수 있는 것이다. 즉 공극이 많은 사암층이 지하수 저장 창고 역할을 한다. 그리고 사암층에 저장된 지하수가 지열로 데워져 온천수가 된다. 문제는 지표까지 모두 사암층이라면 지하수를 데워 온천수로 만들어 줘야 할 지열이 빠져 나가게 된다. 지열과 온천수가 빠져나가지 않게 해주는 덮개(뚜껑)가 필요한데, 덮개 역할을 해주는 것이 바로 진흙이 굳어서 된 이암(셰일) 층이다. 상대적으로 입자가 굵은 모래가 굳어 만들어진 사암과 달리 고운 진흙이 굳은 이암은 암석 입자 사이의 공극(공간)이 작아 지열과 온천수가 지표로 빠져나갈 수 없다. 포항지역의 신생대 제3 기층의 사암이 물을 담는 솥이라면, 지열이 달아나는 걸 막아주는 이암은 솥뚜껑 역할을 하는 것이고, 지열이 솥에 담긴 물을 데워 온천이 형성된다.

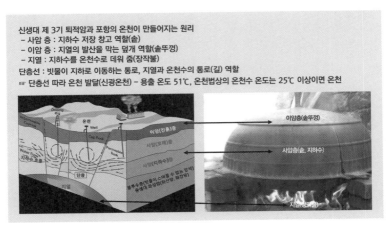

그림 10. 포항지역의 온천이 형성되는 원리

단층은 땅 위에 내린 빗물이 지하의 깊은 사암층까지 내려가는 통로의 역할을 해주고, 만들어진 온천수가 사람이 개발할 수 있는 깊이까지 이동하게 해주는 통로 역할을 동시에 해주고 있다. 물론 이런 설명은 각종 지형과 지질자료를 참고한 지형학자 개인의 견해고, 다른 전문가분들의 견해는 다를 수 있다.

• 지열발전이 촉발한 포항지진

포항지진이 발생한 날 수능 감독관 회의에 참석했었는데, 꽝 소리와 함께 건물이 흔들렸고, 어디서 지진이 일어났구나, 생각했는데, 저녁 뉴스에 포항에 대규모 지진이 발생해 큰 피해가 발생했다는 보도를 들었다. 그 이튿날이 수능시험 날이었는데, 수능 역사상 처음으로 수능 시험이 연기되었기에 포항지진이 오래 기억에 남는다. 그런데 포항지진이 발생하고 얼마 뒤 지열발전과 연관됐을 것이라는 보도가 나왔다. 지열은 말 그대로 땅속의 열을 이용해 전기를 생산하는 것이다. 그러나 현실적으로 우리나라는 안정지각이라 활화산이 분포하는 일본, 뉴질랜드, 이탈리아, 아이슬란드처럼 에너지화할 수 있을 만큼 지열이 많은 땅이 아니다. 즉, 우리나라는 지열의 이용에는 한계가 있다 점이다.

2014년 1월에 2주간 뉴질랜드 남섬과 북섬 지형답사를 했었는데, 뉴질랜드는 주로 북섬에 화산대가 통과하기 때문에 활화산과 지열 지대가 주로 북섬에 있다. 북섬의 로토루아라는 도시 남쪽에 와카와레아라는 지열 지대(간헐천, 가스 분기공 등 지하 마그마의 열에너지가 지표에 만든 화산지형)가 있는데, 계란을 삶아 먹을 정도의 뜨거운 물이 나오는 곳이다. 로토루아는 지열 지대의 온천수를 개발해 도시의 생활용수로 사용하고 있다. 아이슬란드는 뉴질랜드보다 지열 에너지를 더 많이 이용하는 나라다. 생활용수와 냉난방, 심지어 식물을 재배하는 하우스의 난방용으로 사용할 정도로 지열 에너지가 일상화 되어 있다. 아이슬란드는 지열발전으로 전체 난방용 에너지의 90%를 충당한다고 한다. 지열 에너지는 지속 가능한 에너지고 무엇보다 지구 온난화의 주범인 이산화탄소의 배출이 없는, 그야말로 청정에너지라고 할 수 있다. 개발해 사용할 수 있다면 정말 좋은 에너지다.

이명박 정부 시절 포항에 지열발전 개발을 하게 된 것은 위에서 설명한대로 신생대 제3기 층의 높은 지열류량과 많은 온천이 과학적인 근거였다고 할 수 있다. 활화산이 없는 우리나라도 땅속으로 깊이 들어갈수록 온도가 올라간다. 지하로 100m 들어갈 때마다 2.5~3℃씩 온도가 올라간다. 이론적으로 지하 3km 지점에서는 온도가 약 90℃에 달하고, 5km 지점에서는 무려 240℃의 열이 발생한다고 한다. 물론 평균적이 수치이다. 지열류량이 높은 곳은 더 올라갈 수도 있다. 포항은 열전도도가 낮은 제3기 퇴적층이 두껍게 분포하기 때문에 지온증가율도 평균 40℃/km(1km 깊어질 때의 지온 증가, 100m당 4℃) 이상으로 매우 높게 나타나고 있다. 이런 과학적인 근거를 바탕으로 지열발전을 추진했다. 240℃ 정도라면 지하로 물을 주입해 가열된 물을 지상으로 퍼 올려 지열발전이 가능하다.

지열발전의 가장 큰 문제는 지열로 데울 물을 고압 펌프를 이용해 지하 암반층에 주입한다는 점이다. 물을 주입하는 지하에 활성단층이 있다면 주입된 물은 윤활유 역할을 하게 되고, 단층면이 미끄러지면서 지각이 흔들리는 지진으로 이어질 수 있다. 포항시 북구 흥해읍 남송리에 건설된 포항 지열 발전소는 지하 4.3km까지 두 개의 발전정(정=우물, 주입하는 물을 저장하는 샘)을 뚫어 놓았다고 한다. JTBC 보도에 따르면, 포항 지열발전소에 물을 주입할 때마다 주입 직후에 미소 지진(작은 규모의 지진)이 발생했다고 한다. 과거 포항시에서 일어난 자연 지진은 대부분 포항 인근 해저에서 발생했었는데, 포항 지열발전소가 물을 주입할 때마다 발전소 인근 2km 범위의 육지에서 매번 지진이 발생했다. 처음 포항시 북구 지역에서 발생한 지진은 2016년 12월 23일 규모 2.2의 지진이 발생했었는데, 이 지진도 12월 15일부터 22일까지 3,000톤의 물을 지하로 주입한 직후에 발생했다. 또한 2017년 3월 중순부터 4월 14일까지 물을 주입하자 그다음 날에는 무려 규모 3.1의 지진이 발생했다. 포항 땅은 미소 지진을 통해 지열발전이 위험하다는 신호를 계속 보냈다. 돌연사를 일으키는 대표적 질환인 심장병도 마비가 오기 전에 전조 증상이 나타나는 것처럼, 포항 땅은 미소 지진을 통해 지열발전이 위험하다고 지속적인 신호를 보내고 있었다. 그렇지만 눈에 보이는 성과를 요구했던 눈먼 정부가 이런 위험 신호를 무시한 결과가 포항지진으로 이어진 것이다.

흥해읍에는 지진 피해 보상금을 신청하라는 동네 이장의 안내 문자가 왔다. 돈 몇 푼 준다고, 포항 사람들이 입은 정신적, 금전적 피해가 다 해결될까? 처제 집에 6살 된 별이라는 이름의 애완견이 있는데, 극심한 지진 트라우마를 겪고 있다. 매년 여름철 소나기가 내릴 때 천둥소리가 나면 죽을 것처럼 숨을 헐떡이고 어두운 구석으로 숨는다. 공황장애 걸린 사람과 비슷한 증상을 보인다. 진정이 되지 않아, 사람이 먹는 우황청심환을 먹이고 있지만, 지진 트라우마는 이 애완견이 살아있는 동안 없어지지 않을 것이다. 개도 이런데 이 지역 분들이 어떤 마음의 상처를 안고 있을지 짐작도 되지 않는다. 지진은 2017년 잠깐 일어났지만, 그 피해와 후유증은 4년이 지난 지금까지 이어지고 있다. 포항의 촉발 지진도 지열과 온천이 많은 젊은 땅 포항에서 무리한 개발행위를 한 인간이 만든 비극적인 사건이다.

지형변화가 심했던 형산강 삼각주

삼각주는 하천이 바다와 만나는 지점에 만들어 놓은 퇴적평야다. 바다와 하천이 만나면 강물의 흐름이 막히게 되고, 강이 실어 온 토사가 쌓여, 삼각주가 만들어지게 된다. 영어로는 델타(Dlta)라고 한다. 그리스 문자가 알파, 베타, 감마, 델타...라고 하는데, 네 번째 알파벳인 델타(⊿)의 대문자가 삼각형 모양이다. 고대 그리스 사람들이 나일강 삼각주를 보고 자신들의 델타 대문자와 유사한 삼각형 모양이라고 해서, 삼각주를 델타라고 부른 데서 기원한 지형 용어다. 그런데 모든 삼각주가 삼각형 모양은 아니고, 바다와 하천의 작용에 따라 다양한 형태를 이루고 있다.

• 형산강 삼각주가 지리적으로 특별하고 중요한 이유

태백산맥이 해안 가까이에 자리하고 있어, 평야가 적은 동해안에서 삼각주는 사람이 거주할 수 있는 중요한 지형이다. 포항시도 형산강 삼각주가 제공하는 넓은 평지가 있었기에, 인구 50만이 넘는 사람들이 거주할 수 있는 큰 시가지 조성이 가능했다. 대한민국의 동해안에서 형산강 삼각주만큼 큰 삼각주는 없다. 동해안 최대 규모의 삼각주다. 동해안으로 흘러드는 하천 중에서 형산강 유역이 가장 넓고, 유로도 길다. 유역이 넓은 형산강은 삼각주를 만드는 토사의 운반량도 많아서, 동해안 최대의 삼각주가 만들어진 것이다.

만일 포항이 형산강 삼각주가 없고, 해안가의 부산처럼 높은 산과 골짜기로 된 지형이었다면 포항의 시가지 모양이 현재와 달리 부산처럼 골짜기마다 시가지가 길게 뻗어있는 형태로 발전했을 것이다.

그림 11. 포항 시가지가 자리한 형산강 삼각주 전경

도시의 성장에 따른 시가지 모양도 지형의 영향을 받을 수밖에 없다.

서해에는 한강, 금강, 영산강 등 형산강보다 규모가 훨씬 큰 강들이 흘러들지만, 바다와 만나는 강 입구(하구)에 삼각주가 없다. 왜 그럴까? 하천이 실어 온 토사가 쌓여 삼각주가 만들어지려면 바다가 잔잔해야 잘 만들어진다. 그런데 서해는 조차가 커 강한 조류가 발생한다. 서해의 강한 조류가 큰 강들이 실어 온 토사를 하구에 쌓이지 못하게 이곳저곳으로 운반하다, 조류가 약해지는 곳에 퇴적된다. 이것이 바로 서해의 갯벌(간석지)이다. 강이 삼각주를 만들고 싶어도 서해의 강한 조류가 훼방을 놓는 것이다. 그렇지만, 강한 조류 덕분에 세계 자연유산으로 등재된 서해의 넓은 갯벌이 만들어지게 된 것이다.

영일만으로 흘러드는 형산강은 한강, 금강, 영산강에 비하면 상대적으로 유역면적과 유량이 아주 작지만 동해는 서해보다 조차가 작아 조류가 약하다. 영일만은 대조차가 7.6cm 소조차가 4.8cm라 조류가 아주 약해, 형산강이 실어 온 토사를 먼바다로 이동시키지 못한다. 형산강이 실어 온 토사는 대부분 형산강 하구에 쌓일 수밖에 없다. 동해의 이런 조건 때문에 서해로 흐르는 하천보다 상대적으로 규모가 작은 형산강 하구에 큰 규모의 삼각주가 만들어지게 된 것이다.

• 포항의 성장과 삼각주 지형의 변화

포항제철의 유치로 포항은 짧은 기간 큰 규모의 도시로 성장하게 되었다. 포항 시가지의 확장은 형산강 삼각주의 개발 과정이라고 해도 과언이 아니다. 그 과정에서 형산강 삼각주도 큰 변화를 겪게 되었다.

포항은 일제 강점기 일본인들에 의해 상업과 어업의 중심지로 성장하게 된다. 현대식으로 제작된 1918년 일제 강점기 지도에는 형산강과 삼각주의 지형, 그리고 토지이용 상태가 자세하게 나온다. 지금의 죽도동, 해도동이 일제 강점기 초에는 염전과 논, 호수와 갈대가 분포 하는 습지였다. 현재 건물과 도로로 가득 찬 포항 시가지의 중심지가 습지였다는 사실이 믿기 어려울 수도 있다. 그런데 일제 강점기 지도에 나오는 형산강 삼각주의 지형이 현재와 많이다르다. 형산강은 지금의 효자동 앞에서 북쪽(포항 시가지 방향)으로 구부러져 흐르고 있었다. 지리에서는 하천이 구불구불 흐르는 모습을 곡류라고 한다. 그런데 현재 형산강의 물길(유로)을 보면 효자동 앞에서 곡류하지 않고 곧게 흐른다. 포항을 동해안의 중심도시로 키우던 일본인들이 형산강 삼각주를 대대적으로 개간(시가지, 논, 염전)하면서 곡류하던

형산강 물길을 곧게 편 것이다. 구불구불 흐르는 하천의 물길을 곧게
펴는 것을 직강화라고 한다. 이 과정에서 형산강이 곡류하던 흔적이
남게 되었는데, 포항시 남구 상도동 172번지에 배머리못이라는 연못
이다.

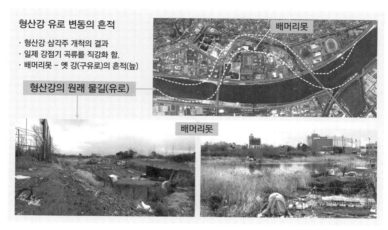

그림 12. 형산강의 인위적인 유로 변동 흔적인 배머리못

　형산강의 끊어진 곡류 구간이 남아 있는 배머리못은, 물이 흐르던
낮은 길이라 평상시에도 물이 채워져 있었다. 1963년 지형도에 형산
강의 끊어진 곡류 구간에 구강(舊江, 옛 구, 물 강)이라고 적혀 있다. 인
위적으로 절단되기 전 형산강이 흐르던 물길이니 구강이라는 표현은
지형적으로 정확한 표현이다. 지리에서는 곡류하던 하천의 끊어진
곡류 구간을 구하도(하천의 옛 물길) 라고 한다. 배머리못은 인공적으
로 만들어진 형산강의 구하도라는 지형이다.

포항제철 입지 후 포항은 급격한 도시화를 겪으며 시가지 확장이 이루어지고 이 과정에서 삼각주의 대부분이 시가지로 개발된다. 그러나 형산강의 옛날 물길이었던 배머리못 일대는 물이 고인 습지라 개발이 쉽지 않아서 습지로 남아 있다. 최근 들어 개발이 진행되어 옛날 물길이 대부분 매립이 되었고, 매립되지 않고 형산강 물길 일부가 남아 있는 것이 바로 배머리못이다. 배머리못은 옛날 형산강이 이곳으로 흘렀다는 사실을 말없이 웅변하고 있는 소중한 유물지형이다. 1963년 지도에 구강으로 표시된 형산강 구하도의 원래 규모에 비하면 현재의 배머리못은 크기가 아주 많이 줄었고, 지속적인 개발 압력이 작용한다면 현재의 배머리못도 곧 사라질 것이다.

포항시민들을 위해 뱃머리 마을 꽃밭 안내도 간판에 이곳이 형산강 물길이었다는 사실을 함께 기록해 둔다면 좋을 것 같다. 지형변화를 모르는 우리 후손들은 이곳이 강변이 아닌데 왜 뱃머리란 이름이 붙었는지 이유를 모르고 잊혀질 수 있다는 아쉬운 생각이 든다.

참고 문헌

김형찬, 이사로, 송무영, (2004), 남한지역 지질특성과 지열류량의 상호 관련성, 자원환경지질 제37권, 제4호, 391-400

유인창, 최선규, 위수민, (2006), 한반도 동남부 백악기 경상분지의 형성과 변형에 대한 질의, 자원환경지질, 제39권, 제2호, 129-149

손문, 송철우, 김민철, 천영범, 정수환, 조형성, 김홍균, 김종선, 손영관, (2013), 한반도 남동부 마이오세 지각변형, 분지발달 그리고 지구조적 의미, 지질학회지 제49권 제1호, p. 93-118

http://nationalatlas.ngii.go.kr/pages/page_2155.php

알려지지 않은 포항의 금석문

진복규

진복규

1985년 2월 영남대학교 사범대학 한문교육과 졸.
1988년 3월 이후 학교법인 향산학원(포항중앙고, 중앙여고) 한문교사로 재직 중.
1999년 2월 경주대학교 대학원 문화재학과에서 「해강 김규진의 편액서에 대한 고찰」로
석사학위 취득(지도교수 : 정병모).
2018년 2월 경주대학교 대학원 문화재학과에서 「최치원 서예 연구」로 박사학위 취득
(지도교수 : 정병모).

서예경력
1981년부터 대구 남정 변진갑 선생께 7년간 사사.
1995년부터 포항 벽강 김영룡 선생께 7년간 사사.

연구분야
편액, 금석문, 서화제발문, 인장 등 한문으로 된 문자자료 전반에 대해 연구.
한글서예도 관심을 갖고 연마와 연구를 거듭함.

2021년 3월부터 격주로 '금석문으로 만나는 경북의 역사문화' 경북일보에 연재 .

들어가는 말

포항에는 오래된 금석문이 비교적 많다. 특히 중요한 지정문화재의 상당수가 바로 금석문이다. 이런 유명한 금석문도 찬찬히 자세히 살펴볼 기회가 있겠지만, 사실 많이 소개되었다. 하여 기회가 되면 다음에 보기로 하고, 이번엔 말 그대로 잘 알려지지 않은 포항지역 금석문을 살펴본다.

먼저 금석문의 뜻과 쓰임에 대해 먼저 알아보자. 금은 금속류의 쇠붙이를, 석은 돌을 말하는 것은 누구나 알 것이다. 문도 문자나 문장을 이르는 것으로 금석문은 쇠붙이나 돌에 새겨진 문자를 뜻한다. 바꾸어 말하면, 서책이나 문서에 쓰인 문자를 빼고 다른 물건에 새기거나 쓴 문자로 된 것을 금석문이라고 한다. 쇠붙이와 돌에만 새겨진 글자는 좁은 의미의 금석문이고, 책이나 문서에 쓰인 문자를 뺀 나머지 문자는 넓은 의미의 금석문이다.

중국에서는 원래 하,상,주 삼대의 청동기에 새겨진 문자를 금문(金文)이라 하고 전국시대 진나라에서 만든 석고문을 필두로 돌에 새겨진 문자까지 아울러 금석문이라 하였다. 지금은 모든 쇠붙이와 돌에 새겨진 문자는 물론, 화폐나 인장, 벽돌이나 와당 도량형 거울 병기 등에 새겨진 문자도 포함한다고 한다.

선사시대와 역사시대를 나누는 기준이 문자 기록의 존재 유무에 있다. 그래서 문자가 참 중요하다. 포항의 비중 있는 문화재도 문자기록이 거기에 있기에 지정된 것이다. 연전에 흥해에서 발견된 〈중성리

비〉나 1987년에 발견된 신광 〈냉수리비〉는 말할 것도 없고 보물로 지정된 보경사 〈원진국사비〉와 〈오어사고려동종〉이나 〈서운암동종〉도 문자기록이 새겨져 있었기에 국가지정문화재인 국보나 보물로 지정되었다. 문자기록이 유물에 새겨져 있다는 의미는 우리가 생각하는 이상의 가치가 있다는 것을 이 같은 예를 통해 단적으로 알 수 있다. 만약 앞의 유물에 문자기록이 없었다면 중요한 문화재로 지정되기 어려웠을 것이다.

우선 포항의 지정 금석문을 간단히 나열하면 다음과 같다.

국보 2기 : 냉수리비(264호), 중성리비(318호)

보물 : 보경사 원진국사비(252호), 오어사 동종(1280호), 서운암 동종(11-1)

지방문화재 : 문원공회재이언적신도비(376-2), 양민공 손소 및 정부인 류씨묘비, 석인상(390), 경절공 손중돈 및 정부인 최씨 묘비, 석인상(391-1), 경절공 손중돈 정부인 홍씨 묘갈, 석인상(391-2), 보경사 서운암 부도군(478)

문화재자료 : 장기척화비(경상북도 문화재자료 제224호)

이상과 같은 지정금석문은 이미 사람들에게 많이 알려졌고, 또 누구나 검색을 통해 부족하나마 관련 내용을 찾아볼 수 있다. 문화재 관련 기관과 지방자치단체에서 다각도로 자료를 준비해 두었기 때문이다.

그에 비하여 지정되지 않은 묘비나 기타 금석문은, 지역 문화와 역사적인 관점에서 상당한 가치가 있을 수도 있지만 잘 알려지지도 않은 경우가 대부분이다. 관련된 정보는 물론이고 연구된 내용도 찾아보기 힘들다. 이런 점에 착안하여 지역의 잘 알려지지 않은 금석문 몇 가지를 감상하는 기분으로 가볍게 살펴보고자 한다.

잘 알려지지 않은 포항의 금석문

다음과 같은 차례로 잘 알려지지 않은 몇몇 금석문을 감상해 본다. 내연산 삼용추석각(내연산 계곡), 법광사 석가불사리탑중수비, 단양 장씨 묘비, 정원평 묘비 등에 대해 차례로 살펴본다.

정원평 묘비

• 위치와 묘역의 상황

자헌대부 정원평 공의 묘비는 우현동 삼보사 아래에 있다. 할아버지인 정원평의 묘와 아들, 손자의 묘가 상하로 나란히 조성되었다. 정원평의 묘 앞에 묘비가 있고, 그 아래에 두 기의 망주석과 문인석이 각각 자리하고 있다. 제일 아래의 손자 묘 앞에는 상석과 묘비를 겸한 특이한 석조물이 있는데, 이러한 예는 드물지만 없지 않다고 한다.

그림 1. 자헌대부 정원평 묘비, 비제(碑題)의 글씨가 단정하고 아름답다.

• 비문의 내용

비의 전면에는 아주 단정하고 반듯한 정자로 '자헌대부 정공 원평 지묘'라 새겨져있다. 비의 덮개돌은 비신과 하나인데, 연꽃을 형상화 한 봉우리가 도식적이지만 아름답게 조각되어 있다. 후면에 비문을 새겼는데 지은이와 쓴 이는 나와 있지 않다.

비문 전체를 번역하면 다음과 같다.

자헌대부(조선시대 문신 정2품) 정원평 공의 무덤

공은 오천인으로 자헌대부 동지중추부사(조선시대 중추부에 소속된 종2품의 관직)이다. 아버지의 이름은 민인데, 가선대부(종2품) 한성좌윤에 증직되 셨다. 어머니는 정부인(2품 벼슬아치의 부인)으로 학생인 경주 석옥의 따님 이다. 할아버지는 이름이 득옥으로 급제하여 통정대부(정3품 당상관) 공조 참의에 증직되셨다. 할머니는 숙부인(정3품 당상관 벼슬아치의 부인) 주씨 이다. 증조부는 이름이 영호인데 통정대부에 증직되셨다. 증조모는 숙부 인 한씨이다.

공의 부인은 정부인 이씨로 학생 영천 이사립의 따님이다. 아들 하나를 두었는데 이름이 운화이다. (운화가) 합천 학생인 정자평의 딸에게 장가가 서 아들 셋을 낳았는데 장남이 유재, 차남이 유채, 다음이 유선이다.

공(정원평)은 계해년(1683) 시월 초이틀에 태어나 기축년(1769) 시월 십사 일에 돌아가셨으니, 향년 87세이다. 그해 십일월 초칠일에 선영에 합장 했는데, 동상(면) 우현 준의동 태룡 을향의 언덕이다. 건륭 삼십륙년 신묘 (1771) 시월 십륙일 (묘비를)세우다.

(資憲大夫 鄭公元平之墓

公烏川人 資憲大夫 同知中樞府事 考諱敏 贈嘉善大夫 漢城左尹 妣貞夫人 慶州學生昔玉女 祖考諱得玉 及第 贈通政大夫 工曹參議 祖妣淑夫人朱氏 曾祖考諱永豪 贈通政大夫 曾祖妣淑夫人韓氏 室貞夫人李氏 永川學生士立女 生一男 名雲華 娶陝川學生鄭子平女 生三男 長有載 次有彩 次有善 公生于癸亥十月初二 終于己丑十月十四 享年八十七 同年十一月初七 祔葬於先塋 東上牛峴竣義洞 兌龍乙向之原 乾隆三十六年 辛卯十月十六日 立)

• 정원평 묘비의 의의

이 비는 조선 영조 47년인 1771년에 세워졌으니 250년 전의 비석이다. 비문의 글씨가 아주 단정하고 아름다우며, 영정조 시기에 유행한 서풍이다. 새김도 훌륭하고 보존 상태도 비교적 좋다.

묘비문은 상투적인 내용이다. 해당 문중이나 후손에게는 중요한 것이지만, 일반인들에게는 큰 의미는 없어 보인다. 하지만 비문의 내용 가운데 묘비의 주인공이 묻힌

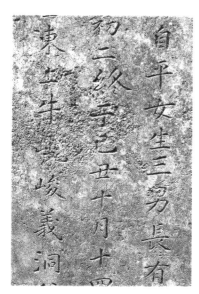

그림 2. 비문 끝부분, 동상 우현 준의동이 보인다.

장소의 구체적인 지명이 나온다. 대부분의 묘지에도 구체적인 묘소

의 위치인 지명, 곧 장지(葬地)가 나온다.

비문 끝부분에 동상(흥해군 동상면) 우현 준의동이 바로 그것이다. 우현이라는 고개 이름은 다른 금석문과 자료에도 등장한다. 그러나 현재 묘비가 있는 골짜기의 행정구역 명칭이 '竣義洞'이라는 구체적인 기록은, 아직까지 다른 자료에서 발견되지 않았다. 250년 전의 기록으로, 바로 이것이 이 금석문 나름의 가치이다.

법광사 석가불사리탑중수비

• 비학산 자락에 안긴 포항 법광사지

법광사지는 포항시 북구 신광면 상읍리 비학산 자락에 있는데, 경상북도 기념물 제20호에서 2008년 국가지정문화재인 사적 제493호로 승격 지정되었다.

그림 3. 법광사지 당간지주

그림 4. 석가불사리탑중수비의 비액과 개석.

법광사지를 떠받치고 있는 자연부락이 끝날 즈음 흐트러진 당간지주가 있고, 그 위쪽으로 중심 불전 터로 추정되는 자리에 대형의 연화불상좌대가 지금까지 남아있다. 그 자리에서 비학산 정상 쪽으로 두어 단 정도 올라가면 쌍신두귀부가 있다. 귀부의 오른쪽에 신라 26대 진평왕의 신위를 모신 숭안전이 있고, 왼쪽 약간 아래쪽에는 법광사지 3층석탑과 1750년 세운 석가불사리탑중수비가 있다.

• 법광사 역사 기록의 핵심 석가불사리탑중수비

법광사의 내력과 얽힌 이야기는 이 비석에 나온다. 뿐만 아니라 지금 경주박물관에 소장되어 전하는 두 개의 탑지석과 불사리장엄에 대한 내용도 비문에 언급되고 있다. 역사서나 다른 기록은 단편적인 것뿐이다. 법광사의 사지도 발견되지 않았고, 쌍신두귀부가 지고 있던 석비도 발견되지 않았다.

• 비문의 내용

비신의 전면에 전서(篆書)로 크게 '석가불사리탑비'라고 비액(碑額) 일곱 자를 음각으로 새겼다. 이어서 본문의 첫 줄에 '법광사 석가불사리탑중수비'라고 해서로 석비의 제목을 새겼다. 첫 단락에서 법광사가 비학산에 있는데 불국사와 같이 신라의 가장 큰 가람으로 일컬어졌다고 하였다. 이어 경오년(1750) 정월에 명옥(明玉) 스님이 제자 도각(道覺)을 시켜 편지로 비문을 부탁한 사연을 길게 서술했다.

병인년(1746)겨울에 기울어진 탑을 수리하려 탑을 해체하는 과정에서 불사리를 담은 사라기와 석탑 창건과 중수 관련 기록인 법광사 석탑기를 보게 되었고, 급히 탑을 수리하여 불사리 관련 유물을 탑 안에 다시 봉안하여 석탑을 중수하는 일을 끝냈다. 이때가 정묘년(1747) 2월 13일이었다. 그해 7월에 탑 앞에 법당을 새로 짓고 편액

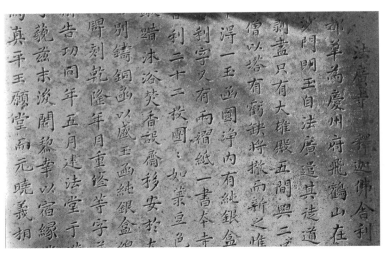

그림 5. 법광사 석가불사리탑중수비 전면 중간부분.

을 금강계단이라 하였으며 그 아래에 향로전을 세워 예불하는 곳으로 삼았는데, 통도사를 본뜬 것이다.

• 18세기 최고의 문장가 신유한

청천(靑泉) 신유한(申維翰, 1681~1752)이 부탁을 받고 비문을 지었다. 그는 밀양의 한미한 양반 서얼 집안에서 태어나 33세(1713, 숙종 39년)에 문과에 장원으로 급제했다. 미관말직으로 전전하던 중, 39세에 통신사 제술관이 되어 일본을 다녀왔다. 이듬해 1월 귀국하여 일본통신사 사행록 가운데 백미로 꼽히는 『해유록』을 지어 이름을 떨쳤다. 이후 척박한 고을의 현감과 군수 등을 거쳐, 마지막 벼슬로 65세부터 4년여에 걸쳐 연일 현감을 지냈다.

신유한이 연일 현감을 지낸 까닭에 거기서 멀지 않은 법광사 스님

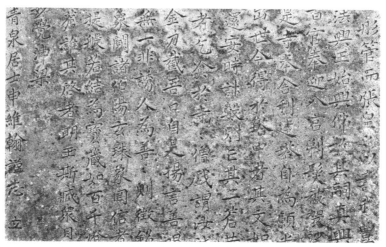

그림 6. 비신 후면, 왼쪽 끝부분에 비문을 지은 신유한의 이름이 나온다.

의 부탁으로 석가불사리탑중수비를 지은 것으로 보인다. 이런 내용은 비문에 나오지만, 그가 흥해의 제자인 진사 농수(農叟) 최천익(崔天翼, 1712~1779)에게 보낸 편지에도 나온다. 연일 현감 시절 인근 흥해에서 시문으로 소문났던 농수가 신유한을 찾아가 가르침을 청했다고 전한다. 신유한이 벼슬을 그만두고 고령에서 여생을 보낼 때도 편지를 주고받은 것을 확인할 수 있다.

신유한이 보낸 편지에 비문의 글씨를 농수가 쓰면 더욱 좋을 것이라는 내용이 있다. 거사(신유한)가 짓고 진사(최천익)가 써서, 같이 비석에 새겨 길이 남긴다면 다행 중에 다행이라 하였다. 그러나 그 다음 편지에서 경주의 영장이 글씨를 썼다고 경주부윤이 말했다고 하였다. 글씨를 쓴 그 토포사가 이름을 쓰려하지 않아, 결국 뒷사람들이 비문을 지은 사람이 글씨도 쓴 것으로 여기도록 한 것은 스님의 요청이라고도 하며 그렇다고 무슨 문제가 있겠느냐고 하였다.

신유한은 비문을 최천익이 쓰기를 원했는데, 이름이 전하지 않는 경주의 영장인 토포사가 글씨를 썼다는 것이다. 지금 전하는 중수비의 본문 마지막 부분에 '청천거사 신유한 삼가 기록하다, 세우다.(青泉居士 申維翰 謹志 立)'고 하여 찬자와 서자에 대해 애매하게 마무리 한 것도 그 같은 맥락에서 이해할 수 있다.

• 비문의 문장과 짝하는 빼어난 글씨

비문의 내용도 내용이지만, 궁벽한 지방에 세워진 비석의 글씨치곤 빼어난 수준이다. 글씨의 중심이 되는 획을 길게 뽑아내어 시원스럽게 구성한 것과, 파임을 강조하여 두드러지게 표현한 점이 돋보인다.

게다가 정성들여 입체적으로 새겼다. 비문의 글씨가 종이에 쓴 필적이나 비문을 찍어 낸 탁본보다 오히려 잘 드러난 것이 비슷한 시기에 세워진 석비 중에서도 뛰어나 보인다.

• 특이한 자체의 이체자

이체자(異體字)는 넓은 의미로 정자체와 모양은 조금 다르지만 같은 한자를 이르는 말이다. 약자와 속자 등을 통틀어 이체자라 하는데, 비신의 앞뒤에 쓰인 본문에 다양한 이체자가 있다. 비문의 한자는 조금 줄이거나 달리 쓴 글자로, 정자를 알고 있으면 알아 볼 수 있는 수준이다. 그러나 비신 양 측면의 글자 중에는 정자를 알더라도 알아보기 어려운 글자가 있다. 선배학자들이 이미 해독한 것

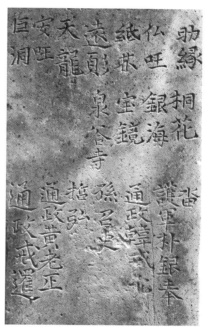

그림 7. 탑의 중수에 도움을 준 절 이름을 약자로 새겼다.

이지만, 시중의 자료 중에 잘못 읽은 것이 적지 않다.

예를 들면 '雪明'이라는 스님의 법명이 '크明'으로 새겨져 있다. 그런데 비신의 맞은편 측면 마지막 부분에 같은 이름 '雪明'이 나온다. 눈

설자로 읽는 것이 맞는 것 같다. 역시 비신 측면에 새겨진 불국(佛國)·원원(遠願)·안국(安國) 등의 절 이름도 특이한 이체자로 새겨져 있다.

또 시주자의 명단에서 성(姓) 다음에 '召吏'라고 붙여 孫召吏·金召吏·吳召吏 등이 새겨져 있다. 召吏는 일반적으로 '조이'라고 읽고, 조선 후기에 과부를 이두로 표현한 것이라고 한다.

• 되찾은 금석문 법광사석탑기

법광사에 관한 전반적인 이야기를 전해주는 게 신유한이 지은 석가불사리탑중수비라면, 법광사 석탑 창건의 역사를 확실하게 전하는 것은, 신라시대에 새겨진 법광사석탑기이다. 석탑에 대한 조선시대 두 번의 중수 기록을 남긴 또 다른 법광사석탑기도 있다.

1968년 8월경에 법광사 삼층석탑의 사리구가 도난당했으나, 바로 동국대학교 박물관에서 되찾았다. 그 때 되찾은 사리장엄은 옥돌로 된 두 개의 법광사석탑기와 석제 사리호 하나와 청동호이다. 이 유물들은 지금 국립경주박물관에 소장되어 있는데, 일부는 전시되기도 한다.

신라 문성왕 8년(846)에 작성된 법광사석탑기에는 모두 72자가 새겨져 있다. 법광사석탑기 라는 제목이 한쪽 측면에 새겨져 있고, 회창 6년(846) 병인 9월에 탑을 옮겨 세웠으니 대대로 단월(檀越, 탑을 세운 주체)이 서방정토에 태어나고 금상(今上)의 복된 수명이 영원하기를 바란다는 내용이 전면에 새겨져 있다. 다른 측면에 사리 22매를 상좌인 도흥(道興)이 납입했다고 새기고, 대화 2년(828) 무신 7월에 향조(香照)선사와 원적(圓寂)비구니가 재물을 희사하여 탑을 세웠고 절의 단월은 성덕대왕전의 향순(香純)이라 후면에 새겼다.

간결한 내용이지만 석탑은 물론 법광사에 대해 역사적 사실에 접근할 수 있도록 이끌어주는 기록이다. 글씨도 9세기 통일신라의 뛰어난 것으로 조선시대 석탑기와 비교된다.

　조선시대에 만든 법광사석탑기에는 1698년과 1747년 중수한 내용을 앞뒤로 새기고, 한 쪽 측면에는 법광사석탑기라 새기고, 다른 측면에는 중수 일을 주관한 명옥(明玉)과 담학(談學)이라는 법명을 새겼으며, 밑면에 새긴 이가 대언(大言)이라 하였다.

그림 8. 석제 사리호에 먹으로 쓴 '불정존승다라니' 글씨

　석제 사리호엔 '불정존승다라니(佛頂尊勝陀羅尼)'라 묵서(墨書)된 것을 지금도 눈으로 확인할 수 있다. 통일신라 최고의 사경 서풍과 맞먹는 훌륭한 글씨로 당시의 서사 수준에 절로 감탄이 나온다.

단양 장씨 묘비

• 흥해 곡강의 승의랑 묘역

포항시 흥해읍 곡강산 자락에 영일정씨 '사정공파 승의랑 문중'의 분묘가 모여 있다. 이곳 문중의 실질적인 입향조 정세홍(鄭世弘)의 품계가 승의랑으로 흥해훈도 벼슬을 지냈기에 문중의 이름으로 삼았다. 승의랑(承議郞)은 조선시대 정6품 상계 문신의 품계이며, 훈도(訓導)는 종9품으로 지방 향교의 학생들을 가르치는 관직이다.

이 묘역에는 사백년에서 오백년 가까이 된 묘비가 여럿 있어 그 내용과 가치가 자못 궁금했다. 승의랑(정세홍)의 묘비는 1555년 신령현감인 금계(錦溪) 황준량(黃俊良)이 비문을 지어 세웠다. 승의랑을 흥해에서 길러 문중을 열도록 산파 역할을 한 이가 있으니, 양모(養母)인 단양 장씨이다. 아들 정세홍이 1540년 직접 비문을 지어 장씨의 묘

그림 9. 단양 장씨 묘역의 묘비와 문인상

비를 세웠다. 승의랑의 증손인 형조정랑 정사명(鄭四溟)의 묘비는 흥해군수 홍보(洪霱)의 글로 1626년에 세웠다.

• 승의랑 문중의 초석이 된 단양 장씨

먼저 제일 오래된 단양 장씨의 비문을 살펴보자. 비의 제목을 '양비장씨지묘(養妣張氏之墓)'라 하였다. 길러주신 어머니 장씨의 무덤이란 뜻인데, 비(妣)는 돌아가신 어머니를 말한다. 이어서 장씨와 남편 정문함(鄭聞咸)의 가계에 대해 기록하였다. 장씨의 아버지는 과거에 급제하여 임피현령을 지낸 장한필(張漢弼)이다.

그림 10. 승의랑의 양어머니 단양 장씨 묘비

승의랑은 3살 때 후사가 없던 당숙(堂叔)인 정문함에게 입양되었다. 당숙이 당숙모의 친정인 흥해에 살고 있었기에 흥해에 정착했다. 장씨는 양자인 세홍을 세 살 때부터 거두어 길러 장성할 때까지 따뜻한 사랑이 더욱 두터웠다(自三歲收鞠 至于長成 和愛益篤). 장씨는 집안의 재산이 엄청 많고 종복도 넉넉한 데다, 덕이 많고 성품이 자애롭고 온화하였다(張氏 非但家資鉅萬 而僕隷俱足 乃德宇豐閎 性度慈和). 그래서 고을의 가난한 사람들을 친소원근을 가리지 않고 모두 구제하는 것으로 일삼았다(凡隣里鄕黨 貧寒無賴之人 不問親疏遠近 一以兼濟爲事). 1539년 향년 70으로 생을 마쳤다.

비문의 끝에 가정 19년 경자년(1540) 정월 15일, 고아가 된 장사랑 기장훈도 세홍이 빗돌을 세웠다고 마무리 하였다.

길지 않은 비문을 번역하고 원문을 덧붙이면 다음과 같다.

키워주시고 돌아가신 어머니 장씨의 묘

장씨는 단양사람입니다. 아버지는 문과에 급제하여 병과로 뽑혀 조산대부 임피현령 벼슬하신 휘 한필이시고, 할아버지는 장사랑 귀진이시고, 증조는 천호위상령별장 유충이십니다. 어머니는 흥해 배씨 호장 려의 따님입니다.

장씨는 성화 경인년(성종1, 1470)에 나서 흥해군에 살다 영천 정문함 집에 시집가셨습니다. 영천군 동남의 정씨는 연일사람 봉렬대부 니산현감 영의 후손으로 순충적덕보조공신 가정대부 병조판서 겸동지의금부사 계성군 통정대부 공조참의 손사성의 외손입니다.

장씨는 후사가 없어 양부(養夫)의 당제(4촌 동생) 휘 문영의 아들 세홍으로 후사를 삼았습니다. 세 살 때부터 거두어 길러 장성하여서까지 온화하고 자애로움이 더욱 두터우셨습니다. 양부는 정덕 13년 무인년(중종13, 1518)에 장씨보다 22년 앞서 돌아가셨는데, 향년 오십세였습니다. 군의 동쪽 방포리 곡강산의 언덕에 장례를 지냈습니다.

장씨는 비단 집안의 재물이 엄청 많고 종복이 넉넉할 뿐 아니라 더욱이 덕이 풍성하고 넉넉하며 성품과 국량이 자애롭고 온화하였습니다. (그래서)모든 이웃과 동네에서 빈한하여 의지할 데 없는 사람들에 대해서는,

친밀하고 소원한 것과 멀고 가까움을 불문하고, 한 결 같이 겸하여 구제하는 것으로 일 삼았습니다.

기해년(중종34. 1539) 정월 13일에 돌아가시니 향년이 70세였습니다. 다음해 경자년(중종35. 1540) 정월 15일에 곡강산 선영 왼쪽에 하관하였습니다. 부부가 같은 곳에 무덤이 있습니다.

명나라 가정 19년 경자(1540) 정월 15일 고아가 된 아들 장사랑 기장훈도 세홍이 빗돌을 세웁니다.

(養妣張氏之墓 張氏丹陽人 考文科及第卓丙科 仕爲朝散大夫臨陂縣令 諱漢弼 祖將仕郎貴珎 曾祖千牛衛常領別將惟忠 妣興海裵氏 戶長呂之女 張氏生於成化庚寅 世居興海郡 嫁永川鄭聞咸家 郡之東南鄭 延日人 奉列大夫尼山縣監瑛之後 贈純忠積德補祚功臣 嘉靖大夫 兵曹判書 兼同知義禁府事 鷄城君 通政大夫 工曹參議 孫士晟之外孫 張氏無後 養夫之堂弟 諱聞英之子 世弘爲嗣 自三歲收鞠 至于長成 和愛益篤 夫以正德十三年戊寅 先張二十二年而逝 享年五十 葬于郡東防浦里 曲江山之原 張氏非但家資鉅萬而僕隷俱足 乃德宇豐閩 性度慈和 凡隣里鄕黨 貧寒無賴之人 不問親疏遠近 一以兼濟爲事 歲己亥正月十六日卒 享年七十 翼年庚子正月十三日 窆于曲江山先墳之左 夫婦同塋 皇明 嘉靖十九年 歲庚子正月十五日 孤 將仕郎機長訓導 世弘立石)

• 어머니의 무덤에 정성을 다한 아들

세 살 때 친가를 떠나 양모에게 길러진 세홍이 새로운 문중을 열게 되는데, 사랑과 정성으로 기르고 어려운 이웃에게 덕을 쌓은 양모 단양 장씨가 그 초석을 든든히 마련한 것으로 볼 수 있다.

이런 어머니의 사랑을 입은 아들은, 돌아가신 어머니를 위해 온갖 정성을 다해 비문을 짓고, 비석과 상석과 문인석도 아름답게 꾸몄다. 비문의 글씨는 모두 해서(楷書)로, 꾸밈없이 소박하고 고졸(古拙)하기 이를 데 없다. 거의 오백년이 된 글씨라 그 자체로도 의미가 크다.

묘비 받침돌을 자세히 보면 거북 모양인데, 머리와 꼬리가 앞뒤로 있고 귀갑문도 새겼다. 비신과 덮개돌은 하나의 돌을 깎아 만들었다. 구름무늬인지 꽃무늬인지 분간하기 어려운 조각

그림 11. 단양 장씨 묘 앞의 문인상, 길러주신 어머니를 향한 눈길이 애틋한 듯.

으로 윗부분을 장식했다. 비신의 양 측면은 꽃잎 모양의 무늬로 잇달아 새겼다. 이 무늬는 이중으로 마련한 상석의 윗돌에도 앞면에 장식되어 있다.

특이한 것은 비교적 큰 문인석이다. 장씨가 비록 흥해에서 유력한 가문의 딸이며, 시댁도 영천의 명망 있는 사족이라 해도 내명부의 품계도 없는 부인의 무덤에 큰 문인석이 세워진 경우는 드물 것이다. 문인상은 관의 모양으로 보아 조선 중기의 양식으로 보이는데, 조각의 솜씨가 화려하거나 섬세하지는 않다. 그러나 고개를 조금 돌려 무

덤을 향해 바라보는 애틋한 눈길은, 어머니를 향한 아들의 효심을 표현한 것으로 보인다. 눈동자의 방향은 어느 방향에서 보더라도 무덤을 향하고 있는 것을 확인할 수 있다.

• 황준량이 지은 승의랑 묘비

승의랑 정세홍의 묘비는 1555년 당시 신령현감 황준량이 지었다. 먼저 친가와 양가의 가계를 썼는데, 정세홍이 숙부에게 입양되었다고 하였다. 하지만 정세홍이 쓴 어머니 단양 장씨 묘비에서는 당숙에게 입양된 것으로 되어 있어 차이가 있다. 자라서 세 고을(신령, 의성, 기장) 훈도로 학생들을 가르치다 1552년 가을에 학질에 걸려 향년 51세로 세상을 떠났다고

그림 12. 단양 장씨의 양아들 승의랑 정세홍 묘비

하였다. 마무리는 4언의 운문인 명문(銘文)으로 하였다. 묘비의 주인공이 훌륭한 군자로 아름다운 이름을 남겼고, 덕을 많이 베풀었으니 후대에 복을 받게 될 것이라 찬양하였다.

황준량은 퇴계선생의 유명한 제자로 문장과 덕행에 두루 뛰어났다. 특히 지방관으로써 뛰어난 치적을 드러내어, 지금까지 행정이나 정치 분야의 본보기 인물로 회자된다.

비문의 글씨는 전반적으로 해서로 쓰였지만, 이따금 초서로 약자를 표현한 것이 보인다. 넉넉한 짜임의 글꼴과 부드러운 필획으로 자연스럽게 썼는데, 기품이 저절로 드러난다. 서자는 나와 있지 않지만, 혹 비문을 지은 이가 쓴 것이 아닐까 기대하는 마음이 있다.

• 감동적인 명문(銘文)의 정사명 묘비

비문은 1626년 흥해군수 홍보가 지었다. 홍보는 석주(石洲) 권필(權韠)의 문인으로 문장이 뛰어났다. 광해군 1년에 진사시에 합격하고 음직으로 벼슬살이하다 광해군의 실정을 보고 벼슬을 단념하였다. 반정 직후 인조 1년에 알성문과에 장원급제하여 성균관전적을 거쳐 흥해군수로 부임했다. 원주목사 재임 중 인조의 대명 사대외교에 반대하여 난을 일으킨 이인거(李仁居)를 사로잡아 일등공신이 되었고, 인조의 두터운 신임으로 대청외교의 임무를 여러 차례 수행했다. 정

그림 13. 형조정랑 정사명의 묘비 덮개돌 조각, 용이 여의주를 희롱하고 있다.

승을 빼고 고관대작을 두루 거쳤다. 사후 경헌(景憲)이란 시호를 받고, 영의정에 추증되었다.

비문의 내용은, 승의랑 정세홍의 증손인 묘비의 주인공 정사명의 가계를 앞세웠다. 재주가 뛰어나 문과에 급제하고 형조정랑으로 중앙의 벼슬을 살다, 지방관으로 나가 용인을 잘 다스려 호조좌랑이 되었다. 다시 외직으로 무장고을을 맡았는데, 병으로 무장 관아에서 향년 35세로 세상을 떠났다.

그의 형 정사유(鄭四維)가 동생의 요절로 행적이 인멸되는 것을 안타까이 여겨, 군수 홍보에게 비문을 청했다. 비문의 뒷부분에, 찬자 홍보가 흥해군수로 부임했을 때 서로 교유하며 시문을 주고받던 사람이 오직 그 뿐이었다고 추억하며, 다음과 같은 명문으로 마무리 했다.

> 오천에서 나와, 재주가 일시를 풍미했네.
> 일찍 용문에 뛰어올라(과거급제), 장차 큰일을 하려 했네.
> 하늘은 어찌 그리 빨리 앗아가는지, 이런 이치는 알 수가 없네.
> 곡강이 길이 흐르듯, 공의 이름과 함께 하리!
> (系出烏川, 才擅一時. 早躍龍門, 將大有爲. 天何奪速, 此理難知. 曲江長流, 名與同垂.)

내연산 삼용추 석각 글씨

• 내연산 삼용추의 상징

용추(龍湫)석각은 내연산 삼용추를 증언하는 구체적인 문화유적이다. 이는 인문학적으로나 문화재로써 매우 중요하다. 이미 내연산의

그림 14. 내연산 관음폭포(중용추), 앞쪽의 바위에 '용추' 글씨가 새겨져 있다.

빼어난 경관과 역사적으로 어울린 수많은 선인들의 자취는, 많은 이에게 관심을 불러왔다. 포항지역의 박창원·김희준 선생은 오래전부터 이런 중요성을 알아 깊고 자세하게 연구한 끝에, 『인문학의 공간 내연산과 보경사』란 책을 포항문화원에서 출간하였다. 뜻있는 사람들에게 아주 훌륭한 안내가 된다. 이 글도 거기에 힘입은 바 크다.

용추석각은 언제 누가 써서 새겼는지 정확히 알 수 없지만, 내연산 삼용추의 대표적 상징이다. 전국의 수많은 용추 중에 삼용추가 있는 곳이 드물고, 용추라는 바위 글씨가 남은 곳은 더욱 희귀하다.

• 삼용추의 위치

보경사 입구에서 왼쪽에 계곡을 두고 40분 정도 줄곧 오르면, 계곡을 건너야하는 지점에 이르게 된다. 이곳이 두 갈래 쌍폭이 떨어지는

그림 15. 사각뿔 모양 바위 양면에 새겨진 '용추' 글씨.

관음폭포다. 계곡을 건너기 전, 왼쪽 아래에 보이는 폭포가 낙차가
크지 않는 무풍폭포다. 그보다 더 아래의 기다란 물줄기는, 잠룡폭포
인 하용추폭포다. 관음폭포는 중용추인데, 그 앞에 세 개의 용추석각
이 있다.

계곡을 건너기 위해 시멘트로 만든 나지막한 다리가 시작되는 즈음
에 첫 용추 글씨가 있다. 사각뿔 모양의 바위 사면에 글씨가 새겨져
있는데, 두 면에는 사람들의 이름이 선명하다. 다른 두 면에, 전서로
용 룡자와 못 추자를 한 자씩 새겼다. 바로 첫 용추석각이다. 용자는
특이한 전서라 알아보기 어렵다. 오랜 세월 거센 계곡의 물결과 바위
에 부딪혀 새김이 얕아졌지만 아직은 잘 보인다.

다리에서 계곡을 건너다 오른편에 보면, 용자는 없고 추자만 남은
바위가 눈에 들어온다. 닳아 잘 보이지 않지만, 조금 유의하면 볼 수

있다. 애초에 용자를 안 새겼는지 다른 데 새겼는데 못 찾은 건지 알 수 없다. 어쨌든 지금은 못 추자만 보인다. 다리 끝에서 못 쪽으로 가면, 매우 큰 바위가 있다. 앞과 뒤 양면에 많은 사람들의 이름이 새겨져 있다. 이 바위 윗면에 용추석각이 또 있다.

그림 16. '추'자만 새겨진 바위, 용은 어디로 간 것인지 못 찾았다.

그림 17. 관음폭포 앞의 큰 바위 위에 새겨진 '용추' 글씨.

• 서예로 본 용추석각

　1988년부터 이 글자의 유래와 근거를 찾았지만, 아직까지 완벽한 답은 얻지 못했다. 선인들이 오래전부터 용추라 불렀으니 당연히 용추일 것이다. 용자 오른쪽 부분의 고대 글자꼴로 보거나, 진나라 이전 고전서의 글자와 비슷한 것으로 추정할 수 있다.

　연산폭포로 가는 현수교 시작점에서 대각선 방향으로 계곡 건너편 석벽을 보면, 많은 인명 바위 글씨가 있다. 그 석벽 우측 아래에도 맞이할 연(延)자와 못 추(湫)자가 전서로 새겨져 있다. 높은 곳의 연(맞이할 연, 늘일 연)자는 획이 굵고 단순화 되어있어 바를 정(正)자와 비슷하게 생겼다. 하지만 글꼴을 자세히 보고, 유적의 맥락을 고려하여 판단하면 연자가 틀림없다. 암벽이 아래로 계곡물을 맞이하듯이, 폭포와 연결된 계곡이 아래 용추로 이어져 있기에 연자를 쓴 것으로 보인

그림 18. 연산폭포(상용추)로 가는 구름다리 교각 아래 바위에 새겨진 '연추' 글씨.

다. 추자도 관음폭 앞에 있는 세 글자와 다른 짜임을 하고 있다. 또 삼수 부분도 완전한 꼴로 표현되어 여타의 글씨와 구분된다.

　서예에 있어서 낱글자의 짜임을 결구(結構)라 하고, 작품 전체의 어울림은 장법(章法)이라 한다. 또 한자는 글자꼴의 차이를 따라 다섯 가지 서체로 구분할 수 있다. 이것을 오체라 한다. 바로 전서(篆書)와 예서(隸書), 해서(楷書)와 행서(行書)와 초서(草書)이다. 전서는 가장 오래된 서체로, 그림문자의 원형을 갖고 있다. 획 굵기가 거의 같고, 처음과 끝의 모양도 비슷하다. 좌우가 대칭인 경우가 많고 획 사이 간격도 일정하다. 진시황이 문자를 정리하여 통일한, 세로로 길쭉한 특징의 전서가 소전(小篆)이다. 그 이전의 다양하고 복잡한 전서는 모두 대전(大篆)으로 불린다. 같은 서체지만 시대적 흐름의 차이나, 개인적 성향의 차이에서 오는 특징을 서풍(書風)이라 한다. 이를 미술사의 틀에 견주면, 서체(書體)는 형식으로 서풍은 양식으로 볼 수 있다.

　네 곳에 새겨진 용추와 연추 글씨를 모아 비교하면 다음과 같다.

1. (龍)	추(湫)	2. 추(湫)	3. 추(湫)	용(龍)	4. 연(延)	추(湫)

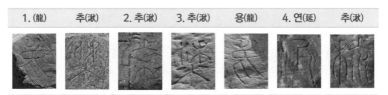

　첫째와 셋째 석각은, 서체와 서풍과 결구가 같고 장법이 다르다. 그러나 둘째 석각의 추자는 다른 것과 서체와 서풍은 같지만 결구가 다르다. 못 추자는 왼쪽 삼수변과 오른쪽 가을 추로 나눌 수 있다. 삼수는 곧 물 수자니, 못 추자의 뜻 부분이며, 가을 추자는 음 부분의 역할을

한다. 가을 추 부분을 다시 나누면, 벼 화자와 불 화자가 된다. 삼용추 석각에서 못 추자는 이 세 부분이 위치 이동을 하며 결구를 달리한다.

용추를 여러 가지로 표현한 이들 글씨는 모두 전서 중에 소전체로 비슷한 서풍이다. 연추 글씨는 조금 달라 보이지만, 대체로 같은 서풍이다. 서체와 서풍이 같다는 말은, 같은 시대 동일인의 솜씨일 가능성이 높다는 뜻이다.

이 글씨가 누구의 작품인지 아직까지 알 수 없다. 그러나 서체와 서풍으로 보아 언제 썼는지 대략적 추정은 가능하다. 생략된 삼수변의 표현과, 필획의 질감과 점획의 필세, 낱자의 짜임을 세밀하게 따져본다면 신빙성이 높은 결과를 이끌어 낼 수 있다.

• 전서로 용추석각을 새긴 까닭

내연산 계곡의 수많은 바위 글씨 중에 전서로 새긴 것은 심능준의 이름과 4개의 용추석각뿐이다. 여러 서체 중에, 굳이 전서로 써서 새긴 까닭은 무엇일까? 전서는 가장 오래된 서체로 동아시아 고대 사회에서 신과 교통하는 문자였다. 통치자가 신에게 묻고 신의 뜻을 전달하는 절대적인 신성과 권위의 서체였다. 신성과 주술성이 부여된 글자였던 것이다. 비석 제목인 비액 글씨와 이름자를 새긴 인장에 전서를 가장 많이 써 온 까닭도 여기에 있다. 그 인장이나 비석의 주인공이 길이 복을 받고 신성하리란 생각에서였다. 용추도 마찬가지다. 그 장소에 신성을 부여하고 복되리란 믿음과 기원에서다. 특히 용자는 그 유래와 근거를 찾기 어려운 글자다. 신령함을 더하려고, 선인들이 고심하여 고대 전서를 빌려와 변용(變容)한 것으로 보인다.

• 문헌으로 보는 내연산 삼용추

조선 관찬 인문지리서인 『신증동국여지승람』(1530년 발간)에 삼용추 기록이 남아 있다. 이를 기점으로 조선시대 문인이나 지방관, 혹은 유배객들의 내연산 용추에 대한 시문이 꾸준히 제작되었다.

하수일이 1605년에 경상도도사로, 조태억(1720)과 조인영(1825)과 신석우(1856) 등이 경상도관찰로 부임하여 글을 남겼다. 이정(1560)과 구사맹(1586)이 상대적으로 이른 시기에 경주부윤으로, 조경(1638)과 성대중(1783)이 흥해군수로, 조유선((1793)이 청하현감으로 와서 시문을 남겼다.

황여일(1587), 서사원(1603), 이휘일, 정식, 유도원(1773), 정위, 유휘문(1821), 김대진(1849), 신필흠 등이 명승을 탐방한 문인으로 다수의 시문을 남겼다. 지역 문인으로 최천익 등도 글을 남겼으며, 보경사의 의민 스님도 비교적 많은 시문을 남겼다.

유숙은 12년의 유배 생활을 청하에서 보냈으므로 많은 글을 남겼고, 조수삼(1825)은 기실참군이란 직책으로 경상도관찰사 조인영을 수행하여 용추를 읊은 시를 남겼다. 모두 내연산 삼용추의 신비함을 다양한 솜씨로 그려내었다. 여기에 청하현감으로 겸재 정선(1734)이 그린 〈내연산삼용추도〉는 다시 말해 무엇하랴!

그림 19. '갑인(1734)추 정선'이라 새겼다.

나오는 글

　이상으로 비교적 잘 알려지지 않은 포항의 금석문 몇 가지를 거칠게 살펴보았다. 비록 거창한 역사적 가치가 없다고 해도 지역의 역사와 문화를 이해하는 데는 도움이 없지 않으리라는 생각이 든다.

　사실 이 글의 일부는 최근에 모 일간지에 연재했던 포항 지역 금석문의 내용을 고치고 더한 것이다. 앞서 지역문화에 관심을 갖고 열악한 환경에도 불구하고 많은 연구의 성과와 자료를 남겨 준 선배학자들께 깊은 감사와 존경의 마음을 표한다. 이 글도 거기에 힘입은 바 크다.

　앞으로도 지역에 남아 있는 문자로 기록된 문화재를 찾아 읽고 글씨에 대해 공부할 생각이다.

세상에
이런 일이
in Pohang
History

김진홍

김진홍

이코노미스트다. 수필가이자 칼럼니스트이며, 도예평론가, 차문화와 도자기 연구가기도 하다. 고미술저널(1999)에 〈임진왜란과 일본의 도자기〉 등을, 월간다도(2003)에 〈일본의 다도문화사〉 등을 연재. 제1회 세계도자엑스포 국제세미나(2001)에서 주제 발표(임진왜란과 도공)를, 서울과학기술대(2003~2006)에서 '차와 도자기'를 강의하였다. 옮긴 책으로 『통계센스』(2007), 옮기고 쓴 『일제의 특별한 식민지 포항』(2020), 공동집필한 『포항6·25』(2020) 등이 있다.

시작하는 말

안녕하십니까? 방금 소개받은 포항지역학연구회 연구위원 김진홍입니다. 오늘의 포항학 아카데미 강의주제는 포항의 역사에서 의외성이 있거나 우리가 미처 주목하지 못하였으나 포항을 이해하고 포항의 역사에 대해 더욱 깊이 있는 연구의 주제가 될만한 정보들을 '세상에 이런 일이'라는 형식으로 시민들이나 연구자들에게 참고자료로 제공하는 데 목적이 있습니다.

그렇기에 전반적으로 강연의 흐름이 매끄럽고 일관된 흐름으로 진행되지 않을수 있다는 점에 대해 미리 양해의 말씀을 드립니다.

대체로 역사의 흐름이나 시대적 사건 순으로 정리하기는 했습니다만, 꼭 그렇지는 않다는 점에 대해 유의하시기 바랍니다.

제1화
포항의 기묘한 동물들

조선왕조실록 등을 통해 지금의 포항시 행정구역에 속하는 흥해, 청하, 장기, 연일 등을 키워드로 검색하면 나타나는 특이한 사건들이야 많습니다만, 첫 주제로 꼽은 것은 동물들과 관련한 신기한 사건이 적지 않게 있었다는 점입니다. 먼저 조선 인조 27년인 1649년 4월 13일(음) 기록(조선왕조실록)을 보면 흥해에서 '고양이가 한 몸통에 머리가 2개인 새끼를 출산'하였다는 내용이 나타납니다. 한 몸통에 머리가 두 개인 고양이는 현대사회에서도 간혹 일어나는 일이니까 신기하지 않다고 할 수도 있겠지만, 조선 시대임을 고려하면 특기할 만한 사건이었다고도 할 수 있을 것입니다. 공교롭게도 하루 차이이기는 합니다만 같은 해 4월 14일의 기록(승정원일기)에서는 또다시 유사한 사건이 흥해에서 일어납니다. 이번에는 "고양이가 병아리를 낳았다"고 경상감사가 보고합니다. 생각해보면 상식적으로야 고양이가 계란을 품고 있었다가 부화시켰을 것이 아니었을까라고 추정할수있을 것 같습니다만, 적어도 왕실에 경상감사가 보고하는 사건이므로 그 정도의 일반적인 분별은 충분히 했을 것임을 고려한다면 기이한 일이라고도 할 수 있을 것 같습니다. 마지막으로는 1702년 숙종 28년 7월 4일에 흥해군에서 소가 새끼를 낳았는데 이번에는 머리하나에 몸통이 2개(머리만 하나고 몸통에 달린 앞발, 뒷발, 꼬리가 각기 달린)인 송아지를 출산하였다는 기록입니다.

세 개의 사건 모두 흥해에서 발생한 것으로 나오는데 당시의 경제력을 보면 흥해군이 곡창지대를 품고 있어서 현 포항지역의 행정단위에서는 가장 큰 고을이었던 만큼 사건 사고도 많이 발생하는 중심지였다는 생각이 들었습니다.

제2화
북방계의 흔적 - 한 쌍의 삼족오(三足烏)

포항지역에서는 그 유명한 일월 신화의 주인공인 '연오랑세오녀'에 대한 전설을 가지고 있습니다. 그뿐만이 아니라 포항지역의 옛 선조 주민들은 북방지역에서 이주해온 북방 민족이 남하하여 영일만 일원에 근거지를 세웠습니다. 이후 일부 부족은 일본으로 건너갔는데 그 주인공이 연오랑세오녀의 전설로 삼국유사에도 기록되고 있는 것을 보면 충분히 그 역사적 사건이 근거없는 이야기가 아님을 확인할 수 있습니다. 일설에는 신라계와의 패권 경쟁에서 패배한 세력이 일본으로 건너가 새로운 세력을 일으킨 것이라고 해석하고 있습니다. 실제 일본에서도 신화 속의 신으로 추앙받고 있는 스사노오노미고토가 바로 연오랑일 것이라고 추정하는 신화학자들이 적지 않습니다. 또 일각에서는 포항에서 이 지역의 비단과 자수와 같은 문화적인 전파가 일본으로 이어진 것을 상징한다는 이야기도 있습니다.

그동안 북방계의 민족이 남하하였다는 설은 무수히 많았는데 그렇다면 이 일월신화는 어떻게 해석하여야 할까요. 대대로 신라계는 사실 태양이 아닌 '달(月)'을 숭배하였었고, 북방계라고 할 수 있는 고구려인들은 가장 위대한 태양의 후손이라는 뜻에서 원형(태양) 안에 삼족오를 그려 국가의 상징이나 지배자들을 뜻하는 장식으로 삼기도 했었습니다. 저는 개인적으로 일월문화란 바로 이 삼족오를 숭배하였던 고대의 태양숭배문화를 지녔던 북방계 가운데 남하한 부족들과 기존에 달을 받들며 숭배하였던 신라계의 부족들이 융합한 결과가 아닐까 생각합니다.

그런데 그러한 역사적 추정은 어디까지나 상상의 세계에 그치고 있었지만, 최근 개인적으로 관심을 가지고 포항지역의 도자기 역사를 연구하는 과정에서 아주 귀중한 증거자료 하나를 발견하였습니다.

국립민속박물관이 소장하고 있는 쌍영총에 나타난 삼족오의 형상은 매우 역동적으로 날개를 펼치고 삼족오가 금방이라도 날아오르려는 듯한 전투적 기상을 표현하고 있습니다. 흥해 학천리 고분에서 많은 토기들이 출토된바 있습니다만, 그중의 토기하나에 의미심장한 그림이 그려져 있음을 발견한 것입니다. 놀랍게도 '삼족오'였던 것입니다. 이 토기에는 삼족오가 서로 나란히 마주 보고 있고 그 두 마리 삼족오의 부리와 부리 사이에는 동그란 원형의 인화문이 찍혀 있습니다.

　　사진에서 볼 수 있듯이 이 토기 몸통 겉면에 음각으로 그려진 삼족오는 쌍영총의 삼족오처럼 활기차지도 않고 날개도 접은 상태에서 서로 마주하고 있습니다. 제 개인적인 해석으로는 동그란 원 두 개는 각각 달과 해를 뜻하고 전투적인 자세가 아니라 서로 날개를 접고 바닥에 내려 앉아 삼족오가 마주 보는 것이야 말로 어쩌면 '평화 협정'을 맺은 것을 상징하는 것이 아니었을까라는 생각이 들었습니다. 적어도 제가 지금까지 조사해본 바로는 남한지역에서 이렇게 뚜렷하게

국립민속박물관소장-쌍영총 삼족오　　흥해학천리고분출토 - 쌍삼족오음각문토기

삼족오의 모습이나 형태임을 알 수 있는 유물은 발견된 적이 없지 않나 싶습니다.

그런 의미에서 이 유물은 앞으로 포항에 역사박물관이 세워진다면 반드시 회수하여 포항이 깊이 간직하면서 포항지역 고대 역사의 증거물로서 향토사학자들이 연구해 나갈 귀중한 참고 사료가 아닐까 생각합니다.

제3화
여성해방이 가(可)한가? 부(否)한가?

포항은 흔히 '철강도시'라고 합니다. 이미지상으로 남성 중심의 일자리가 많다 보니 의외로 여성의 역할에 대해서는 크게 관심이 없는 것이나 마찬가지입니다. 저는 그동안 막연하게 전혀 그렇지는 않을 것인데라고 생각만 하다가 이번에 그 생각을 뒷받침하는 증거를 어쩌면 찾은 것이 아닌가 생각하게 되었습니다. 세 번째로 소개할 내용은 이와 관련된 것입니다. 무슨 이야기인고 하니 과거 일본이 태평양 전쟁을 일으켰을 때 여성의 역할에 대해 전후 많은 연구들이 있었는데 그것은 한마디로 '쥬고(銃後)'라는 단어로 요약할 수 있습니다. 즉 남자들이 총을 들고 전쟁을 일으키면서 나라를 피폐하게 하였지만, 전후 일본이 조기에 일어설 수 있었던 원동력은 총 뒤에서 묵묵히 가정을 지키면서 노력했던 여성의 힘이 있었음을 간접적으로 시사하는 이야기이도 합니다. 그런의미에서 포항도 마찬가지가 아니었을까 생각합니다. 포항은 6·25전쟁당시 낙동강전투의 최후의 보루나 마찬가지인 형산강 전투에서 극적으로 반격에 성공하여 대한민국의 영토를 수호하는데 큰 공을 세운 자유수호의 도시이기도 합니다. 전후 복구를 거쳐 지금의 포스코인 포항종합제철이 포항에 자리한 이후에도 포항이 지방의 대도시로 성장하는데는 바로 가정을 제대로 지켰던 여성들의 힘이, 그리고 전쟁당시에는 남자들이 총을 들고 지키는 동안 가정에서 자녀들을 제대로 양육하고 인재로 양성시킨 주인공은 다름아닌 여성이 아니었나 생각합니다.

그렇다면 그러한 포항지역 여성들의 힘은 그리고 그들을 이끌었던 잠재력은 과연 어디에서 나왔을까를 생각해보았습니다. 바로 그 해답은 일제 강점기에도 분명히 있었음을 알 수 있었습니다. 1926년 8월 11일 포항여자청년회가 창립 총회를 갖고 여성의 해방, 여성의 자유, 여성의 경제적 자립 등에 대한 여성운동을 전개하자는 결의가 이루어집니다. 그동안 얼마나 많은 여성들이 활발한 활동을 하였는지를 알 수 있는 기사가 2년 뒤인 1928년 7월 8일자에 나타납니다. 영일청년회에서 당시에 매주 토론회를 가졌던 것 같습니다만, 기사에서는 이번의 토론주제는 '가정의 평화가 남자에게 있느냐? 여자에게

1926년 8월 26일(동아) 포항여자청년회 창립(8월 11일)   1928년 7월 11일(동아) 영일청년회 매주토론회

있느냐?'로 열띤 토론을 가졌는데, 다음 일요일에 토론할 주제는 '여성해방이 가하냐? 부하냐?'를 가지고 할 것이라는 내용이었습니다. 그만큼 일제 강점기시대에도 포항지역 여성들은 올바른 가치관과 뚜렷한 소신을 가지고 있었던 강인한 여성들이었음을 고려할 때 그러한 정신력이 6·25전쟁과 전후 고도성장기에 포항의 가정을 책임지고 자녀들을 올곧게 키웠던 원동력이 아니었을까 생각해 보았습니다.

제4화
포항 최초의 지진은 언제였을까?

지금 포항시민들은 아직도 2017년의 인재로 인한 지열발전으로 촉발되었던 지진의 트라우마에서 벗어나지 못하고 있고 특별법에 의한 피해보상도 진행중에 있습니다. 그렇다면 포항은 인재가 아닌 자연적인 지진이 전혀 없는 지역이었을까를 살펴보니, 기록상으로 오래전인 594년전에 확인가능한 지진이 포항지역에 있었다는 기록을 찾았습니다. 그 이후에도 포항지역에 지진은 다음과 같이 있었습니다.

▶ 1427.9.15. 경상도 영일현에 지진(세종실록 37권)-594년 전
▶ 1430.9.13. 경상도 경주, 흥해, 청하, 영일, 장기 등 고을에 지진(세종 49권)
▶ 1454.12.28. 경상도 흥해 등지에서 지진이 일어나 해괴제(解怪祭)를 행하다(단종실록 12권)
▶ 1516.11.24. 경상도 흥해군에 지진이 있다.(중종실록 26권)
▶ 1518.3.8. 경상도 흥해군과 청하현에 지진이 있다(중종실록 32권)
▶ 1525.9.24. 경상도 청하 등지의 고을에 지진이 일다(중종 20년)
▶ 1542.1.29 경상도 장기, 영일 등의 고을에 지진이 있다.(중종실록 97권)
▶ 1604.5.6. 경상도 관찰사 이시발이 4월 5일 영일, 흥해 두 고을의 지진을 보고하다(선조실록 37권)
▶ 그리고 413년 뒤 천재가 아닌 인재로 인한 포항지진이 흥해에서 발생하다.

제5화
흥해 망진루는 사라지지 않았다

포항은 사실 수많은 문화역사유적이 있었던 지역입니다. 경주만큼은 아닐지 모르겠지만 칠포의 암각화부터 고대, 중세에 이르는 다양한 고분의 출토품들도 적지않이 존재하고 있습니다. 주요 서원의 흔적들도 여전히 남아있고 일제 강점기 시절의 유적들도 남아 있습니다.

그러한 가운데 조선 시대 많은 문인, 사대부가 당시 흥해지역에 오면 묵었던 객사였던 '망진루'는 우여곡절을 겪으며 결국에는 우리의 시야에서 사라졌었습니다. 흥해읍성의 성돌을 찾는 노력도 지금 진행되고 있습니다만, 흥해의 역사를 생각해볼 때 그럴듯한 조선 시대의 건축물 하나정도는 남아 있었으면 하였지만 그동안 안타까운 마음 뿐이었습니다.

망진루는 기록상으로는 일제강점기 시절 흥해심상소학교의 건물로도, 흥해청년회관 등으로도 사용되었으나 당시에도 지식인들이 반대하면서 보존을 부르짖었었음에도 불구하고 결국에는 노후화로 인해 매각되어 철거되었다는 기사만 남아있습니다.

그런데 최근 다양한 사료들을 조사하는 과정에서 그 망진루를 다행히도 1940년경 영월신씨 가문에서 매입하여 가문의 재실로 삼아 지금은 '화봉재사'라는 이름으로 여전히 포항의 행정구역 안에 있는 기계면 화봉면에 고고하게 살아있음을 확인하였습니다. 당시 노후화된 망진루를 구입한 영월신씨 가문에서는 그것을 그대로 해체 복원하여 가문의 재실로 이전 사용하였던 것입니다. 물론 중간에 노후화로 몇

기계면 화봉면의 화봉재사(구 망진루)

차례 개수하고 중건하였다는 기록이 있습니다만, 대부분의 이와같은 오래된 양식의 건축물은 내부 소재의 내구성을 높이는 방식으로 수선하는 방식을 택한다는 점에서 지금 남아있는 화봉재사의 겉모습은 적어도 포항지역의 역사에 등장하는 망진루(望辰樓)의 형태 그대로임은 틀림없을 것이라 생각합니다. 그러한 의미에서 개인적으로는 이 화봉재사를 삼고있는 영월신씨까문과 협의하여 그 모습 그대로의 축적과 과거 중건당시의 설계도를 입수할수있다면 흥해 망진루 자리에 역사적인 건물로 재건축하면 어떨까 생각해 보았습니다.

제6화
일본군 충혼비, 미군 충령비로 변신

지금 송도에 있는 미 해병 충령비는 1969년 4월 22일에 이전된 것이지만, 당초 이 충령비는 1954년 5월 2일 미군통역관(이종만)이 건립하였다는 기록이 있습니다. 하지만 이 충령비는 1935년에서 1936년 사이에 건립되었을 것으로 추정되는 러일전쟁 전사자를 위로하기 위한 일본군 충혼비였을 가능성이 매우 높습니다. 이미 포항지를 번역하는 과정에서 발견하여 경북매일신문에 기사로 나기도 했었습니다만 그렇다고해서 이 충혼비를 그냥 부수어버리고 새로 짓자고하는 이야기가 아닙니다. 충분히 검토하고 이것은 이것대로 보존을 하면서 정확하게 우리가 알고, 잘못된 것이라면 새로이 이땅의 자유를 수호하기위해 헌신한 미군들을 위한 제대로된 위령비를 우리손으로 만들어주어야하지않을까 하는 생각입니다.

지금의 한일관계가 좀더 개선된다면 개인적인 생각으로는 일본의 보훈기관, 미국의 보훈기관까지 3개국이 포항에 모여서 정식으로 일본군 충혼비의 영령들을 일본으로 전해주고 미군의 영령들을 새로운 위령비로 옮겨 그들에게 감사하는 국제적인 행사를 개최하는 것은 어떨까 생각해 보았습니다.

총알상징
유골함상징
1935.10월 "浦項誌"
돌 울타리는 80년대 철거
갈아내고 글자를 새긴 혼적
지금의 미 해병 충령비
(1970-1980대까지 충혼비를 둘러싼 돌 울타리가 있었으나 지금은 철거된 상태)

제7화
포항에 남은 사이토 조선총독 글씨

　포항에 얼마있지도 않았던 근대적인 역사적 유물은 포항역마저 허물어버렸기 때문에 이제는 딱 2개뿐입니다. 1908년에 만들어진 호미곶 등대와 더불어 그나마 가장 오래된 근대적 건축물로 보이는 것이 바로 수도산에 있는 저수조(1926년 3월 건립 추정)입니다. 이 저수조에는 글쓴이의 이름은 훼손된 상태이지만 '수덕무강'이라는 특이한 글씨체는 그대로 남아있습니다.

　이 글씨체가 매우 희귀한 편이어서 당시 수덕무강이라는 휘호를 도대체 누가 쓴 것일까에 대해 면밀하게 조사해보았습니다. 그 시절 수도시설이 들어서면서 비석등 다양한 형태의 석조물에 '수덕무강'이라는 글자를 새겨 기념할 때 붓을 들었던 사람들 대부분은 그 지역 도지사나 읍장, 군수 등인 경우가 많았습니다. 실제 그 당시 포항지역에 이 글을 썼을 법한 직위에 있었던 사람들을 조사하여 훼손된 이름부분과 일치하는지를 추정해보았을 때 유일하게 모든 것이 일치하는 것으로 의심되는 사람은 다름 아닌 당시 조선총독 '사이토 마코토(斎藤實)'였습니다. 결국 그 해답을 위해 일본에 있는 '사이토마코토기념관'의 관계자들에게 본인이 직접 이메일로 저수조의 글씨 사진과 함께 문의하였더니 '자신들이 감정기관은 아니지만 훼손된 글씨는 물론이고 수덕무강이라는 글자체 자체가 특이한 사이토 총독의 글씨임이 틀림없을 것으로'보인다는 답변을 받았습니다. 그러면서 참고하라고 총독기념관에 소장된 다른 글씨 사진도 함께 보내왔습니다.

(좌) 수도산 저수조에 새겨진 '수덕무강水德無疆'은 사이토 총독의 글씨로 추정된다.
(우) 사이토 마코토 총독 기념관에 소장된 친필 휘호

여하튼 당시 포항은 일본과 정기무역선이 입출항하던 국제항구였고 경북의 관문으로서 이름이 높았던데다, 중앙정계에도 영향력이 큰 지역 사업가들도 적지 않았기에 포항의 저수조에 총독이 '수덕무강'을 기원하는 글씨를 기꺼이 써 주었을 개연성은 매우 높다고 추정하고 있습니다. 그런 의미에서 이 또한 무작정 훼손해야 될 것이 아니라 소중하게 보존하면서 우리 역사교육의 현장으로서 충분한 가치가 있는 포항지역만이 가지고 있는 역사적 유산이 아닐까 생각합니다.

제8화
일본인 기념비를 6·25전적비로 활용중

지금 미군 충령비와 마찬가지로 한때 논란이 일기도 했던 송도에 자리하고 있는 '6·25전적비'도 우리가 깊이 고심해야할 과제가 아닐

(좌) 나카타니 다케사부로 수상 – 1933. 9월 준공, (우) 포항지구 전투전적비

까 생각합니다. 물론 당시 일본인 사업가를 기념하기 위해 세워졌던 초상은 광복 이후 즉시 철거되었지만 그 아래의 기단을 당시 사정상 예산도 없고, 급한 마음에 '포항지구전투전적비'로 활용한 것까지는 그 시대의 형편을 고려할 때 어쩔 수 없는 부분도 있었을 것이라는 생각이 들지 않는 것은 아닙니다.

하지만 적어도 자유대한민국을 지켜내었던 전투전적비라는 그 철학사상적 가치를 고민해본다면 최근 그 기단 가운데 노후화된 부분만 새것으로 교체하였다고는 하더라도 무엇이든지 건축물이라는 것은 그 디자인에 철학사상적인 의미를 기반으로 한다는 점에서 너무 무성의한 방치 상태가 아니겠는가라는 생각이 듭니다.

그런 의미에서 포항지구전투에 대한 생각과 상징성을 형상화하여 영원히 우리가 기억하고 찾아가 머리를 숙일 수 있는 제대로 된 '전적비'를 하루빨리 만들 수 있기를 바랍니다.

제9화
포항에도 '포항신사'가 있었다

일제 강점기 시절 전국 주요 도시 곳곳에는 '신사'가 있었습니다. 포항지에도 일부 내용이 나옵니다만, 일본인들이 어느 정도 거주하고 있는 지역에는 당시 신불합일과 신도를 정치적인 목적으로 일본 정부의 적극적인 지원아래 '신사'가 세워졌기에 포항도 예외는 아니었습니다.

당시 지금의 포항지역에는 2개의 신사가 있었는데 구룡포신사는 1913년경으로 추정되고 포항에는 1923년 9월 30일에 준공되었습니다. 이후 포항신사는 한 일본인의 연구논문에 따르면 1945년 8월 15일 광복을 맞이한 지 한 달도 채 지나지 않는 시기에 일주문에 해당하는 도리이는 지역 주민들의 손으로 철거되어 땔감으로 사용되었으며, 건물 자체는 방화 등이 이어져 철거된 것으로 알려지고 있습니다.

포항 덕수동에 있던 포항신사

제10화
푸른심장작전(Bluehearts Corporation)

　포항의 역사를 이야기하려면 반드시 이 푸른심장 작전은 빠트리지 말아야 할 사건 중의 하나입니다. 6·25전쟁에서 상륙작전을 이야기 하면 누구나 인천상륙작전을 손꼽습니다. 하지만 의외로 그보다 앞 서서 한반도 최초로 당시 일본에 주둔하고 있던 미군 제77기병사단 이 상륙작전을 개시한곳이 포항이었음을 아는 사람은 그리 많지 않 습니다. 그만큼 알려지지 않았던 것입니다.

　하지만 1950년 7월 18일 오전 5시 58분 당시 작전을 지휘하였던 도일 제독의 상륙명령으로 이루어진 이 전격적인 상륙작전이야말로 완벽한 피해 없는 상륙작전이었습니다. 당시 풍전등화의 위기에 놓

1950년 7월 18일 한반도 최초의 미군상륙작전이 펼쳐지고 있을 당시의 모습(NYT)

인 한반도를 구출하기 위해 긴급 수행된 이 상륙작전은 냉철한 심장으로 죽음을 각오한다는 의미로 당초 인천상륙작전의 작전명이었던 '푸른 심장'이라는 작전명을 부여받고 이루어 졌으며 이후의 인천상륙작전(작전명 크로마이트)의 롤모델이 되기도 하였습니다.

포항에서 이루어진 이 전격적인 상륙작전은 당시 뉴욕타임즈는 물론 영국의 타블로이드지 등을 비롯한 전 세계 언론에 대서특필되기도 하였습니다. 당시 포항에는 유일하게 제트기가 뜨고 내릴 수 있는 영일비행장이 있었고, 포항역을 통해 중부전선으로 미군병력을 즉각적으로 이동시킬 수 있었을 뿐만 아니라, 영일만이라는 천혜의 항만이 있어 연합군의 함대가 입항하기 좋은 입지를 가졌고, 최전선에 가까운 곳이었기에 최초의 상륙작전 지역으로 선정되었던 것입니다.

지금도 포항 구항의 학산방파제는 그때의 그 모습을 고스란히 기억한 채 포항의 앞바다를 도도하게 지켜보고 있습니다.

제11화
포항에도 조선시대 도자기의 가마터가 있다

저는 90년대 초부터 오랫동안 동양의 도자기를 연구해왔습니다. 그때부터 매우 궁금해 하던 것중 하나가, 왜 전국 각지에는 조선 시대 도자기의 가마터가 산재해있는데, 유독 경북지역에는 희귀한지가 의문이었거든요. 분명히 조선 시대의 기록에는 경주부에서 조선 왕실의 조달청 격인 사옹원의 광주 분원에 백토를 꾸준히 납품하였다는 기록이 있거든요. 백토가 왕실에 납품되었다는 이야기는 백자를 구울 수 있는 원료가 많았다는 뜻입니다. 그러한 지난 수십년간의 의문점을 포항지역학연구회를 통해 조사해 본 결과 조선 시대 가마터가 한 두 개도 아니고 매우 여러 군데에 지금까지도 그 흔적을 남기고 있음을 알게 되었습니다.

　실제 현장 지표조사를 여러 차례에 걸쳐 실시해본 결과 놀라운 사실이 밝혀졌습니다. 조선 시대 도자사의 일반적인 흐름은 대체로 분청사기 계열과 백자 계열로 구분하고 있습니다만, 흔히 분청사기는 임진왜란을 전후로 사라지고, 이후에는 대부분 백자가 만들어진 것으로 알려지고 있습니다. 백자의 경우에는 17세기경에는 산화제2철을 안료로 사용하여 그림을 그린 다음 유약을 발라 소성하게 되면 글씨가 짙은 고동색으로 나타나 나름의 멋을 풍기는데 철로 그림을 그렸다고 하여 철화백자라고 부릅니다. 17세기의 대표적인 백자의 형태를 가지고요, 그 외에는 망간성분이 들어가 붉은 빛을 내어 흔히 진사백자라고 부르는 것이 있기는 합니다만, 조선후기에 이르러서는 코발트 수입이 안정화되면서 코발트안료로 그린 이른바 '청화백자'가 많이 생산된 것으로 유명합니다.

　포항지역에 흩어져 있는 도요지를 살펴본 결과 지금까지 파악한 바로는 우선 분청사기 계열에서는 아주 귀중한 단 한 점 뿐이기는 하지만 덕성리가마터에서 상감분청의 도자기 파편을 찾았고, 덤벙분청과 귀얄분청의 흔적도 찾았습니다. 백자계열에서는 당연히 순백자 외에도 철화백자가 있었으며 특히 산여리 가마터에서는 전접시, 항아리, 종지, 사발 등 다양한 종류의 백자가 대량으로 생산된 흔적을 발견할 수 있었습니다. 중요한 사실은 포항에서도 청화백자의 가마터가 있었다는 점이며 심지어 용산리가마터에서는 백자에서는 매우 귀중하고 희귀한 인화문(다시말해 도장을 찍은) 백자조각 한 점도 채집할 수 있었습니다.

결국 조선시대의 분청사기와 백자 모든 계열의 도자기가 포항지역에서 생산되고 있었다는 사실입니다. 지금 경주 공예촌에는 오로지 신라토기의 공예품만이 전통도자기 인양 취급받고 있습니다만, 적어도 포항 경주 지역의 가마터의 흔적, 조선왕조실록에 나타난 경주백토의 존재 등을 종합적으로 판단할 때 당시 경주부에 속해있던 지금의 포항이나 경주 지역 모두 백자(철화백자, 청화백자, 순백자, 진사백자 등)와 분청사기(인화분청, 상감분청, 귀얄분청, 덤벙분청 등)의 모든 도자기가 이 지역에서 구워진 역사적 사실이 있었음을 이번 연구결과로 알게 되었습니다. 우리 지역 전통 공예품의 한 갈래로 복원하고 활성화하여 젊은 도예인들을 끌어모으고 새로운 지역의 특산물로 육성한다면 이후의 관광산업 활성화에도 충분히 일익을 담당할 수 있지 않을까 생각해 봅니다.

〈산여리1요, 지곡요, 덕성리1요, 용산리요의 수습도자편과 자료사진〉

제12화
포항 야시장 역사는 거의 100년

　2019년 포항시에서는 야심차게 지역경제 활성화를 위해 중앙상가 일원의 실개천을 중심으로 야시장을 개설하였습니다. 아쉽게도 이 야시장이 제대로 자리를 잡기도전에 코로나19 사태가 일어나면서 지금은 흐지부지된 상태입니다만, 지역경제가 좋지 않을 때 이 위기를 타개하기 위해 야시장을 개장하는 일은 포항에서도 그 역사가 근 100년이 되어갑니다.

　1925년 7월 8일자 동아일보에서는 "지난 5일부터 포항 나카쵸(지금의 중앙동 일원)에서 야시(야시장을 의미)를 개시하였다"는 기록이 보입니다. 그리고 3년 뒤인 1928년 7월 31일자 동아일보에서는 "7월 28일 저녁부터 경북 포항에 경기 부진에 따른 야시장 개시. 포항우체국앞에서 하시모토 여관까지"라는 내용이 나옵니다. 너무나 놀랍게도 이때의 야시장 개설의 범위가 지금의 야시장 개설범위와 유사합니다. 포항우체국을 중심으로 한다는 것이.

　그로부터 2년 뒤인 1930년 6월 20일 중외일보에서도 "6월 20일 밤부터 불경기 대책으로 포항 미나미하마초(남빈정)에서 야시장을 개설, 많은 출점을 바란다"는 기사를 볼 수 있습니다.

　당시의 시장이라는 것은 항상 대낮에 태양이 있을 때만 가능하였던 상설시장이었기에 어두워진 밤에도 시장을 개설하기 위해서는 값비싼 등불을 켜야만 하였기에, 시장 상인들은 십시일반 자신들이 자금을 모아 시장의 활성화를 위해 야시장을 개설하였던 것입니다.

우연이기는 하지만 이 야시장을 주제로 한 듯한 당시 조선신문 1930년 11월 12일자에 실린 일본의 시 형식의 하나인 '하이쿠'의 대회에 가작으로 입선한 작품이 눈에 뜨입니다. "거리의 등불, 나란히 펼친 홍시, 노점이런가". 야시장의 붉은 등불들이 나란히 있는 것이 마치 홍시와 같다는 느낌을 노래하고 있습니다.

포항이든 어느 지역이든 야시장을 개설하는 것은 나름의 의미가 있겠지만, 그것보다는 차별화되는 스토리텔링이 더욱 중요하며, 과거의 역사에서 주는 교훈은 결국 지역경제 활성화의 필요성은 결과부분이며 특정한 분야의 어려움을 해소하기 위해서는 해당 특정한 분야의 업계나 종사자들이 스스로 지혜를 내어 추진해야만 성공할 가능성이 커질것이라는 생각입니다.

제13화
외국 귀빈들에게 Hot Place였던 포항

사실 포항은 대한민국 정부수립 이후 역대 모든 대통령들이 적어도 한 번 이상 다녀간 지역으로서 다른 지방 도시들과는 다른 면모를 가지고 있습니다. 물론 1970년대 이후 포항을 방문하였던 외국의 주요 귀빈들은 대체로 산업시찰의 일환으로 포항종합제철을 방문하기 위한 목적이 많았다고 할 수 있습니다. 1979년 10월 9일 룩셈부르크 앙리 왕세자, 1983년 9월 12일 요르단 후세인 국왕, 1986년 4월 1일 마가렛대처 영국 총리, 2000년 9월 13일 김용순 북한 노동당비서까지.

하지만 그보다 더 오랜 일제 강점기 시절에도 당시 사관학교를 졸업하자마자 임관하여 포항에 군함을 이끌고 직접 상륙한 다카마쓰노미야 노부히토친왕이 1926년 9월 21일 포항에 상륙한 적이 있습니다. 이 사건을 계기로 포항 영일만에는 대형 선박이 정박, 입항 가능하다는 것이 실제로 증명되면서 이후 포항항이 국제무역항으로 도약하는 하나의 계기가 되기도 하였습니다.

포항시가 국제항만허브도시로서 도약을 꿈꾸고 있는데 영일만 이라는 천혜의 자연 자원은 충분한 만큼 앞으로는 포스코와 같이 외국 귀빈들이 방문하고 싶은 새로운 역사·문화·관광 분야를 적극 발굴해 나갔으면 합니다.

제14화
포항과 인연이 깊은 역사속 인물

포항은 고대부터 고려, 조선을 거쳐 일제강점기에 이르기까지 적지 않은 유명한 역사적 인사들이 등장하고 있습니다. 이것으로부터 추출 가능한 스토리텔링은 사실상 포항지역의 귀중한 문화유산이자 관광자원이기도 합니다. 앞으로 더욱 적극적으로 이를 활용해 나갈 필요가 있지 않나 생각합니다.

역시 포항의 역사속에서 가장 유명인이라면 연오랑과 세오녀를 들수 있습니다. 말 그대로 고대 포항지역에서 거주하다가 일본으로 건너가 신이 된 사나이인 연오랑이 첫번째일 것입니다. 실존여부는 차치하더라도 전설이나 설화로 남아있다는 것은 그 존재감이 대대로 구전되면서 기록으로 남겨진 결과일 것이고, 그 또한 일본의 신화에도 나오는 만큼 묘사하는 형태는 달라졌을지는 몰라도 존재했었다고 보아야 마땅합니다. 이러한 스토리텔링은 향후 한일관계가 완화된다면 양측 모두에게 많은 연구과제와 더불어 현장을 답사하고 전설의 현장을 찾아보는 관광테마로 충분히 큰 역할을 할 수 있을 것 같습니다.

그다음 우리가 주목해볼 수 있는 인물은 포은 정몽주라 할 수 있을 것 같습니다. 고려시대의 충신으로 잘 알려져 교과서에서도 실려있지만 의외로 포항과 관련이 있다는 이야기는 그리 널리 알려지지는 않고 있는 모습입니다.

물론 포항 시내 한복판에는 포은도서관도 있고 실제 포은이 자라난 생장지라고 할 수 있는 오천에는 포은의 유허비각이 건립되기도 하였다는 역사적 사실이 있는만큼 이에 대한 체계적인 정리와 연구, 홍보도 앞으로 더욱 왕성해졌으면 합니다.

조선 시대에는 유명한 화가이기도 문인이기도 정치인이기도 하였던 겸재 정선이 있습니다. 1733년 8월 15일 청하현감을 제수받았던 겸재 정선은 재임기간중 지금까지도 전해지고있는 청하읍성도를 그렸습니다. 이 그림은 당시 청하읍성의 개략적인 모습을 알 수 있는 귀중한 사료적 가치도 있는 만큼 앞으로 청하읍성의 복원이나 이를 통한 지역만이 가지고 있는 겸재정선의 콘텐츠를 적극적으로 발굴 활용할 수 있게 되기를 바랍니다. 다산 정약용 선생은 1801년 장기로 정배받은 적이 있어 그로부터 학문을 배운 지역의 인사들에 대한 스토리텔링도 발굴할 가치가 충분할 것입니다.

무엇보다도 개인적으로는 동학의 창시자인 수운 최제우 선생의 이야기만큼은 앞으로 향토사학자들이 무궁무진하게 일생을 연구해도 부족함이 없는 연구과제라 생각합니다. 동학이 이후 종교화되기도 하였습니다만, 저는 순수하게 철학적 사상적 체계를 집대성하였다는 의미에서 이것을 '동학' 또는 '수운학'이라는 이름으로 포항의 학자들이 그 철학적 의미와 사상적 체계를 더욱 깊이있게 연구해 나갔으면 합니다. 사실 동학이 종교화되거나 수운의 사상적 전승이 민중에게 전파된 최초의 지역이 바로 포항 흥해 매산리에서 1862년 최초로 접주를 임명한 때부터 시작되기 때문입니다. 수운의 출생지나 여러 곳에 가르침을 다닌 곳도 의미가 있을 것이지만 최초로 접주를 임명하고 본격적으로 자신의 사상과 철학을 전파하기 시작하였던 곳이라는 상징은 그 무엇보다 중요한 부분이 아닐 수 없습니다. 당시 전세계에서 새로운 문물이 들어와 '서학'이라 불렸던 것을 기반으로 '위로부터의 혁명'이라고 할 수 있는 1890년대의 갑오개혁 또는 갑오경장이 있었다면, 이와 달리 순수한 자생적이면서도 동양적 사상과 철학에 뿌리를 내려 대응하는 개념의 '동학'이라는 관점에서 민중의 대변, '아래로부터의 혁명'을 추진하였던 수운의 가르침이 있었습니다. 이후 동학농민전쟁과 탄압, 종교화 등으로 인해서 실제 더욱 중요한 수운의 철학적인 사상체계에 대해 깊이있는 연구가 진전되지 못한 것은 아쉽습니다.

　우리 포항의 향토사학자들이 앞으로 이부분에 대한 연구를 적극 수행해 나갔으면 합니다.

　일제 강점기 포항에서는 너무나도 유명한 민족시인 이육사를 이야기하지 않을 수 없습니다. 단순히 시인 이육사가 1929년 포항에서 요양하였다는 이야기만으로는 스토리텔링에 무리가 있다고 할 수도 있겠지만 1939년에 발표한 그 유명한 '청포도'의 시에 나오는 한 구절 한 구절은 단순히 시인 이육사의 상상으로 만들어진 시의 세계가 아니라 실제 동해바다를 바라보며 펼쳐진 당시의 조선 반도에서는 유일하게 삼륜포도농원에서만 볼 수 있었던 화이트와인의 원료가 된 청포도를 직접 목격한 시인의 눈이 연오랑세오녀의 전설을 접하면서 감성이 넘치는 청포도라는 시를 탄생시켰고 그것이 또 다른 민족의 기상을 이야기하는 저항시인의 시어로 활용되었다고 저는 해석하고 싶습니다.

뿐만 아니라 당시 해외에도 수출되었던 포항산으로 유명하였던 브랜디, 화이트와인, 레드와인과 같은 포도주 사업이 1970년초에 문을 닫게 되었던 만큼 지역의 새로운 먹거리사업으로서, 직접 포도농원이 없더라도 마치 칠레에서 수입한 포도로 프랑스에서 와인을 제조하는 것처럼, 경북지역의 영천이든 어느곳에서라도 포도를 원료로 수입하여 포항에서 제조하는 방안도 사업하시는 분들에게는 하나의 아이디어를 줄 수 있지 않을까 싶습니다. 제가 한다면 포도주의 화이트와인 이름은 '청포도 since 1929'로 짓겠습니다. 마지막으로 문인이자 항일 절필작가의 한사람이면서 영미지역의 문학을 국내에 소개한 수필가이자 포항대학 교수 등을 역임하였던 흑구 한세광선생의 이야기를 안할 수 없습니다. 이렇듯 포항 이곳 저곳은 나름의 역사속 유명인사들이 살아숨쉬는 스토리텔링의 보고임을 다시한번 깨닫고 지역에서 제대로 활용하였으면 합니다.

제15화
포항항의 진정한 개항일은?

주지하시는 바와 같이 매년 6월 12일은 '시민의 날'로 포항시에서 다양한 축제 행사를 하고 있습니다. 이는 대한민국 정부 수립이후 오랫동안 염원하였던 국제항으로서의 개항이 1962년 6월 12일 지정된 것이기에 기념비도 세우고 이날을 시민의 날로 삼아 지금까지 축하해오고 있는 것입니다.

하지만 실제 역사적인 포항항의 진정한 개항은 1923년 4월 1일 당시 조선총독부 제령 제6호에 의거 지정항이 되면서부터입니다. 그때부터 포항에는 세관이 공식적으로 설치, 운영되어왔습니다. 그렇기 때문에 앞으로 2년 뒤인 2023년 4월 1일을 기점으로 포항항 개항 100주년 기념행사를 성대하게 개최하고 포항항의 역사에 대해 재조명하는 뜻깊은 행사가 있었으면 합니다.

제16화
포항인이라면 알아야 할 상식

마지막으로 개인적으로는 포항기네스라는 식으로 이름을 붙이고 싶었습니다만, 조사한 내용에 만약이라도 오류가 있을 수 있다는 점에서 오히려 이것을 공개함으로써 많은 관심있는 사람들이 새로운 내용을 제시하거나 내용가운데 오류를 수정해 나가길 바라는 마음입니다.

포항에서 가장 높은 산은 해발 932미터인 죽장 하옥의 향로봉입니다. 포항에서 가장 오래된 구조물이라면 강사리 지석묘 등 고인돌 유적이 아닐까 합니다. 포항에서 가장 오래된 미술작품이라면 칠포리 등의 암각화군이 아닐까요. 포항과 경북지역을 통틀어 사람이 타는 목적으로 운행된 자동차는 1914년 10월 포항에서 대구로 오가는 자동차가 최초였는데 그 차의 번호는 '경북1'이었습니다. 물론 이후 급격하게 자동차수가 증가하면서 이 번호판은 경북도지사의 번호가 되었다고 합니다. 포항에 현존하는 가장 오래된 근대식 건축물은 1908년의 호미곶 등대이고 시내에 있는 것은 수도산 저수조(1926년 3월준공)입니다.

포항 최초의 여성단체는 1926년 11월 포항여자청년회가 창립한 것으로 시작되었으며, 포항최초의 3·1만세운동은 1919년 3월 11일이었습니다. 지금의 포항시 지역에 해당하는 행정구역인 흥해, 청하, 연일, 장기 4개군이 영일군으로 통합되었던 것은 1914년 3월 1일입니다.

포항이라는 지명이 공식적인 행정구역의 명칭으로 등장하는 것은 1914년 4월 1일 포항면의 탄생부터이며 포항에는 과거 있었으나 지금은 사라진 지역의 특산물로는 돌김, 포도주, 소금, 통조림제품 등이 있습니다.

무엇보다도 포항인이라면 반드시 알아두어야 할 상식이라면 앞에서도 말씀드렸다시피 한반도 최초의 미군상륙작전이 일어난 곳은 포항이며 1950년 7월 18일이었고 당시의 작전명은 원래 인천상륙작전의 작전명이었던 푸른 심장(bluehearts)이었습니다.

마찬가지로 전쟁 중에 프로펠러 전투기에서 제트전투기로 이행하던 시기에 미군의 제트기 폭격기가 처음으로 활동하였던 비행장도 포항의 오천(영일)비행장이었습니다.

포항에서 가장 면적이 넓은 행정구역은 죽장면으로 포항시 면적의 20.87%에 육박합니다. 포항에서 가장 면적이 작은 지역은 두호동으로 포항의 0.13%에 불과합니다.

포항이라는 지명이 최초로 나온 문헌은 조선왕조실록(1731년 영조)이며, 포항 최초의 금융기관은 1909년 8월 9일 출범하였던 흥해지방금융조합이었습니다. 이 흥해지방금융조합은 나중에 포항금융조합으로 명칭이 바뀝니다. 포항이라는 작은 마을 내지는 작은 어촌이라는 표현들이 나오면서 언제나 포스코가 들어선 이후에야 포항이 대도시로 발전, 성장하게 되었다는 이야기가 거의 정설인 것 같습니다. 하지만 사실상 포항이 시로 승격한 것은 1949년 8월 15일입니다. 반대로 이야기하자면 포항이 이정도 규모의 도시로 어느 정도의 인프라를 갖추고 있었기에 포스코가 입지할 수 있는 도시로 선정될 수 있었기도 합니다.

맺는 말

지금까지 두서없이 이야기하였습니다만 이러한 이야기들은 다양한 분야와 방면으로 흩어져 있는 하나의 연구 씨앗(seed)에 불과합니다. 이것들에 대해 각자가 관심을 두는 분야나 자신감을 가지는 분야는 모두 다를 것입니다. 오늘의 강연은 이러한 씨앗들을 포항시민들에게 뿌리는 의도가 가장 컸습니다. 포항학(浦項學, Pohangian Studies)의 연구와 기반조성은 이제부터입니다. 그리고 포항학이 뻗어나갈 새로운 영역의 발굴은 시민 모두가 함께 참여하여 무엇인가 이상한 현상이나 모습을 보고, 발견하고, 제보하고, 과거의 특이한 사진들이나 기록들을 포항지역학연구회에 사본이라도 보내줌으로써 연구회원이나 지역 향토사학자들이 그것을 매우 가치있는 컨텐츠로 연구에 연구를 거듭한다면 지역학 가운데 포항학의 위상은 더욱 높아질 것이라 생각합니다. 그리고 당연하게도 포항은 철강만이 아닌 철강도 있는 고품격의 역사문화관광도시로 재탄생 할 수 있게 될 것입니다.

포항
시민운동의 연원

– 일제강점기를 중심으로

김일광

김일광

동화작가. 30여 권 이상의 동화집을 펴냄.
《귀신고래》《조선의 마지막 군마》《석곡 이규준》 등 역사와 생명의 보편적 가치를 형상화하려
는 데 노력을 기울이고 있음

이야기를 시작하면서

포항지역의 시민운동 모습에 대하여 그동안 안타까운 마음이 있어 왔다. 그런 연유로 포항지역 시민운동의 연원을 찾아보고 그 정신이 어디서 출발했는지를 나름대로 생각해왔다. 그러나 이 글은 정확한 증빙자료나 논거를 제시하고 그럴싸한 결론을 얻은 것이 아니다. 어쩌면 우리 지역의 시민운동 연원을 여기에서 찾았으면 좋겠다는 개인적인 바람일 수도 있겠다. 그러므로 재미있게 한번쯤 이야기 나누는 정도로 생각해 주었으면 좋겠다.

시민운동을 정의하는 말은 여럿이 있으나 가장 손쉽게 사전식으로 풀어보면

'시민들이 자발적이고 자율적인 집단 행위로서, 공익에 이바지할 수 있다고 믿는 특정 대안을 제시하거나, 공익에 해를 끼친다고 생각되는 정책·제도·관행 등을 제거하도록 다른 시민들을 계몽하고 관계기관에 자극과 압력을 행사하는 포괄적인 사회활동'이다.

위의 정의 중에서 '시민들의 자발적이고 자율적인 집단 행위'를 시민운동의 모습이라고 생각하면서 이 글을 정리해 가려고 한다.

여기서 시민운동을 구태여 일제강점기로 한정한 것은 오늘날보다 그 양상이 단순하여 접근하기가 용이하기 때문이었다. 그래서 그 시기의 시민운동에 따른 사건들의 계기를 되짚어 가면서 오늘날 포항 시민운동의 연원을 짐작해 보고자 한다.

일제강점기 포항 시민운동

청년회 조직과 활동

일제강점기 가장 두드러진 시민운동의 모습은 1920년부터 마을(면, 동 단위)마다 생겨났던 청년회 활동이었다. 이들은 서로 연합하여 힘을 모으기도 했으며, 또 목적에 따라 다른 모습으로 진화해 갔다.

지식인들은 국권을 잃은 상황 속에서 민족의 역량을 기르기 위해 두 가지 절실한 과제를 깨닫게 되었다. 그것은 민중 계몽과 그 민중들의 역량을 조직화하는 것이었다. 이를 위하여 지식인들은 계몽운동을 위한 청년회 조직운동을 서둘렀으며, 쉽게 오갈 수 있는 공간별로 활동을 펼치기 시작하였다. 1920년에서 1930년대 초까지 영일군내 30여개의 청년회가 조직되어 활동하였다.

• 영일청년회

1920년 설립. 회장은 이일우, 총무는 최석규였다. 1925년 기근 동포를 위하여 강연회를 열었는데 이기석의 강연 내용이 보안법 위반이라 하여 대구검사국으로 사건이 넘겨지기도 했다. 그해, 보천교에서 친일 성향의 강연을 개최하자 영일청년회원들이 강단에 올라가 강연을 막았다.

청년회관에 야학도 열었는데 1928년 수강인원이 200명이 넘었으며 노동야학으로 인가를 받으려 했지만 불온한 청년단체에서 하는 사업이라고 거절되었다.

- 흥해청년회

1922년 무렵에 설립. 박문찬, 정처묵, 이제백, 이상현 최문두 등이 주도하였다. 일제에 의해 배치된 공의(公醫)를 배척하고 인신매매를 금지하자는 결의를 하였다.

- 포항청년회

1924년 조선청년총동맹의 발기단체로 참여하였다. 1925년 보천교 강연을 성토하였고, 노동야학을 설립하기로 하고, 군 청년동맹조직을 시도하였다.

- 청하청년회

1920년 설립. 청하공립보통학교 분교에 노동야학을 개설하여 조선어, 산수, 일본어 등을 교육하였다. 1926년 흉년이 들었을 때 빈민을 구제하기 위해 동정금 모금활동을 벌여 면내 96가구에 곡식을 나누어 주었다.

- 연일청년회

1920년 설립. 연일면 읍내동에 있었으며 회원이 200여 명이었다.

- 칠도청년회

1920년 곡강면 칠포리에서 설립. 칠포리와 오도리를 합하여 지은 명칭이며, 칠오청년회라고도 하였다. 회원이 20여 명이었다. 학원을 설립하고 마을의 식수를 개량하였다.

- 창주청년회

1922년 창주면사무소에서 100여 명의 회원으로 창립. 회장은 김치훈이었으며, 1924년 바닷가 가설극장에서 경성대영성서공회 이홍주 목사 초청 강연회와 방진호 등이 출연한 음악회를 개최하였다.

- 부조청년회

1924년 부조시장에서 회원 70여 명으로 창립. 1차 사업으로 무산자 남녀 60여 명을 모집하여 무보수로 노동 야학부를 개설하였다.

- 여남청년회

1925년 연극공연을 개최하였고, 지방 발전과 교육기관 설립에 기여하였다.

- 죽청일신청년회

1925년 죽북면 합덕동에서 41명의 회원으로 설립. 풍속을 개량하고 지방을 발전시키며 교육을 격려한다는 목표로 활동하였다.

- 동촌청년회

1922년 대송면에서 창립. 1925년 노동야학을 개설하였는데 학생 수가 120여 명이었다. 그해 노동야학 유지비와 수재구호금을 모금하기 위해 연극공연을 개최하였다.

- 대송청년회

1925년 동촌청년회가 명칭을 변경하여 재설립. 노동야학을 설립하기 위하여 순회연극단을 조직하였고, 1926년에 유신청년회와 합동하였다. 1927년에 노동야학 연합학예회 개최를 논의하고 매월 경연회를 열기로 하였다.

- 형산청년단

1925년 상도청년단과 대도청년단이 연합하여 공문수를 위원장으로 하여 창립.

- 병인청년회

1926년 장기청년회를 발전시켜 정덕용, 정충근 등이 설립.

- 해룡청년회

1927년경 흥해면 죽천동에서 설립. 지방개발과 민중교육, 기근구제 등에 대해 토론하였다.

- 곡강청년회

1923년경 곡강면 흥안동에 설립된 흥안구락부를 중심으로 하여 곡강면의 각 부락단위 청년회를 연합한 조직이었다. 위원장 김상만.

- 장흥동청년회

1924년 대송면 장흥동에서 설립. 1926년에 노동야학을 설립하였고 1928년에는 초가 3간을 구입하여 야학관을 개설하였다.

- 동창청년회

1931년 대보에 설립되었다.

- 신광청년회

1932년 신광면에서 청립. 발기인 대표는 이원소이며 농촌 진흥과 무산아동 교양에 노력하였다.

- 영일청년연맹

1925년 동촌청년회, 해동청년회, 구룡포청년회, 청하청년회, 이가리청년회, 장기청년회, 칠포청년회, 영일청년회, 학산청년회, 여남청년회 등이 가맹하여 창립한 연합단체이다. 1926년 영일청년회 회원과 위원 등이 포항경찰서에 체포된 적이 있었고, 1928년 해체되었다.

- 영일청년동맹 포항지부

1928년에 해산한 영일청년연맹의 후신으로 영일청년동맹 포항지부로 창립되었다. 자체 교양과 군 동맹 설립을 의논하였다.

직능 별 단체 활동

시민운동 가운데 특별하다고 생각되는 것이 어린이와 여성에 대한 관심이었다. 주자학이라는 500년을 이어온 관습 속에서 여성운동, 어린이, 청소년운동이 우리지역에서도 싹트고 있었다는 것은 놀라울 따름이다.

• 영일학생회

1920년경 창립되어 지역 문화 향상에 노력하였다. 1924년에 포항 공립보통학교와 사립영흥학교 학생들이 포항예배당에서 대토론회를 개최하였고, 1928년에는 영일축구대회를 개최하기도 하였다.

• 영일유학생회

1921년 재외유학생들을 중심으로 설립되었다. 강연회를 운영하고 축구대회를 개최하였으며 여름방학 때는 여러 지역을 순회하며 교육과 연극, 강연 등 민중계몽 활동을 진행하였다.

• 포항여자청년회

1926년 영일청년회관에서 창립되었다. 여성의 사회적 지위 향상, 남녀차별의 인습과 미신을 타파하며, 여성의 교양을 위하여 강연과 독서회, 연구회 등을 개최하였다. 각 지역에 도서관을 설치하고 부녀야학을 개설하였으며, 위생관념을 향상하고자 하였다.

• 어린이, 청소년 운동

두호소년자강회(1923), 영일소년회(1925), 영일칠마소년회(1925), 흥해소년회(1926), 연일소년회(1929) 등이 설립되어 청소년교육 및 문화 활동을 전개하였다.

일제강점기 포항에는 전통적 한문 지식인과, 근대식 학교교육을 받은 신지식이라는 두 가지 양상의 지식인이 병존하고 있었다.

이후 시간이 흐르면서 점차 신교육을 받은 신지식인이 지역 활동을 주도하는 쪽으로 전환되어 갔는데, 신지식인들의 활동을 가속화한 것은 1919년 3·1만세 의거였다. (『포항근현대문화사』, 『포항교육사』)

시민운동을 가속화시킨 3·1운동은 포항에서 어떻게 전개되었는가?

포항의 3·1운동

포항 3·1운동

1919년 3월 1일 서울에서 시작된 3·1운동은 3월 8일 대구, 3월 11, 12일 포항면으로 이어졌다. 이 중심에는 포항교회 최경성 장로, 송문수 장로, 장운환(영흥 교사 영수, 만주로), 이봉학(집사), 이기춘(교인, 만주로), 허담(계성학교 1학년), 허방(허담의 조카), 장해동(대구성경학원 강습생 신분) 등이 있었다. 22일에는 청하, 송라 대전리교회(이준석, 윤영복), 청하(제일)교회(오용간, 운영만), 27일에는 송라 대전리 두곡 마을에서 만세운동이 있었다.

이 만세운동의 특징은 교회 청년들이 그 중심에 있었으며, 이 일이 오랜 시간을 두고 자발적으로 계획하고 준비하였음을 볼 수 있다.

"이기춘, 이봉학, 장운환 등은 갑자기 이 운동에 끼어들어 불과 2일 만에 모든 거사 준비를 완료한 것으로 되어있다. 이는 이치상으로도 맞지 않다. 불과 이틀 만에 독립선언서를 인쇄하고 태극기를 제작하고, 동지를 규합하고 수백 명의 군중을 모은다는 것은 불가능한 일이다. …… 대구부에서 3·1운동을 준비하던 3월 4일경부터 포항교회의 신도들을 중심으로 시위운동 계획을 세웠고 이미 상당한 준비가 이루어졌다고 보는 것이 맞을 것이다." (이상준, 『포항의 3·1운동사』)

이런 민족의식에 대한 계몽과 만세 운동 준비는 포항의 교회 설립 정신에서 찾을 수 있다. 외국 선교사의 도움에서 비롯되었다고 알려진 포항의 교회 설립을 달리 볼 필요가 있다. 그 근거가 괴동교회 설립이다. 괴동교회는 선교사가 아닌 선각자에 의한 자발적 교회설립이 이루어졌다. 괴동교회사에 의하면 1901년

"선시(先是)에 본리인(本里人) 박군현(朴君賢)이 일본에서 신주(信主)하고 귀가하여 자기 가협실(家挾室)에서 예배하며 열심 전도하여 안동필(安銅弼), 박문찬(朴汶燦)외 남녀와 이동수 십인이 상계(商繼)신종하여 예배당을 신축하니 교회가 수성(遂成)하니라. … 영일지방에 있어서 박군현은 나라의 어려움 극복을 해보겠다는 의지로 안동필(安銅弼), 박문찬(朴汶燦)을 갖고 전혀 준비가 되어 있지 않은 영일지방에서 자신의 사랑채 한 칸을 마련하여 예배를 드리게 되었다."

'나라의 어려움 극복을 해 보겠다는 의지로' 교회를 설립하게 되었다는 사실을 새겨 볼 필요가 있다. 선각자에 의한 교회 설립과 청년 지도자 육성은 포항 3·1운동과 이어진 시민운동의 자산이 되었다. 특히 첫 전도 교인이었던 박문찬은 그 후 포항지역은 물론 경북 곳곳에서 시민운동의 중심에서 지도력을 발휘하게 된다.

이어진 3·1만세운동은 4월 1일 연일, 동해, 장기, 오천, 대송, 달전, 4월 2일 기계, 죽장, 신광, 청하, 송라, 흥해 각동과 면으로 시위가 번졌다.

박은식 『한국독립운동지혈사』, 이상준 『포항의 3·1운동사』에 따르면 포항지역 만세운동 횟수는 9회, 참가인원은 2,900명, 사망자는 40명, 부상자는 380명이며 피검자가 320명이었다고 한다.

토지 조사 사업(1912~1918)과 산업 침탈에 저항

교회와 다르게 조직화되지는 못했지만 민족의식에 따른 일제 저항은 민중들 속에서도 이어지고 있었다.

1912년에 공포된 토지조사령은 총독부의 토지수탈과 안정적 토지세 확보가 그 목적이었다. 기한을 정해둔 신고제와 증거에 입각한 복잡한 신고 절차는 결국 대규모 미신고 토지를 낳았으며, 신고를 놓친 조선인들은 기한부 계약에 의하여 소작농으로 전락하게 되었다. 가난에 지친 농민들은 연해주나 간도로 대거 이주하는 일이 벌어졌다. 1918년 일본에서의 쌀 파동 이후 일본의 안정적인 미곡 수급을 위하여 조선에서 '산미 증산 계획'을 단행하였으며, 총독부는 생산량 이상을 수탈하여 조선인의 식량 사정은 더욱 악화되었다.

식량 수탈은 이 지역에서도 같은 무게로 지역민 어깨를 짓눌렀다. 그 와중에 창주면에서 미곡 창고 화재 사건이 있었다. 그런데 그 방화범이 놀랍게도 현직 창주면장이었다. 그런데 면장을 다른 죄목과 함께 방화범으로 체포하여 재판에 넘겼는데 장기 유림들이 탄원서를 내면서 면장 구명 활동을 벌였다. 지역 여론이 오히려 일제에게 불리한 방향으로 흐르자 이를 수습하기 위하여 지역민들의 지지를 받던 한의사 김용준을 새 면장으로 임명하였다. 김용준은 면장으로 있으면서 창주, 장기 만세운동을 지원하였다고 전해지고 있다.

문화의 옷을 입은 운동

문학회

일제강점기인 1921년 포항에서 문학 활동이 있었다는 기록(『浦項誌』 / 김진홍 『일제의 특별한 식민지 포항』)이 있다.

하이쿠(5.7.5조) 작가로 세토 바쇼[瀨戶芭囁 본명은 세토 가즈요시]가 있었고, 단카[하이쿠에 7.7 까지 포함)에서는 우메모토[梅本]가 있어 문예활동이 성행했다.

특히 세토 바쇼가 이끄는 하이쿠 모임인 포항 소사음사(小砂吟社)에서 하이쿠 대회를 개최하였다. 세토 바쇼는 구룡포에 있는 도가와 야사부로의 송덕비문을 짓기도 했다. 1934년부터는 〈조선닷사이 '비어(飛魚)'〉라는 회지를 매월 발간하였다.

이는 일본인들끼리 나누었던 문학 활동이었으며, 한국인들이 함께 참여했다는 기록은 찾을 수가 없다.

그러나 1930년 4월 5일자 중외일보에 포항지역에서 조선인 청년들의 문학 활동이 기사화되었는데 그 기사를 옮겨보면 '경북 포항에 거주하는 몇몇 청년들은 지난 4월 1일 오후 1시에 시림촌사 임시 사무소에서 시림촌사를 창립하고 동인제로 아래와 같이 부서를 배정한

다음 영시부 사업으로 동인역시 비평, 시림촌지 편집과 채어부 사업으로 시어 강의 등을 간행하여 시 다운 시를 만들 것이라고 한다.'

위 기사를 보면 동인을 만들고 그 부서를 조직하여 활동한 것을 볼수 있다. 시림촌사 사무소는 포항 나카쵸[仲町]457번지였으며, 영시부에는 성추영, 김성호, 유성, 채어부는 김기봉, 정난파, 엄역호 등의 이름이 나타나 있다. 그러나 이들의 활동에 대한 구체적인 자료는 찾을 길이 없다.

위 사실로 미루어 볼 때 소사음사는 일본인들의 문학모임이고, 시림촌사는 이에 맞선 조선인들의 문학 동인이었을 것으로 짐작된다. 일제강점기의 핍박 속에서도 우리말과 글을 지키며 우리 정서를 노래한 문학단체가 활동했음을 알 수 있다.

독서회 사건

일제강점기 우리 지역 문화예술 운동 과정에서 빼놓을 수 없는 일이 김용주의 포항독서회 사건이다.

1923년 조선식산은행 포항지점으로 온 김용주는 1924년 '영일청년회'에 가입하고 지육부장을 맡고는 독서회(독서를 통한 민족의식과 독립정신을 고취하고자 하는 게 목적. (김용주 자서전『풍설 80년』)를 조직하고 정기적인 모임을 가졌다. 그러나 활동은 오래 가지 못하였다. 일본 경찰이 조선인 청년들이 정기적으로 어울리는 것을 놓칠 리가 없었다. 1926년 5월 28일 경찰에 체포되어 검사분국에 송치되었으나 무사 방면된다. 그러나 독서회는 강제 해산 당하는 수모를 겪게되었다.

민족 계몽과 연극

1922년 영일 유학생 회장 허방 일행이 여름방학을 맞아 포항시 동빈동 성재수댁 마당에 가설무대를 설치해 놓고 5막 극 연극 공연을 했다.(박일천 『일월향지』)

포항에서 공연한 첫 번째 근대 연극 공연이었다. 1920년 일본 도쿄에서 신극의 개척자 김우진과 홍해성, 홍난파 등이 연극 연구단체인 극예술협회를 발족한 것과 같은 시기이다. 포항의 근대 연극의 시작은 놀랍도록 일찍 시작되었다.

1922년 포항교회에서 창립된 포항기독청년회는 민족 계몽운동에 연극을 비롯해 음악회, 동화 구연, 웅변대회, 좌담회 등을 도입하였다. 창주청년회에서도 1924년 12월 10일 구룡포 바닷가에서 마련된 극장에서 촌극과 음악회를 했다.(『포항시사』)

영일군 형산면 여남청년회는 1925년 3월 8일 오후 7시 지방 발전과 교육기관 설립을 위한 모금 활동의 일환으로 연극 공연을 했는데 많은 성금이 탑재되었다. 얼마나 우리 교육에 목말라했기에 절약 농가가 속출하고 만주 등지로 유랑의 길을 떠나는 동포들이 많은 시기에 기부금을 스스로 내놓았는지 그저 존경스러울 따름이다.(동아일보 1925년 9월 18일자)

일제강점기 볼거리가 없던 시절 청년들이 연극이라는 매체를 통해 민족 계몽에 나섰다는 것을 확인할 수 있다.

공연장도 1개소 있었던 것으로 확인 된다.

1923년 6월 3일에는 김소랑이 이끄는 극단 취성좌가 포항에 도착하여 영일좌에서 공연하였다는 기록(중외일보)이 전해지고 있다.

이는 포항 최초의 극장에 관한 것으로 영일좌는 1920년 중반에 건립되었으며, 1934년 불이 났다는 기사가 있는 것으로 보아서 그 기간 동안 운영되었던 것으로 보인다.

영일좌는 일본인의 소유였지만 조선인들에게도 공연 공간으로 제공되었다고 한다.

심당 김대정과 이육사

'청포도'를 잉태한 영일만 당시 포항지역 문화단체 후원자이면서 이육사 생존시 친교했던 심당 김대정(80년대 작고)선생이 어느날 지역의 몇몇 문인들과 함께 한 자리에서 "결핵 요양차 포항의 송도원에 머물던 이육사 선생이 찾아와 직접 동해면 도구리의 삼륜포도원으로 안내한 적이 있다"고 말했다. 또 "육사는 이후 나에게 삼륜포도원에서 청포도의 시상을 얻었다고 말한 적이 있으며, 시 초안을 잡은 것을 보여 줬다." 고 덧붙였다.

지금은 해병사단이 주둔해 육사가 거닐며 시상을 얻었다는 그 포도밭은 흔적을 찾을 수 없으나 당시엔 이 일대 15만여평이 포도밭일 정도로 유명했다.

김대정 선생이 아꼈던 후배이자 한국문인협회 포항지부 창립회원으로 그 자리에 동석했던 박이득(80, 전 언론인)씨의 증언이다. 수필 〈보리〉의 작가로 육사와 교류했던 한흑구(1979년 작고) 선생도 1973

년 〈시문학〉 지에 이육사의 청포도에 관한 문학적 배경이 영일만이
라고 설명하는 짧은 수필을 발표했었다.

독립운동으로 일경의 감시하에 거듭된 체포와 옥살이로 병마를 얻
은 육사는 1936년에서 1938년 사이 포항 송도원과 경주 삼불암에서
요양하며 지낸 적이 있었다.

이때 쓰여진 시가 〈절정〉과 〈청포도〉로 39년과 40년 〈문장〉지에
각각 발표됐다.(2004.10.2. 서울신문)

심당 김대정은 일제강점기 포항으로 이주하여 기독청년회 활동을
하였으며, 등산가, 스라이(슬라이드) 트럼본 연주자였다.

광복 이후에는 육거리에서 '코주부사' 라는 가게를 운영하면서 지
역 문화예술인들의 후견인 역할을 자임하였다. 김대정이 바로 박영
달이 문을 연 다방의 상호를 '청포도'로 짓게 한 장본인이며, 흐름회
부회장을 맡았다.

기독 청년회

기독청년회를 결성하여 음악회, 강연회 등을 활발하게 펼쳐나갔다.

• 포항기독청년회

1922년 포항교회에서 설립하였다. 회장은 조용상이었으며, 청년
들의 지적 계발과 민중 계몽을 목적으로 하였다. 걸인과 극빈 교우
를 구제하고 각종 문화 활동으로 지역문화를 향상시켰다. 1930년에
는 일제에 의하여 기독교 민족주의 결사 단속에 박문찬 회장이 검거
되기도 했다. "1930년 9월 29일자 기사에 의하면, 1930년 9월 27일

경북 경찰부 형사들이 포항에서 기독교 중심의 민족주의적 비밀결사를 조직하여 활동하던 포항지역 중심인물 이찬수를 검거"(중외일보)

• 흥해기독청년회

1922년 흥해교회에서 설립되었다. 민립대학 지방 유치에 대해서 토론하고 민립대학 발기위원을 선발하기도 했다. 정오에 종을 쳐서 부근 농민들에게 시간을 알려주기도 했다.

개화기 자주운동

반일, 항일과 같은 민중들의 저항이 지속화할 수 있었던 것이 단순히 3·1운동에서 비롯된 것이라고만 볼 수는 없었다. 교육을 받지 않은 민중들에 의한 말 없는 저항은 개화기를 거치며 국가가 그 역할을 하지 못하는 부분을 자주운동으로 그 빈 공간을 감당해 나갈 수 있었던 원인이 있었다. 그것은 바로 민족교육이었다.

근대식 교육과 저항 활동

근대식 교육은 민중 계몽에 있어서 필수적인 요소였다. 일본인 자녀를 위한 근대식 학교교육에 맞서서 우리의 자녀를 위한 교육운동이 일어났음을 볼 수 있다. 특히 사립학교 설립은 물론이거니와 가가 읍면 단위로 학교를 설립하기 위한 모금과 토지 기부 운동은 또 다른 시민운동의 모습이라고 할 수 있다.

• 호상학교

1901년 포항으로 들어오기 시작한 일본인들은 식민지정책을 등에 업고 산업을 장악하기 위해 상업을 중심으로 경제권을 장악해 나갔다.

이에 맞서서 근대식 학교 설립을 통해 민족교육 운동으로 펼쳐 나가기 시작했다. 지역에서 가장 먼저 설립된 학교가 호상학교였다.

1902년 5월 상도동 부호 최익수는 서양과 일본의 근대식 문명을 이 고장 청소년들에게 가르치기 위하여 사재를 털어 상도동에 근대식 학교인 호상학교를 설립하였다. 초가 3간에 학생 50명을 모집하여 국어, 산술, 국사, 일본어 등의 교과목을 가르쳤다. 일본어 교사는 우연히 상도동으로 들어온 일본인 의사 니시지마 히로시였는데 그가 바로 이 고장 최초의 양의였다. 학교 재정은 최익수가 혼자서 감당을 하였으며, 학생들은 보리 수확과 벼 수확기에 각각 1두씩 납부하여 교사 생활비를 보조하였다. 이 학교는 7년간 근대식 교육기관으로 역할을 수행하였으나 식민지배가 본격화할 무렵 일제에 의해 1909년 강제 폐교되는 수모를 겪었다.

• 근대식 학교 설립

포항에 정착한 일본인들이 그들의 자녀교육을 위하여 공립학교를 설립하기 시작하였는데, 1909년 포항공립심상소학교 설립을 시작으로 각 행정기관 소재지에 소학교를 설립해 나가는 활동이 일제강점기 동안 계속되었다.

이에 대응하여 지식인들의 근대교육을 향한 열망에 의한 사립 교육기관이 곳곳에 설립되었다. 1910년 전후 설립된 학교는 다음과 같다.

명칭(개교 당시)	설립연월	학교 위치	현재 교명
호상학교	1902.5	상도동	1909 폐교
사립 광남학교	1906.3	연일읍	연일초등학교
사립 의창학교	1908.4	흥해읍	흥해초등학교
사립 천일학교	1910.6	청하면	청하초등학교
사립 장명학교	1910.10	장기면	장기초등학교
사립 광흥학교	1910	송라면	송라초등학교
포항교회 학교	1911.11	죽도동	영흥초등학교

기독교의 민중 계몽

• 일본 종교 전파

1923년 9월 30일 일본인들은 그들의 조상이라는 아마테라스를 주신으로 하는 포항신사를 건립하였다. 이어서 말사로 이나리 신사와 고토히라 신사를 두었다. 매월 1일과 15일에는 조선인들에게 참배를 강요하였다. 구룡포에는 이보다 빠른 1913년에 신사를 건립하기도 하였다. 뿐만 아니라 일본의 밀교인 텐리교, 곤코교 포항소교회소가 들어왔으며, 불교의 일본 종파로 본파 혼간지, 임제종 도후쿠지파 포교소, 진언종 고야산파 포교소, 일언종 포항포교소, 히가시혼간지 포항포교소가 속속 자리를 잡았다.

• 기독교 전래

포항에 도입된 근대식 문물은 기독교 전래와 관련이 깊었다. 포항에는 1905년 5월 12일 안의와 선교사(James E. Adams, 1867~1929)가 방문하여 전도하면서 처음으로 포항교회(포항제일교회)를 개척한 것으로 기록되어 있다. 선교사들은 당시의 교통망을 따라 여행을 하면서 가능하면 교회를 개척하는 방식으로 선교하였는데, 1919년 이전에 포항에서 설립된 교회들은 다음과 같다.(설립 당시 명칭)

대도교회(1904), 포항교회(1905), 흥해읍 흥해교회(1905), 흥해읍 칠포교회(1905), 장흥교회(1907), 동해면 발산교회(1908), 기북면 기북교회(1908), 장기면 계원교회(1909), 송라면 광천교회(1910), 송라면 화진교회(1910), 기계면 내단교회(1911), 기북면 성법교회(1913), 청하면 청하교회(1914), 청하면 월포교회(1915), 장기면 장기교회(1915), 장기면 신계교회(1915), 죽장면 죽장교회(1917), 청하면 유계교회(1918)

이 시기에 설립된 교회들은 기독교 선교와 신앙 활동을 중심으로 하기도 했지만, 대부분 민족계몽의 성격을 띠고 있었기 때문에 학교를 설립하거나 야학을 운영하는 활동도 병행하였다. 여기서 육성된 청년들은 기독교 신앙만이 아니라 민족의식과 독립 의지도 함께 가지며 활동하게 되었다. 이들은 독립운동이나 청년활동의 주요 자원으로 성장하였다.

개화기 청년들의 일본인 저지

구룡포 개척자라고 불리는 도가와 야사부로는 1900년 이전에 이미 선단을 이루어 우리 바다를 수탈하고 있었다. 이를 국가가 막지를 못하자 장기 일대 조직화되지 않은 청년들이 나서서 이들을 저지하려고 하였다. 산업 수탈에 나선 일본인 광산업자, 수산업자 등을 습격으로 저항하였다. 청년들은 도가와 야사부로 모포리 점포를 습격하기도 했다.

뿐만 아니라 나카타니 다케사부로 등 포항 거주 일본인들이 자신들의 신변에 위협을 느껴 일본군 포항 주둔을 청원하였다. 이런 운동은 의병으로 이어졌다.

의병활동

우리 지역 대표적인 의병진인 최세윤, 장헌문 의진도 문벌이나 사대부가 중심이 아닌 민중들의 자발적이고 자율적인 집단 행위로 볼 수 있겠다.

• 최세윤 의진

1867년(고종4년)에 흥해읍 곡성리에서 출생하였다.(공은 태어나면서 재주가 뛰어났고 그릇이 커 어려움을 많이 당하여도 구차하지 않았고 나이가 들면서 학업에 더욱 열중했다.-『농고실기』)

고종 갑오년(1894)과 을미년(1895)에 이르러 왜구들의 침략이 잦아지자 병신년에는 나라의 치욕을 씻으려고 기병해 안동의진에 참여했다. 1905년 을사조약이 체결되자 다시 의분을 참지 못하고 나라에 목숨을 바치기로 맹세하고 의병을 이끌고 흥해, 청하, 영해, 청송, 영천, 의성 등지로 전진하면서 왜적과 싸워 많은 전과를 올렸다. 하지만 최 의병장은 장기 용동에서 왜병에게 체포, 청하 헌병대로 압송돼 대구형무소, 서대문형무소에서 단식으로 자진했다.

• 장헌문 의진

1870년 5월 9일 경상북도 영일군 지행면 죽정리에서 태어났다. (공은 어려서부터 기계와 도량이 비범하고, 재기가 뛰어나서 한학에 통달하였다. 충효는 물론이며 애국심 또한 투철하였다. 성장함에 따라 기울어져 가는 국운을 근심하여 원근 동지들과 서로 사귀며 시사를 담론하고, 구국에 대한 논의를 하면서 기회를 기다리고 있었다. - 금낙두)

그는 1896년 을미의병을 일으킨 바 있으며, 1906년 5월 김재홍, 김복선 등과 의병을 일으키기로 결의하고 300여 명의 의병을 모아 의병장으로 추대되었다. 이후 그는 영일을 중심으로 경주, 죽장, 흥해, 청하 등지에서 일본군과 맞섰으며, 정환직 · 신돌석 의진과 연계하기도 했다. 1909년경 일본 경찰에게 체포되었고, 1909년 10월 7일 대구재판소에서 징역 10년을 선고받고 옥고를 치르다 1918년 12월에 출소했다. 이후 고문의 여독에 시달리다 1926년 1월 26일에 사망했다.

이들의 활동이 비록 목적을 이루지는 못했지만 지역민들에게 민족의식을 깨우쳐 주고, 자주적인 힘의 필요성을 알리는 데는 크게 기여했다고 볼 수 있다.

이렇게 신분에 구애받지 않고 나라가 어려울 때, 백성이 힘들 때 기꺼이 나서서 주어진 일을 감당할 수 있었던 바탕에는 대동세상을 꿈꾸는 지역적 환경이 작용하지는 않았을까?

대동세상을 꿈꾼 사람들

해월 최시형의 포항

1864년 3월 10일 수운 최제우의 순도 후 관의 추적을 피하여 은신하던 해월 최시형은 이듬해인 1865년 10월 28일 입도하고 천어를 들었던 신광 검곡에서 모여든 도인들과 함께 수운 대선사의 탄신향례를 봉행하고 '평등무차별(平等無差別)'의 첫 법설을 하였다.

> "사람은 한울이라 평등이요 차별이 없나니라. 사람이 인위로써 귀천을 가리는 것은 곧 천의를 어기는 것이니 제군은 일체 귀천의 차별을 철폐하여 스승님의 뜻을 계승하기로 맹세하라."

그야말로 해월의 시대를 포항에서 선포한 것이라 할 수 있다. 이날을 계기로 해월은 동학의 교세 확장과 조직 체계를 시작하였다.

최세윤의 동학 관련설

『농고실기』 범례(凡例)에 보면 '영인 제삼호에 동학당이 봉기했을 때 소모장 운운하였는데 공은 평소에 동학과는 아무런 관련도 가지지 않았으므로 그 말미에 해명하였으니 보는 자는 상고하시기 바랍니다.'

강한 부정은 긍정이라고 말할 수 있다면, 어폐가 있지만 왠지 부정이 오히려 변명처럼 들리는 것은 흥해와 신광 일대가 해월이 활동했던 곳이며, 특히 이곳에서 동학의 접주제를 포제로 확대 구상하고 실현한 곳이기에 그럴 가능성이 강하게 작용하기 때문이다. 최세윤이

동학 도인은 아니라 할지라도 그 평등사상은 충분히 접했으리라고
짐작할 수 있다.

농수 최천익

농수 최천익은 흥해 지역에서 특별한 흔적을 남겼다. 그의 비문에도
'흥해는 본시 궁벽한 고을이다. 그런데 지금 이름난 선비가 많아진 것
은 군의 공인 것이다.' 그의 비문 일부를 옮겨 그의 행적을 대신한다.

동해 변방에 한 선비가 있었다. 바로 최군 천익인데, 자는 진숙이며 흥해
사람이다. 대대로 군의 아전인데, 최군 혼자 공부에 분발하여 유생이 되
었다. 과거에 응시하여 진사가 되었는데 내 분수로 족하다고 하며 다시
대과에 응시하지 않았다. 집에 머물며 30년을 제자들을 기르다 죽으니
지금 임금 정조시대 기해년 10월이며 나이는 68세였다. 용전마을 고향
언덕 해좌 언덕에 장례하였다.

군은 미천한 신분에서 우뚝 솟아났으니 사방에 노닐며 배웠고 읽지 않은
책이 없었다. 문학은 빛나서 우러러 봄을 받았다. 그러나 늘 스스로를 부
족하게 여겨서 문장과 학문에 뛰어난 사람이 있다는 소문을 들으면 반드
시 그를 찾아뵈었다. ……

청천 신유한이 연일 현감이 되자 군이 글을 배우러 청천을 배알하고 제
자 되기를 청하였다. 신유한이 그 배움을 테스트 해보고는 놀라서 말하
기를 "군은 나의 외우인데 내 어찌 군의 스승이 될 수 있겠는가"라고 하
였다. 청천이 연일현감 관직에서 물러나 고령으로 돌아가서는 자신의 서
적들을 부쳐주었다. ……

관아에 향리로서 출입한 지 수십 년 동안 시비가 일절 몸에 미치지 않았으니 고을 사람들이 그를 더욱 더 어질게 여겼다. ……

고금의 정치 득실과 국방의 현황을 담론하는 것이 손바닥처럼 훤하게 꿰뚫고 있었다. 듣는 사람이 지겨운 줄을 몰랐으니 세상을 경륜할 뜻이 없지 않음이 무릇 그러하였다. 늙어서는 믿고 따르는 자가 더욱 많았으며 이웃 고을에 향교를 열면 그를 초빙하였다. 군이 돌아가자 심상(心喪)을 입는 자가 많았다. 흥해는 본시 궁벽한 고을이다. 그런데 지금 이름난 선비가 많아진 것은 군의 공인 것이다. ……

농수 최천익은 스스로 대과를 접고 아전으로 지내며 백성과 소통하며 그들의 삶에 깊숙이 들어가기를 원했다. 학문뿐만 아니라 삶과 아픔까지도 함께 나누었다.

죽장 입암서원

장현광과 동봉 권극립, 수암 정사진, 우헌 정사상, 윤암 손우남

장기 죽림서원

우암 송시열 거소 주인이었던 오도전은 4년간 우암의 문하에서 학문을 닦아 장기현의 훈장이 되었다. 우암이 장기를 떠난 후 28년 만에 우암의 문하에서 수학했던 오도전, 오도종, 황보현, 이동철, 오시좌, 김연, 서유원, 오도징 등 장기 향림과 대구의 구용징, 전극화 등이 주축이 돼 죽림서원을 건립하였다. 이들은 장기에서 노론 인맥을 형성하는 결정적인 역할을 했고, 그 인맥은 대원군의 서원 철폐 때까지 존속되었다.

일연과 오어사

더 거슬러 올라가서 대동세상을 꿈꾸며 민중들의 삶을 가엾은 눈으로 살피려고 애쓴 사람들이 있었다.

오어사

오어사는 대중불교의 본산이었다. 민중을 중심에 두고자 했던 혜공, 원효, 해숙 스님이 모여든 땅이었다.

일연스님이 오어사를 찾은 까닭

오천읍 항사리 운제산(雲梯山) 동남쪽 기슭에 신라 제26대 진평왕 때 창건한 오어사가 있다.

오어사는 원래 항사사라 칭하였는데 항하(갠지스강)의 모래알 수만큼이나 많은 사람들이 모여서 부처님의 가피를 받자는 소망으로 붙여진 이름이었다. 그러다가 원효, 혜공 두 스님께서 계곡에 뛰노는 고기를 잡아먹은 후에 그 고기를 다시 살려내는 내기를 하였다고 한다. 이에 물고기를 잡아먹은 다음 맑은 물에 토해내니 물고기 한 마리가 원래 모습대로 살아 움직였다.

이 때 두 스님은 살아난 놈을 서로 '나의 고기(吾魚)' 라고 가리켰다. 이런 일이 있은 후로 항사사를 오어사라 부르게 되었다고 전한다.(오어사 전설-『포항시사』)

갯가 사람 연오랑 세오녀

연오랑 세오녀 이야기를 좀 더 단순하게 들여다보자. 우리는 지나치게 일본에 가서 왕이 되었다는 그 성공 결과에 집착하면서 그 과정을 놓치고 있는 것은 아닐까.

세초(비단)를 최남선은 'Mana'(원시 종교에서 생겨난 비인격적이며 초자연적인 힘, 영력, 주술력 따위의 관념) 라는 말로 표현하였으며, 비단을 제사하여 광명을 회복하고, 이 비단을 귀비고에 간직하여 국보로 삼았다고 하였다.

세초는 그냥 세초일 뿐이다. 삼국유사에 기록된 연오랑세오녀 이야기를 다시 따져보면,

一日延烏歸海採藻(일일연오귀해채조) 어느 날 연오가 바다에 나가 해조(海藻)를 따고 있는데

忽有一巖(홀유일암) 갑자기 바위 하나가 나타나더니

(一云一魚(일운일어) 물고기 한 마리라고도 한다)

負歸日本(부귀일본) 일본으로 가 버렸다.

國人見之曰(국인견지왈) 이를 본 나라 사람들은 말하기를

此非常人也(차비상인야) '이는 범상한 사람이 아니다.' 하고

乃立爲王(내립위왕) 왕으로 세웠다

(按日本帝記(안일본제기) 〈일본제기日本帝紀〉를 살펴보면

前後無新羅人爲王者(전후무신라인위왕자) 이 시기 전후로 왕이 된 신라 사람은 없다.

此乃邊邑小王而非眞王也(차내변읍소왕이비진왕야) 이는 변두리의 조그만
왕이고 진짜 왕은 아닐 것이다)

細烏怪夫不來(세오괴부불래) 세오는 남편이 돌아오지 않는 것이 이상해서
歸尋之(귀심지) 바닷가에 나가서 찾아보니
見夫脫鞋(견부탈혜) 남편이 벗어 놓은 신이 있었다.
亦上其巖(역상기암) 바위 위에 올라갔더니
巖亦負歸如前(암역부귀여전) 그 바위는 전과 같이 일본으로 갔다.
其國人驚訝(기국인경아) 그 나라 사람들은 놀라고 이상히 여겨
奏獻於王(주헌어왕) 왕에게 아뢰었다.
夫婦相會(부부상회) 부부가 서로 만나게 되어
立爲貴妃(립위귀비) 그녀를 귀비로 삼았다.

두 사람이 떠나자 신라에서는 갑자기 해와 달이 빛을 잃고 천지가 어두
워졌다. 임금이 일관에게 물으니, 연오랑과 세오녀 부부가 바다를 건너
갔기 때문이라고 했다. 왕은 사신을 보내 두 사람을 데려오려고 했으나,
두 사람은 하늘의 뜻이므로 갈 수 없다고 했다. 대신 세오녀가 짠 비단 한
필을 내주었다. 이 비단으로 제사를 지내니 해와 달이 다시 빛을 찾았다.

 위에 든 부분에서 연오와 세오는 아주 평범한 갯가 사람이었으며
너무나 평범한 가정의 부부였다. 남편은 가장으로 일에 충실했으며,
아내는 살림을 꾸리며 가족의 안위를 걱정하며 살고 있었다. 이것이
연오랑 세오녀 이야기의 중심은 아닐까. 지극히 평범하고 순수한 가

정이 바로 한 사회와 국가의 빛이라고 보면 어떨까. 도기야라는 지명도 마찬가지이다.

　도기야는 『동국여지승람』에 욱기야(郁祈野)라고도 하였으니, 이는 『경상도지리지』 근오지(斤烏支)의 '오지(烏支)'와도 음이 일치한다. 일본의 지명 오키[隱岐]와도 동일하여, 연오·세오가 일본에 건너가 구연의 땅 오키[迎日]의 이름을 자기의 신왕국의 명칭으로 삼았다고도 보여진다. 이 점은 일본인 나카다[中田]도 출항과 기항지를 영일만과 오키 지부도(知夫島)로 비정하고 있어 매우 흥미롭다.

　결국, 「연오랑세오녀설화」는 일찍이 우리 민족이 일본 땅을 개척하여 통치자가 되고 내왕한 문화적 사실을 원시적 태양신화의 동점설화에 붙여 상징적으로 설명하고 있는 좋은 예화라 생각된다. 그러므로 연오와 세오도 광명을 의인화한 명칭으로 보는 것이 타당할 것이다.(『한국민족문화대백과』, 한국학중앙연구원)

　바닷가에 사는 사람이 해초를 따러 바다로 가는 일은 예사로운 일이다. 연오는 늘 하던 대로 바다로 해초를 채취하러 나갔다가 표류되는 일이 발생하였다. 바다에 기대어 살아가는 사람들에게는 표류까지도 어쩌면 지극히 예사로운 일이었다. 그러나 예사로운 일은 바다를 건너가서 땅을 얻게 되는, 예사롭지 않은 결과를 낳게 되었다.

　남편 연오의 노동, 어느 시대, 누구에게나 노동은 심연으로 내려가는 것과 같은 힘든 것이었다. 그러나 그 노동은 삶을 영위할 수 있는 수단이기에 쉽게 마다할 수는 없었다. 그래서 노동은 빛과 비견될 만큼 존귀한 것이라 할 수 있다.

'바위를 타고 건너갔다.' '바위가 스스로 움직였다.'는 것은 이동을 뜻하는 것이다. 즉 연오와 세오의 계층 이동, 문화 이동을 나타낸 것이라는 생각을 해 본다. 한낱 노동자 신분에서 지도자의 신분으로 계층 이동의 무게는 바위가 오히려 가벼운 느낌마저 든다. 요즘 정치인들의 성공 스토리와 다르지 않다. 일찍부터 스스로 살 길을 스스로 계층 이동 계단을 만들어 나갔던 게 포항인들이었음을 보여주는 설화가 아닐까. 노동을 통해 스스로 삶을 빛으로 만들어 간 사람들 이야기가 연오랑 세오녀 설화와 맞닿아 있다.

이런 이야기도 있다

연일읍 자명리는 자방리와 등명리를 병합하여 붙여진 이름이다. 해지는 모습을 상징하여 등명리라고 불렀다 하는데, 어두운 길에 스스로 빛을 내어걸고 길을 찾아 가는 듯한 모습이 그려진다. 자명리에는 '최문장' 이야기가 전해지고 있다. 어쩌면 우리 지역을 보는 다른 지역의 시각을 상징하는 것 같아 안타까움마저 자아낸다.

조선 숙종 때 흥해군 남면 자방리(현 연일읍 자명1리)에 최 문장이라는 선비가 살고 있었다. 그는 학문과 덕행이 높아 이름보다 '최 문장'으로 통하였다. 어릴 때부터 남달리 총명하고 재주가 뛰어나서 주위 사람들로부터 신동이라고 불릴 정도였다.

최 문장은 청운의 뜻을 품고 수차 과거에 응시하였으나 어찌된 이유인지 낙방만 거듭하였다. 그래도 최 문장은 낙심하지 아니하고 자신의 학문이 부족한 것이라 생각하고 학문 연마에 매달렸다. 그러던 어느 해 과거가 또 있다는 소식을 들었다. 최 문장은 다시 응시키로 하고 향리의 어느 분에게 인사를 갔는데, 그분이 한 가지 조언을 해 주었다.

서울에 당도한 즉시 이번 과거의 시관이 누구인지 알아본 후 시관 집을 방문하여 인사해 두라는 것이었다.

최 문장은 서울에 도착하여 시관이 누구인지 알아보니 당대의 세도가인 민 판서였다. 최 문장은 아침 일찍 그 댁을 방문하였다. 최 문장을 마주한 민 판서는 최 문장의 풍채가 보잘것없고 용모도 초라하여 양반의 반열에는 도저히 배열시킬 수 없는 인물로 보았다. 민 판서는 과거를 보겠다는 생각조차 못 하도록 할 작정으로 말을 던졌다.

"누구 문하에서 공부하였는가?"

"영남거유 낙제 선생에게 사사하였습니다."

"그대로부터 3대 이내 어른들 가운데 벼슬한 일이 있는가?"

"벼슬은 없어도 나라의 은혜를 입고 그 덕으로 향반 반열에 드는 가문의 자손입니다."

"책은 무엇을 얽었는가?"

"사서삼경은 물론 천문, 지리, 주역, 음양학, 추리학, 이수학 등 달통하지 않는 학문이 없습니다."

그 대답을 듣고 생각하니 촌락의 일개 서생이 유학, 잡학을 막론하고 통하지 않는 학문이 없다고 자랑하는 것이 아주 건방져 보이기까지 하였다.

"그럼, 내가 운자를 낼 터이니 징을 한번 두드려 그 소리가 그치기 전에 칠언절구 한 수를 지어낼 수 있는가?"

이에 최 문장은 망설임도 없이 그러겠노라고 대답했다.

"징소리가 멈추기 전에 한 수를 지을 수 있으니 속기사와 지필묵을 준비하여 주십시오." 하고 대답하였다.

민 판서는 징을 울리고는 '아이 아(兒)'를 불렀다. 이에 최 문장은 "嘻乎天地間男兒(슬프다, 하늘과 땅 사이의 대장부들아)"하고 대답하였다. 이어 민판서는 '누구 수(誰)'라고 운자를 불렀다. 최 문장은 "知我 平生者有誰(저의 평생 운명을 아는 자 그 누구냐)"했다. 또 '자취 적(跡)' 하고 부르니 최 문장은 "薪水三千里浪跡(부평초처럼 삼천리를 떠도는 손인데)"하였으며, '말씀 사(詞)'하고 부르니 "琴書四十年今詞(40년간 닦은 공부 오늘 이 글에 있구나)"했다. 민 판서는 이어 '원할 원(願)'을 냈다. 이에 "靑雲難力致宰願(뜻은 힘으로 이루기 어려우니 민 판서의 마음에 달렸구나)" 하였으며, 이어 나온 '슬플 비(悲)'에는 "白髮惟公白頭悲(백발에 오직 공도이나 벼슬 한자리 못함이 슬프도다)"했다. '앉을 좌(坐)'에는 "驚罷還鄕神起坐(고향에 돌아가는 꿈에 깨어나 앉으니)"하였으며 '가지 지(枝)'에는 "三更越鳥聲南枝(삼경에 넘어온 새소리가 남녘가지에 들리는구나)"라고 읊었다.

이윽고 징소리가 그쳤다. 56자의 시를 다 지은 것이다. 민 판서는 옆에서 적어 주는 시를 받아 들고 검토하니 실로 명문이었다. 민 판서는 최 문장과 최 문장이 쓴 시를 번갈아 바라보며 생각하였다. 왕에게 천거하여 기용하고 싶기는 하였으나 풍채와 용모가 너무나 형편이 없었다. 그래서 기회를 잡아서 추천하겠다는 헛약속을 주고 고향으로 돌려보냈다.

고향에 돌아온 최 문장은 글공부를 계속하면서 기다리는데, 어느 날 민 판서가 사람을 보내 왔다. 청나라에서 국서가 왔는데, 그 국서에 잘 해득할 수 없는 구절이 있으므로 해득할 수 있는 사람을 찾던 중 임금에게 최 문장을 추천했으니 급히 상경하라는 것이었다. 드디어 출세의 기회가 왔다고 기뻐한 최 문장은 서울로 달려갔다.

민 판서의 안내로 대궐에 들어가니 왕이 청에서 보낸 국서를 보이며 '연식고초(鳶食枯草)'의 뜻을 해석해 보라고 하였다. 최 문장은 도도한 능변으로 그 뜻을 즉석에서 해석하여 왕에게 아뢰었다. 왕은 기뻐하며 최 문장을 가상히 여겨 소원이 무엇이냐 물었다. 이에 최 문장은 경상도 감사를 제수하여 주시면 견마지로를 다하겠다고 하였다. 그러나 임금은 최 문장의 용모와 풍채가 하도 보잘것없어서 알겠다고 말하고는 상을 주어 돌려보냈다. 고향에 돌아온 최 문장은 서울소식만 기다리다가 그만 지쳐 죽고 말았다. 벼슬 못한 게 한이 된 그는 임종 때 자식들에게 이런 말을 남겼다 한다.

"사람은 신언서판(身言書判)이 조화를 이루어야 출세할 수 있는 법이다. 그러니 자손들의 혼사 문제에 특별히 신중을 기하여라."

글을 맺으며

우리 지역은 지리적으로 변방이라고 할 수 있다. 봉수대가 13곳이나 몰려 있으며 왜구의 침탈을 일상으로 겪으며 살아왔다. 더구나 조선 500년 내내 유배지가 될 만큼 외지고 거친 곳이었다.

'최 문장을 마주한 민 판서는 최 문장의 풍채가 보잘것없고 용모도 초라하여 양반의 반열에는 도저히 배열시킬 수 없는 인물로 보았다.'

'임금은 최 문장의 용모와 풍채가 하도 보잘것없어서 알겠다고 말하고는 상을 주어 돌려보냈다.'

최문장은 '풍채가 보잘것없고 용모가 초라하여' '풍채가 하도 보잘 것 없어서' 관리로 기용되지 못하였다. 다른 자료에는 용모가 추접했다는 표현까지 있다. 최문장은 이 지역과 이 지역에서 살아가고 있는 사람들을 상징하고 있다는 생각이 든다. 사대부들은 물론이거니와 내륙 사람들은 바람 찬 갯가에 살고 있는 사람들을 거칠다는 선입견을 갖고 대했던 게 사실이다. 자연환경에 따른 천대와 멸시를 고스란히 감당해야 했던 지역의 백성들이 살아남을 수 있는 방법은 스스로 뭉쳐서 같은 꿈을 꾸는 일이었다. 그것이 우리 지역 시민운동의 모습으로 나타났을 것이다.

그러므로 우리 지역 시민운동은 자주적이었다.

'대구부에서 3·1운동을 준비하던 3월 4일경부터 포항교회의 신도들을 중심으로 시위운동 계획을 세웠고 이미 상당한 준비가 이루어졌다고 보는 것이 맞을 것이다.'

'영일지방에 있어서 박군현은 나라의 어려움 극복을 해보겠다는 의지 하나로'

이처럼 포항의 삼일운동과 괴동교회 설립과정에서 보여주듯이 포항 지역의 시민운동은 힘 있는 사람이나 중앙정부의 계획이나 지시에 따라 이루어 진 게 아니라 독자적이고 자주적으로 준비하고 활동했음을 볼 수 있다. 아울러 지도자들도 스스로 배우고 깨우쳐서 지역민과 함께 하고자 하였다.

'공은 태어나면서 재주가 뛰어났고 그릇이 커 어려움을 많이 당하여도 구차하지 않았고 나이가 들면서 학업에 더욱 열중했다.'

'최 군 혼자 공부에 분발하여 유생이 되었다.'

의병장이 된 최세윤, 장헌문은 물론이거니와 농수 최천익도 든든한 문벌이나 학맥을 가진 게 아니었다. 이름난 문하에서 글을 익힌 것은 더욱 아니었다. 그야말로 혼자 공부에 분발하여 학문의 경지를 이루었으며, 그 학문을 민중들과 함께 나누었다.

우리 지역 시민운동은 그 목적과 과정이 순수했다.

호상학교 설립 과정과 운영을 보더라도 최익수 옹의 순수한 지역 아이들 교육이 그 목적이었으며, 그 목적 하나에 운영비 또한 전액 부담하였다. 학생들이 부담한 벼와 보리 1두는 교사들 생활비 보조였다. 면, 동마다 생겨났던 청년회는 물론 포항 독서회 사건에서도 청년들의 민족의식과 독립정신 고취가 그 목적이었다. 시민운동을 통해서 이권을 노리거나 특정 개인이나 단체의 욕심을 드러내는 일은 없었다.

연오랑 세오녀 이야기에서도 그런 흔적을 찾을 수 있다. 앞에서도 말했지만 바닷가에 사는 사람이 해초를 따러 바다로 가는 일은 지극히 예사로운 일이었다. 연오는 늘 하던 대로 바다로 해초를 채취하러 나갔다가 표류되는 일이 발생하였다. 세오 역시 우리의 일상과 다르지 않았다. 일하러 나간 남편이 돌아오지 않자 일터로 남편을 찾으러 나간 것이었다. 그러나 그 예사로운 일은 바다를 건너가서 땅을 얻게 되는, 예사롭지 않은 결과를 낳게 되었다. 누구나 그러하듯이 가정을 지키기 위하여, 삶을 꾸려나가기 위하여 노동이라는 심연까지 내려가는 일이 다반사인 게 현실이다. 이는 그 목적과 과정 모두 참으로 순수하다고 할 수 있다. 그 순수한 노력이 쌓이고 쌓여서 왕이라는 계층 상승을 얻은 것이다. 그러한 지역의 정서와 전통이 알게 모르게 우리 지역 시민운동에 스며들게 되었다고 생각한다. 일본 소읍의 왕보다 노동을 통해 행복을 쟁취했을 지역 조상들의 삶이 빛으로 상징될 수도 있겠다.

우리 지역 시민운동은 그 중심에 민중이 존재했다.

'사람은 한울이라 평등이요 차별이 없나니라. 사람이 인위로써 귀천을 가리는 것은 곧 천의를 어기는 것이니 제군은 일체 귀천의 차별을 철폐하여 스승님의 뜻을 계승하기로 맹세하라.'

신광 검곡에서 있었던 해월의 첫 법설이 '사람은 한울님이다.' 였다. 백성을 중심에 세우겠다는 생각을 바로 우리 지역에서 세상을 향해 선포한 것이었다. 이런 민중 중심 생각은 농수 최천익의 비문에서도 읽을 수 있다.

'관아에 향리로서 출입한 지 수십 년 동안 시비가 일절 몸에 미치지 않았으니 고을 사람들이 그를 더욱 더 어질게 여겼다.'

아전으로 있은 지 수십 년이지만 백성과 시비가 없었으며, 날이 갈수록 그를 더 어질게 여겼다는 사실은 백성들 편에 서서 그들의 아픔을 함께 나누었기 때문에 가능했을 것이다.

오어사가 항사사에서 오어사로 이름이 바뀐 이유도 그러하다. 혜공 스님과 원효 스님 두 분이 똥을 갖고 장난을 치는 바람에 절 이름이 바뀌다니 말이 되지 않는다. 그 속에는 어려운 말과 고상한 비유로 부처님 말씀을 전해봐야 백성들은 알아 들을 수가 없다는 대덕들의 깊은 판단이 숨어 있다. 두 스님은 백성들에게 그들의 언어에 기대어 부처님 말씀을 전하고 싶어 했다. 오어사 라는 이름에는 스님들의 백성을 위하는 애틋한 사랑이 담겨져 있다. 이를 일연스님도 알아챘을 것이다.

우리 지역에 전해지는 전설에는 왜구에게 빼앗긴 딸이나 가족을 애타게 기다리는 이야기가 많이 등장한다. 고통은 바로 발밑까지 와 있는데 국가의 손길은 멀기만 했다. 국가가 백성의 고통을 외면한 상황 속에서 주저앉지 않고 분연히 일어나서 스스로 살 길을 찾기 위하여 함께 뭉쳐서 지역만의 방법을 만들어 왔던 것이다. 그런 노력들이 모이고 모여서 일제강점기 시민운동의 모습으로 나타났다.

그러나 자주적이고 평등과 평화를 꿈꾸며 다져온 순수한 포항 시민운동의 모습이 오늘날에 이르러 개인의 욕심이나 채우는 이권운동으로 전락한 것만 같아서 안타깝다. 이런 안타까움이 나만의 괜한 노파심이었으면 참 좋겠다.

포항에 남은
포은(圃隱)의 자취

이상준

이상준

영남대학교 대학원에서 한국학을 전공했다. 공무원, 지역사학자, 수필가(한국문인협회회원), 포항문화연구소 연구위원이며, 포항대학 외래교수(한국사)로 재직한 바 있다. 저서로는 『장기고을 장기사람 이야기』『포항에 뿌리박힌 포은의 자취』『영일 유배문학 산책』『포항의 3·1운동사』 『포항시사』(공저) 『포항체육 100년사』(공저) 『포항의 독립운동사』(공저) 『해와 달의 빛으로 빚어진 땅』(공저) 『장기고을에 가면 조선왕조 500년이 있다』 등이 있다. 녹조근정훈장, 제9회 애린 문화상, 행자부장관, 법무부장관, 경북도지사 표창 등을 받았다.

군자(君子)의 고향이 여기로다.

　정통 성리학의 입장에서 조선 중기의 지배적인 철학·정치·사회사상을 정립하였던 우암 송시열은 '영일'을 가리켜 "군자지향 가가충효(君子之鄕 家家忠孝)"라 하였다. 영일현이 군자의 고향이므로 집집이 충신과 효자가 가득하다는 것이다.[1] '군자'란 곧 포은 정몽주를 지칭한다. 조선 숙종 때(1675년) 우암은 제 2차 예송(禮訟) 사건으로 영일현의 인근인 장기현(長鬐縣)에 유배를 와 4년 동안 적거생활을 하였다. 그때 포은의 고향인 이곳을 접하면서 그의 사상과 학문이 그대로 녹아있는 것을 보고 크게 칭송하였던 이래 군자지향(君子之鄕)이 이 고을의 대명사가 되었다.

　포은이 영천 임고(臨皐)에 있었던 외갓집에서 태어난 것은 맞다. 고려시대는 통일신라의 문화를 계승 발전시키면서 제도적인 면에서 중국의 문화요소를 받아들이며 나름대로 독자적인 전통문화를 완성한 시기이다. 그러면서 결혼제도와 가족제도 모두 모계적 성격이 강하게 드러나는 남귀여가혼(男歸女家婚)을 취하게 된다. 고려의 남귀여가혼은 일반적으로 처가에서 결혼식을 올린 뒤 일정 기간 머무르다 뒤에 남편의 집으로 돌아가는 것이다. 남귀여가(男歸女家)의 풍속 아래서 부부 사이에 자손을 낳으면 외가에서 성장하고 그러한 처부모 은혜가 중하므로 처부모나 외조부모상에 친조부모처럼 30일간의 휴가

1　『영일읍지』

를 주었다는 기록도 보인다.[2] 이는 사위가 처가에서 일정 기간 동거하며 결혼생활이 이루어졌을 뿐만 아니라 외가에서 자녀가 출생하여 같이 생활했음을 짐작게 한다.

이 경우 생활비는 처가가 부담하거나 중간에 친가에 돌아갈 때도 처가의 가세에 따라 집이나 약간의 가구를 부여받는 것이 보편적인 경향[3]이라고 한다. 이러한 남귀여가혼은 어느 정도 처가에 거주하다가 나중에 남편의 집에 돌아가는 것뿐만 아니라 제3의 장소에 살다가 나중에 처가로 이주하거나 장인 장모를 부양하는 등 다양한 형태를 보인다. 이는 당시 상속제도가 남녀 평균 분배, 즉 남녀균분상속(男女均分相續)이었으므로 여자 쪽이 재력이 많은 경우는 사위가 아예 처가에서 일생 같이 사는 예도 있었다. 그래서 포은도 당시의 결혼풍습에 따라 영천 외갓집에서 태어나고 일정 기간 그곳에서 자랐다. 그렇지만 오천은 포은의 아버지와 그 윗대 조상들이 태어나서 대대로 살았던 곳이고, 포은도 일정 기간 오천에서 머물었기 때문에 포은은 오천과 영천 두 고을 모두 고향으로 두었다.

---

2 禮俗 上服制式 啓曰 前朝舊俗 婚姻之禮男歸女家 生子乃孫長於外家 故以外親爲恩重 而外祖父母妻父母之服 俱給暇三十日 (예조에서 啓하기를 前朝 舊俗에 혼인례는 男歸女家하여자손을 낳으면 외가에서 자라므로, 外親의 은혜가 무거워 외조부모와 처부모의 服에는 모두30일의 휴가를 주었다(『태종실록』 권29, 太宗15년 정월 甲寅)

3 손진태, 「조선 혼인의 주요형태인 솔서혼속고」(인용은 『조선의 혼인형태』국학간행회, 1992, 65쪽)

포은 관련 유적들

포은 유허비(遺墟碑)

유허란 유지(遺址)·유적(遺蹟)·구기(舊基)와 같이 '남긴 터(자취)'·'옛 터'의 뜻으로, 여기에서는 선현들이 태어났거나 살았거나 임시 머물렀던 곳, 또는 순절(殉節)하거나 귀양살이하였던 곳을 가리킨다.

『영일정씨 신유보(辛酉譜)』등에 의하면, 포은은 영일정씨 시조인 정습명(鄭襲明)의 11세 손(孫)으로, 그의 조상들은 대대로 영일·오천일대에서 거주하다가 포은이 8~9세 되었을 때 아버지가 그를 데리고 처가(妻家) 동네인 영천으로 옮겨 갔다고 한다.[4] 오천 사람들은 더 구체적으로 포은이 오천읍 문충(文忠)리에서 포은이 태어났고, 같은 읍 구정(舊政)리[5]에서도 살다가 영천으로 옮겨갔다고 한다. 그래서 포은의 고향인 영일 오천 구정리 124-2번지에 포은의 유허비가 있다. 이는 포은이 이곳에 살았거나 태어났거나 적어도 임시로 머물렀다는 것을 입증하는 확실한 물증이다.

구정리 124-2번지는 포은 선생이 영천으로 이주하기 전에 살았던 옛 집터였으므로, 그의 유덕을 기리기 위해 1588년에 오천서원이 이곳에 건립되었고, 인조 12년(1634년) 포은 선생의 충절을 후세에 길

---

4   오천서원지(烏川書院誌)에 기록된 포은선생연보에 의하면, '고려 충숙왕 복위 6년(1337년) 영일 문충에서 탄생하여 중간에 영천으로 옮겨갔다(生于迎日文忠誕生中居永川)'라고 되어있다.

5   당시에는 '청림(靑林)'이었다. 포은이 떠난 후 옛날에 정승이 살던 곳이라 하여 구정승골이라 부르다가 동명이 구정으로 정착되었다고 한다.(1832 발행 영일현읍지, 1999년 발행 浦項市史 하권, 641쪽)

이 전하기 위해 유허비(遺墟碑)를 처음 건립하였다고 한다. 이때 비각도 같이 건립되었는데, 유허비각은 건립 이래 현종 6년(1665년), 숙종 25년(1699년), 순조 31년(1831년), 건국 7년(1954년) 등 4차례 정도 중건되거나 개수되었다. 1987년에는 새로운 유허비를 만들고 비각도 크게 지어 비석을 안치했으나 오히려 조선 시대 때 세워진 비석 2기는 비각에 넣지도 않고 방치된 듯 있었다. 2015년 7월 조선 시대 때 건립된 유허비 2기는 원리 오천서원 앞에 새로운 비각을 만들어 그 안으로 옮겨 보존하고 있다.

이곳이 포은의 옛 집터였다는 것은 『포은선생집 속록』「택재원사(宅齋院祠)」편에 기록되어 있다.[6]

오천서원(烏川書院)

오천서원은 1588년 포은 정몽주를 봉사(奉祀)하기 위해 그가 자랐던 옛 고향 집터에 창건되었다.[7]

오천서원에 관한 내용은 1832년 발행된 『영일현읍지』 외에도 건립 경위에 대한 기록은 많다. 우선 정극후(鄭克後:1577~1658)[8]가 1649년 경에 집필하였다고 알려지는 영일정씨 족보 『오천원파록(烏川源派錄)』의 기록을 보면, "영일 오천서원은 포은 선생이 사시던 집 가까운 청

6　포은학회. 『포은선생집속록』. 한국문화사. 2007. pp 235~236

7　『오천서원지(烏川書院誌)』의 포은선생연보에 의하면 '선생은 고려 충숙왕 복위 6년(1337년)에 영일 문충에서 태어나서 중간에 영천으로 옮겨갔다(生于迎日文忠誕生中居永川)'라고 되어있다.

8　호는 쌍봉(雙峰). 본관은 영일(迎日). 장현광(張顯光)·정구(鄭逑)의 문인, 1643년 왕자사부(王子師傅)를 지냈다.

림에 창건하였다."라고 하였다.[9] 이 족보의 서문에는 '오천이라는 곳
에서 시조인 정습명이 태어나고 그 10세손 되는 정몽주가 살았기 때
문에 정문(鄭門)의 고향[10]이 되었을 뿐 아니라 오천 사람들이 두 인물
을 추모하여 서원을 짓고 제사를 지냈으며, 조정에서는 오천서원으
로 사액하였다고 기록하고 있다.[11]

영일정씨 족보 외에도 오천서원에 현존하는 『오천서원고왕록(烏川
書院考往錄)』에 따르면, 이 서원의 내력에 대해 선조 무자(戊子:1588년)
에 현(縣) 동쪽에 있는 청림촌(靑林村)에 창건하여 형양(滎陽)·포은(圃隱)
양 선생을 봉안하다가 임진왜란 병화에 소실되었다. 다행히 위판(位
版)을 보위하였다가 구 터(舊址)에 중건하여 포은 선생을 봉안하였으
므로 광해(光海) 계축(癸丑:1613년)[12]에 오천서원(烏川書院)이라는 사액
(賜額)[13]을 하사받았다. 그 후 숭정(崇禎) 을사(乙巳:1629년)에 지주사(知
奏事) 형양공(滎陽公)을 합향(合享) 하였다고 밝혀 두었다.

임진왜란 후 오천 청림(현, 구정리)에 중건된 오천서원에 포은의 위
패만 모시고 봉사(奉祀)하다가 1629년에 들어서면서 그때까지 운제
산 아래 있던 사당에서 따로 봉양하던 형양공 정습명을 다시 오천서

---

9   영일정씨 종친회, 『영일정씨 세보』1649, 별책
10   원문:昔我先祖 樞密院知奏事 滎陽公 出於烏川及其十世孫 圃隱先生又爲烏川人 烏
     川是鄭公鄕
11   정극후, 『오천원파록』, 「오천원파록서」
12   『증보문헌비고(增補文獻備考)』에 의하면, 광해 임자년(壬子年:1612년)에 사액을
     받았다고 되어있다. 계축년은 그다음 해이므로 아마도 사액이 현지 도달하기까
     지 약 1년이 소요된 것 같다.
13   임금이 사당(祠堂), 서원(書院), 누문(樓門) 따위에 이름을 지어서 새긴 편액을 내
     리던 일.

원에 합향 하였다. 이때는 17세기 영남학파를 대표하는 유학자로 칭송이 높으면서 많은 남인계 학자들을 길러낸 여헌 장현광 선생이 축문을 남겼다. 장현광은 축문에서 "더구나 이곳이 포은의 자취가 남아있는 상재(桑梓)의 고향이라 실로 흠모하는 마음 간절하옵니다"라고 하면서 "지난번에는 형양과 포은 각기 사당을 세워 일이 편의하지 못했는데, 이제 비로소 합하여 받드니 영혼들이 편안할 것"이라고 했다.

그 후 오천서원은 숙종 연간(1659~1719)에 현재 서원이 있는 오천읍 원리로 이건(移建)하였다. 수졸재(守拙齋) 유화(柳㶅)는 오천서원을 원동으로 이건(移建)하고 상량(上樑)하면서 그 전후사와 의의를 상량문으로 적었다. 그 상량문이 17C에 편찬된 수졸재유고(守拙齋遺稿)에 실려 있는데 오천이 포은의 고향(烏川是公之桑梓)이기 때문에 서원이 건립되었다고 되어있다.

포은이 거처하였던 오천에 세운 오천서원의 세력이 어떠하였는지는 조선 숙종조인 1676년 11월 3일 비변사에서 왕에게 올린 병조의 계(啓)로 유추해 볼 수 있다. 당시는 예안(禮安) 도산서원(陶山書院), 경주(慶州)의 옥산서원(玉山書院), 현풍(玄風)의 도동서원(道東書院), 안음(安陰)의 용문서원(龍門書院), 양주(楊州)의 도봉서원(道峯書院), 연일(延日)의 오천서원(烏川書院)은 전부 종사(從祀)한 제현(諸賢)이 평생 거처하던 곳에 세운 서원들이므로 왕실 차원에서도 이 서원들을 적극적으로 지원했음을 알 수 있다. 비변사 계는 이런 폐단 속에서도 오천서원은 국가에서 배려를 해 줬음을 단적으로 나타내 준다.

『문헌고략(文獻攷略)』[14]에 의하면, '방유화상(傍有畵像)'이라고 하여 오천서원에 포은의 화상(畵像)[15]을 걸어 모셨다고 되어있다. 오천서원의 연혁을 보면 1916년(丙辰)에 고자(庫子)의 실화로 서원이 전소될 때 서책과 고증할 문적(文籍)들이 함께 타버렸다고 한다.

오천서원은 고종 5년(1868년)에 훼철(毁撤)되었다는 설이 있고, 고종 8년 (1870)에 훼철되었다가 고종 광무 9년(1905)에 복원되었다고 하는 설도 있다. 정확하지는 않지만 1868~1870년 사이에 훼철되었다고 본다. 그 후 1905년 복원되었으나 애석하게도, 병진년(1916)에 창고지기(庫子)의 부주의로 불이 나서 서원이 전소(全燒)되므로 서책과 고증할 문적(文籍)도 함께 타버렸다. 그 해 타고 남은 재목으로 고자실(庫子室)을 다시 짓고, 정사년(1917)에 현재 있는 오천재(烏川齋)를 신축하였다. 1975년과 2015년에 서원은 건물들이 현재의 모습으로 대부분 복원되었다.

문충리(文忠里) 생가터와 승마석(乘馬石)

『영일군사』의 마을 유래 편을 보면, '문충'이라는 동명은 옛날 삭거리(索居里)라 부르다가, 고려 말에 많은 선비가 공부한 곳이라 하여 사거리(士居里)로 써 왔고, 이후에 어느 선비가 태사(太師)라는 벼슬을 한 후부터는 사거리(師居里)로 써 왔다고 한다.

그 후 문충공(文忠公) 정몽주 선생이 나서 자란 곳이므로 그의 시호

---

14 편자 미상, 1794년 정조 이후 작성된 것으로 추정, 한국학중앙연구원 소장
15 정몽주의 초상(肖像)을 말한다.

를 따서 문충리(文忠里)로 바뀌었다고 한다.

언제부터 문충리란 마을 이름이 생겼는지는 분명하지 않으나, 지역에서 전해오는 말로는 조선 세종 때 마을 이름이 그렇게 바뀌었다고한다. 아마도 포은이 1401년 태종으로부터 '문충(文忠)'이란 시호를받고 난 후, 태종에서 세종 사이에 '사거리'란 동명에서 '문충리'로 바뀐 듯하다. 비슷한 사례로 포은의 묘가 있는 동네는 원래 '쇄포면 향수산(香秀山)'이었으나, 포은의 묘가 이곳에 조성되고부터 '모현면 능원리 문수산(慕賢面 陵院里 文秀山)'으로 바뀐 예를 들 수 있다.

1401년 태종은 즉위하자마자 자신이 죽인 포은에 대해 복권을 하면서 '문충'이란 시호를 내렸다. 그 이유는 포은이 조선왕조의 창립을 반대했음에도 불구하고 그의 충절은 충효를 제일로 삼는 유교 국가인 조선왕조에서도 높이 숭상될 수밖에 없었기 때문이다. 포은뿐만 아니라 그 후손은 조선왕조 내내 혜택을 받았다. 몇 가지 사례를 들면 세조 때 정몽주의 손자로 장손이기도 했던 정보(鄭保)는 사육신의 사건이 일어나자 그들은 죄인이 아니라고 두둔한 죄로 거열형에 처하게 되었다. 정보가 끌려나간 후에 세조가 정보가 어떤 사람인지를 주변에 묻자 신하들이 정몽주의 장손이라고 대답하여 이에 놀란세조가 황급히 형을 중지하고 영일로 귀양을 보내는 데 그쳤다. 또한, 연산군 때 밉보인 죄로 처형당한 연산군의 스승 조자서의 아내는남편이 죄인으로 처형당했지만, 정몽주의 증손녀라서 연좌되는 것을 피했다. 포은의 무덤도 처음에는 이성계에 반한 죄인이라 하여 승려들이 몰래 묻어줘야 할 정도였지만 조선왕조 건국 이후 복권되면서거의 왕릉에 버금갈 정도로 우대받으면서 관리되었다. 오히려 조선

정몽주의 생가터라고 전해지는 문충리 입구 푯말. '정 포은 나신 곳이 이
곳이로다'라고 하는 동가(洞歌)가 적혀있다.

개국 1등 공신이지만 역적으로 찍혀 조선 말기 때 신원 받은 정도전
과 대접의 차원이 달랐다. 몇몇 일화에서 보듯이 조선조에 손꼽는 폭
군들조차도 그 후손들을 죽이는 것은 피했을 정도이다. 태종은 이런
포은을 일컬어 '오천(烏川)의 선비'라고 표현하며, 시를 지어 포은의
충절을 찬양하기까지 하였다.

　오천읍 문충리의 마을 유래가 이러하니 문충리 마을에는 포은과 관
련된 유적들이 산재해 있다. 포은이 말을 탈 때 디딤돌로 사용했다고
전해오는 승마석(乘馬石)과 생가터가 바로 그것이다. 그리고 오래전부
터 구전되어오는 '문충리 동가(洞歌)'도 있다. 마을에 포은의 호를 딴
문충초등학교가 있고, 1964년 읍내에 설립된 오천중학교 교가(校歌)

는 '문충공 요람 터에 우리 넋 기르고, 찬내물 비단결에 나라 사랑 담는다'로 시작되어 이곳이 포은의 탄생과 깊은 관련이 있음을 시사하고 있다.

특히 문충리 동가(洞歌) 속에는 포은의 탄생지가 바로 이곳이지만, 교육여건이 좋지 않아 다른 곳으로 떠났다는 애환이 함축되어 있음을 느낄 수 있다.

포은의 상여(喪輿)

오천서원이 소재한 포항시 남구 오천읍 원리 동네에 오래전부터 내려오는 마을 상여(喪輿)가 있었다. 이 상여는 1995년부터 흥해에 있는 영일민속박물관으로 옮겨 보관하고 있다. 이 상여를 마을 사람들은 '포은 선생의 위패를 모셨던 상여'라고 부른다.

이 상여는 이 지역 여타 마을에서 사용해 오는 마을의 상여와는 모양이 매우 다르다. 그래서 전문가들은 이 상여를 두고 신분이 높은 사람을 위하여 특별히 제작된 상여일 것이라고 입을 모은다.

원동 마을에서는 이 상여의 사용처를 두고 세 가지 설이 전해오고 있다. 그 첫째는 임진왜란 때 오천서원이 병화(兵火)를 입자 그곳에 모셔져 있던 포은의 위패를 지방 유생과 후손들이 운제산 만장굴로 옮겨 보존한 사실이 있었다. 난리가 끝난 후 다시 원리에 서원을 지어 이건할 때 만장굴에 있던 위패를 서원으로 다시 모셔오면서 이 상여를 사용하였다고 한다. 한번 사용한 상여는 원리 마을에서 보관하다가 후에 마을 상여로 사용하였다는 것이다.

두 번째는 오천서원을 짓기 전에 문충리 생가터에 포은 선생의 사당이 있었는데, 오천서원을 짓게 되면서 위패를 서원으로 모시면서 사용한 상여라고 한다.

세 번째는 포은이 개성에서 변을 당한 후 운구를 이 상여에 싣고 고향으로 오다가 경기도 용인에서 운구를 안장하였고, 빈 상여에는 포은의 위패를 싣고 고향 오천으로 모셔왔다는 것이다. 포은의 직계 후손들은 후에 이 상여를 다시 찾으러 온다며 보관을 잘해 달라고 당부까지 하며 떠났으나 다시 찾지 않아 마을 상여로 사용하였다는 설이 있다.

생각해보면 세 가지 설이 다 일리가 있다. 먼저 경기도 용인에 운구를 안장하고 그가 태어난 고향인 오천에 위패를 모시고 왔을 것이다. 그 위패는 그가 태어난 문충리의 사당에 안장되었다고 보인다. 1588년 구정리에 오천서원이 건립되면서 문충리 사당에 있던 위패를 오천서원으로 옮기는데도 이 상여는 사용되었고, 임진왜란으로 위패를 만장굴에 옮겼다가 다시 오천서원을 중건하여 위패를 모셔올 때도 이 상여가 사용되었을 것이다.

기록물도 유적이다.

포은 선생문집

포은이 죽은 지 47년 만에 세종은 아들 정종성(鄭宗誠)에게 포은이 남긴 시문들을 가져오게 하여 읽어 본 뒤 보문각에 명령을 내려 선생의 문집을 간행하도록 지시했다. 조선왕조가 정착된 세종 21년(1439)에 와서야 왕명에 의하여 첫 『포은 선생문집』이 간행된 것이다. 이것이 초간본 『포은 선생문집』으로 포은이 남긴 시문과 「행장」을 엮어 발간한 책이다.

조선 중기에 들어서면, 각 지방 사림들은 서원을 건립해 포은을 기리는 행사를 열어 충신의 고장이라는 자부심을 고취하고, 정몽주·길재·김종직·이언적·이황으로 내려오는 성리학의 학통을 자신들이 계승하고 있음을 과시했다. 이때 설립된 각 서원은 포은의 문집 간행에도 경쟁적으로 뛰어들었는데, 특히 영천과 개성이 가장 적극적이어서 영천에서 다섯 차례, 개성에서 세 차례나 문집을 간행했다. 이 두 지방의 경쟁이 치열하다 보니 문집 간행 주도권을 놓고 심한 갈등을 겪기도 했다. 그 뒤 문집은 여러 곳에서 여러 차례 간행되면서 교정 보완되었다. 어떨 때는 주손(主孫)의 참여 없이 서원(書院) 유생들에 의해 문집이 발행되기도 하였고, 한때는 왕명에 의해 교서관[16]에서 문집이 발행되기도 했다. 발행될 때마다 유문과 부록의 증보를 거듭하면서 조선말까지만 14회나 간행해 우리나라에서 가장 많은 판본을 가진 문집으로 자리매김했다. 1985년에 영일정씨포은공파종약원에서 국문으로 번역해서 발간한 것과 2007년 포은 학회에서 번역판으로 발행한 『포은 선생 집』과 『포은선생집 속록』까지 합하면 무려 16회가 넘는다. 이런 과정을 거치면서 누가 단 것인지는 모르지만 원문에 없는 주석(註釋)이 달리기도 하고, 연보(年譜)가 조금씩 다르게 기재되기도 하여 훗날 포은의 출생지에 대한 논란을 불러왔다.

정종성(鄭宗誠)이 모은 자료들을 토대로 세종 21년(1439)에 왕이 보

---

16 조선 시대 서적의 인쇄와 교정, 향축(香祝)·안전(印篆) 등을 맡아보던 관청, 운각(芸閣)이라고도 한다. 정조 때 규장각에 편입된다.

문각 직제학 권채(權採)에게 명하여 간행한 초간본에는 시문 303수가 수록되었고, 연보와 권채(權採)·변계량(卞季良)·하륜(河崙)의 서문이 있었던 것인데, 본문은 현재 전하지 않고 연보와 서문(序文)은 여러 책에서 전한다. 당연히 장남인 종성이 태종(1410년) 당시 보문각 제학이던 함부림에게 의뢰하여 작성하였다고 하는 포은의 행장도 있었다. 태종 때 작성된 이 포은의 행장은 세종 21년(1439년) 발간된 포은선생문집 초간본 이래 모든 포은선생 문집에 실렸다.

1438년 작성되어 초간본 포은집에 실린 권채의 서문[17]에는 '오천의 포은 정문충공은 고려 말기에 났는데(烏川圃隱鄭文忠公生於高麗之季), 천자(天資)가 수미(粹美)하고 학문이 정심(精深)하였다'라고 되어있어 포은이 오천과 밀접한 관련이 있음을 나타내고 있다. 변계량도 이 서문에서 '오직 우리 좌주(座主)인 오천의 포은 선생이야말로 고려 말기에 시중(侍中)의 지위에 계시다가 능히 그 임금을 위하여 돌아가셨고 나라도 따라서 망하였는데(惟吾座主烏川圃隱先生當高麗之季)……'라고 하였다. 이

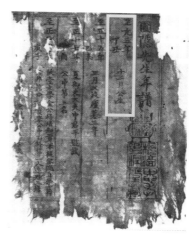

초간본에 실린 포은 선생 「연보(年譜)」. '지원(至元) 3년 정축년 12월에 공이 태어났다'라고만 되어있고 어디서 태어났는지는 밝히지 않고 있다.

17 포은선생문집간행소, 『포은선생문집』, 회상사, 1961, p 5~6

를 두고 보면 권채나 변계량 둘 다 포은이 오천과 관련이 있음을 밝히고 있다. 그런데 초간본의 포은 「연보(年譜)」에는 '지원(至元)[18] 3년 정축년 12월에 공이 태어났다'라고만 되어있고 어디서 태어났는지는 언급하지 않고 있다. 왜냐하면, 함부림의 행장에서 '경주부 영일현 사람'이라고 이미 밝혔으므로 연보에서는 따로 이중으로 언급할 필요가 없었다. 포은의 출생지에 관한 기록은 이 초간본으로 해석하면 '포은은 영일현 사람이고, 1337년 12월 22일 출생하였다'라는 것이므로 후대에 와서 적어도 출생지에 관한 한 아무런 논란이 없었을 것이다.

그 후 중종 28년(1533)에 현손(玄孫: 포은의 5세 손) 정세신(鄭世臣)이 신계현령(新溪縣令:지금의 김제)으로 부임하였을 때 또 다른 문집을 간행하였다. 포은이 죽은 지 141년 만에 주손(主孫)에 의해 발간된 문집이다. 이를 『신계본(新溪本)』[19]이라 하는데, 이것이 현존하는 가장 오래된 판본이다. 이 책에도 함부림이 지은 포은 선생의 「행장(行狀)」이 첨부되어 있다. 「행장」에는 포은이 '경주부 영일현 사람'이라고 분명히 밝혀두었다. 이 신계본 「연보(年譜)」에도 초간본의 연보를 그대로 인용하여 '지원(至元) 3년 정축년 12월에 공이 태어났다(至元三年丁丑 十二月 公生)'라고만 적혀있다. 이 판본으로도 출생지는 행장으로 설명하고 출생일은 연보로 적어두었으므로 종합하여 해석하면 '포은은

---

18 원나라 순제 때의 연호, 고려 충숙왕 4년(1335)~충혜왕 원년(1340)에 해당, 지원 3년 정축년은 1337(고려 충숙왕 6년)을 말하므로 그해 12월 22일 선생이 출생했다는 의미이다.

19 규장각(가람貴819.4 J464P), 고려대 중앙도서관 만송문고(晩貴345) 등에 소장되어 있다.

영일현 사람이고, 1337년 12월 22일 출생하였다'라고 해석이 되므로 출생지에 대해서는 논란의 여지가 없다.

신계본이 발행된 후 명종·선조 연간에 개성부(開城府)에 있는 숭양서원에서 한호(韓濩)의 글씨로 판각(板刻)된 문집이 간행되었다. 이를 『개성구각본』이라 한다. 이 책은 신계본에 시(詩) 3수가 더 첨가된 것 외에 다른 것은 없다고 하니 이 책에도 선생의 출생지에 대해서는 앞의 두 본과 같았을 것이다. 이 책은 현재 전하지 않는다.

만약 문집발행이 여기서 그쳤더라면, 포은의 탄생지는 '영일'로 굳혀졌을 것이고, 후세 사람들이 선생의 탄생지에 대해 왈가불가할 필요도 없었을 것이다. 그러나 조선 중기에 들어서 포은의 문집이 수정보완되면서 더 발간된 게 문제의 소지를 낳았다.

이후 선조 중년에 교서관(校書館)에서 주자(鑄字:갑인자)로 문집이 간행되었다. 이를 『교서관본(校書館本)』[20]이라 한다. 교서관은 조선 태조 1년에 만들어졌으며 책을 편찬하고 관리하며 제사를 주관하고, 축하 전문을 보내는 것을 관장하는 기관으로 요즘의 국사편찬위원회 정도의 편찬기관이다. 여기서 펴낸 이 관본은 권1, 권2로 편차 되어있다. 눈여겨볼 것은 영일에서 탄생하였음을 밝히는 함부림의 「행장(行狀)」과 제인(諸人)의 기술은 이 책 본문에 실은 것이 아니라 부록으로 실었다. 대신 포은 선생 「연보(年譜)」에 처음으로 '영천군 동쪽 우항리(亏項里) 출생'이란 말을 첨가했다. 포은 사후(死後) 180여 년 만에 문집이 관청에서 간행되면서, 주손(主孫)이 편찬한 문집의 연보에는 없던 '영

---

20 국립중앙도서관(貴155-文70-7)에 소장되어 있다.

천 우항리 출생'이란 새로운 사실이 연보에 추가되었고, 그가 경주부 영일현 사람이라는 행장은 아예 본문에 싣지도 않고 부록으로 편집했다는 점을 주목할 필요가 있다. 이렇게 한 이유는 행장이 이 책 본문에 그대로 실리면 연보에는 '영천 우항리에서 출생했다'고 해놓았는데 행장에는 '경주부 영일현 사람이다'라고 하면 서로 모순이 된다는 것을 알고 있었기 때문이라고 추정된다. 또한, 포은이 직접 지은 시 '저성역야우(諸城驛夜雨)'에서 '영주와 오천 두 고을은 잇대어 있는데 모두 내 고향이다(永州烏川二邑連境皆吾鄕里也)'라는 주(註)가 첨부되어 있다. 이 주는 1914년 숭양서원에서 발행한 『신편포은선생집』에는 붙어 있지 않다. 그러나 이후 편찬된 『영천구각본』 등에는 교서관본을 그대로 인용하여 싣고 있다.

그렇다면 관에서 편찬한 포은선생문집인 교서관본은 무엇을 근거로 포은이 영천 우항리에서 출생했다고 했을까. 또 포은이 직접 오천이 고향임을 밝힌 위 '저성역야우(諸城驛夜雨)'의 시구 끝에 주(註)를 달아 영천과 오천이 둘 다 고향임을 구체화 시킨 것이 과연 누구일까.

포은이 영천 '우항리'와 관계있음을 최초로 기록한 문헌은 중종 25년(1530년)에 발행된 『신증동국여지승람』이다. 이 책 영천군편【우거(寓居)】란에 '정몽주는 (영천)군 동쪽에 있는 우항리에서 살았는데 자세한 것은 영일현 편 인물란에 적혀있으니 참조하라(鄭夢周 生於 郡東 亏項里 詳見 迎日人物)'라고 짤막하게 적혀있다. 『신증동국여지승람』의 편재는 인물란과 우거란이 있는데, 인물란에는 그 지역 출신 중 이름을 날린 사람들의 인적과 행적을 적고, 우거란에는 그 지방 출신은 아니지만 잠시 머물렀던 사람 중에 출중한 사람들의 행적을 적는 난이다. 영천군의 우거란에 정몽주가 적혀있는 것 자체부터가 이미 정몽주는 영천사람이 아니지만, 영천에 잠시 머물다 간 사람이라는 것을 알 수가 있으며, 그 사람은 영일현 출신 인물이므로 그에 대한 자세한 사항을 알려면 영일현편 인물란에 정몽주의 행적을 자세히 실어두었으니 참조하라고 했다. 그러니 정몽주가 어디 출신이라는 것은 두 말할 나위도 없겠다. 여기서 '鄭夢周 生於 郡東亐項里'에서 '생(生)'은 '출생하다'의 뜻보다도 '살았다'의 뜻으로 해석해야 할 것이다.

『신증동국여지승람』이 출간된 이후에 교서관본이 편찬되었다. 교서관본을 편찰 할 때 집필 위원들은 당연히 믿을 수 있는『신증동국여지승람』의 포은 관련 기록들을 참고하였을 것이다. 그래서 교서관본 연보에는『신증동국여지승람』의 영천군【우거(寓居)】란에 적혀있는 정몽주에 관한 기사 '鄭夢周 生於 郡東亐項里 詳見 迎日人物'에서 뒷부분의 '詳見 迎日人物'은 빼 버리고 '十二月 戊子日 先生 生於 郡東亐項里'라고 인용하여 적었다. 여기서 生은 당연히 앞에 적힌 '十二月 戊子日'의 문맥상 '살았다'의 의미가 아니라 '출생하였다'는 의미로 해석해야 할 것이다.

하지만『교서관본』의 이 기록은 어디까지나 신랑이 신붓집으로 가서 혼례를 치르고 자녀들이 태어나 성장할 때까지 처가에 머물렀던 남귀여가혼(男歸女家婚) 상태를 염두에 두고 해석해야 할 것이다. 영천 '우항리'는 포은의 외가인 영천이씨가 살고 있던 곳이다. 지금도 포항 일대에 거주하고 있는 포은의 후손들은 '포은은 영천 외가에서 태어나서 오천 문충리와 구정리 본가에서 살다가 9세 때 아버지를 따라 영천으로 이주하여 갔다.'고 믿고 있다. 사실이 그렇다면, 위에 적힌 '우항리 출생'이란 기록은 고려시대의 결혼제도에 따라 포은이 외가에서 출생한 사실을 기록한 것이다. 우암 송시열도, 회재 이언적도 모두 외가에서 출생한 사실만 봐도 쉽게 이해가 갈 것이다. 포은의 아버지는 포은을 영천에서 낳고 포은이 어느 정도 성장했을 때 다시 친가인 오천으로 와서 살다가 처가로부터 재산을 상속받은 후에는 다시 처가인 영천으로 옮겨 가 산 경우이다. 그러므로 오천과 영천은 둘 다 포은의 출신지이자 고향으로 봐도 무방할 것이다.

그리고 교서관본 부록에 실린 포은의 「행장」에 '경주부 영일현 사람'이라는 설명이 있었기에 그 당시로는 문제가 될 게 아니었다. 굳이 「행장」이 아니더라도 조선 중기까지 영일현에 순시(巡視) 온 중앙의 내로라하는 관리들이나 영일현을 스쳐 간 선비들이 하나같이 영일현 오천 구정리에 있던 포은 사당이나 옛 집터를 방문한 감회를 글로 적어 남겼던 것을 보면, 당시까지만 해도 포은이 영일현 사람임은 웬만한 사람이면 다 알 정도의 공지(公知)의 사실이었던 것 같다. 그래서 포은의 「연보」에 '영천 우항리에서 출생했다'고 표현하여도 외가에서 출생한 사실을 그렇게 표현한 것으로 받아들였기 때문에 당시에는 별문제가 없었다.

지금에 와서 포은이 영천 외가에서 태어난 사실을 두고 그 출생지에 따라 외가 지역의 사람이라고 하는 것은 지극히 불합리한 논의이다. 이 시기에 외가에서 태어난 사람들은 모두 본향의 사람이라고 불렀다. 서애 류성룡(柳成龍)은 외가인 의성 사촌에서 태어났지만, 당시나 지금이나 그를 의성사람이라고 하는 이는 없는 것과 같다.

그러므로 포은의 고향에 대한 논의는 포은의 입장에서 정리되는 것이 온당하다. 포은은 포항과 영천을 같은 고향으로 인식했고 스스로 그것 중에서 어느 것에 원근감을 가지고 있지 않았다. 그가 그리워한 고향은 그 둘 다였다.

류성룡의 「연보고이(年譜攷異)」의 신빙성

1584년에 이르면, 선조(宣祖)의 명에 의하여 류성룡(柳成龍)이 포은 선생 문집을 교정(校正)하게 된다. 당시까지 널리 유포되었던 신계본·개성구각본·교서관본을 대조하여 잘못된 것을 바로잡았다는 것이다. 여기서 「연보고이(年譜攷異)」가 만들어진다. 즉, 신계본·개성구각본·교서관본에 실린 포은 선생 연보(年譜)가 서로 다른 것이 있으므로, '비교 고찰하여 바로 잡은 연보(年譜)'라는 뜻이다.

이때 쓴 류성룡의 『포은집』발(跋) 전문(全文)이 『서애 선생문집』에 실려 있고, 민족문화추진회에서 우리말로 번역해 둔 것도 있다. 서애는 이 발문을 을유년(1585, 선조 18)에 작성했다고 표시해 두었다. 그는 이 발문(跋文)에서 아래와 같이 밝혔다.

> 만력 갑신년(1584, 선조 17)의 가을에 주상 전하께서 교서관에 선생의 문집을 간행하도록 명하면서, 우선 신에게 잘못된 내용을 교정하고 그 뒤에 발문을 쓰도록 명하였다. 신은 삼가 명을 받들어 조심스럽게 여러 본(本)을 모아 반복하여 비교하여 바로 잡았다.(중략)
> 관본에는 부록 1권이 있었으나 용잡함을 면치 못하였는데, 이번에는 사전(史傳)·「행장」 및 제현이 기증한 글과 후인의 서술과 제문을 각각 그 종류대로 편찬하였다. 그 외에 기록이 번잡하고 별로 발명한 것이 없으며,

전문(傳聞)에 나와서 허실을 분간하기 어려운 것은 간간이 삭제하였다.

위 류성룡의 글은 자신이 작성한 「연보고이」가 100% 정확하지 않다는 것을 스스로 밝혀 둔 것이다. 여기서 우리는 포은이 돌아가신 지 180여 년이 지난 시점에 포은 선생의 문집을 후손들이 아닌 제 3자가 교정하면서, 더군다나 '허실을 분간하기 어려운 것은 간간이 삭제하였다.'고 한 점을 주의 깊게 보아야 한다.

이때 류성룡이 교정했다는 「연보고이」에는 포은의 출생지에 대해 다음과 같이 기록해 두었다.

신이 살피건대, 지금 세상에 유행하는 『포은집』으로는 신계본·개성본·교서관본 세 본이 있습니다. 신본(신계본)이 가장 오래된 것이고, 개본(개성본)과 관본(교서관본)은 다 근년에 간행된 것입니다. 책머리에 있는 연보는 누가 처음으로 쓴 것인지 모르나, 세 본이 각각 상세하거나 소략한 차이가 있고 연월(年月)이 같지 않으며, 그사이에 큰 의리에 관계되는 것도 어긋나는 데가 많아서, 후세 사람의 의혹을 일으킬 수 있으므로, 신이 「행장」·본전에 따르고 고려사(高麗史)와 공의 시집 및 한 때의 제현(諸賢)이 기증한 말을 참고하여, 반복해서 상고하여 잘못된 것을 바로잡았습니다. 또 한문공(韓文公)의 고이(攷異)의 사례에 따라 분주(分注)하여 세 판본에 적힌 것을 대강 싣고, 억견(臆見)으로 취사한 뜻을 붙여서 후세에 널리 아는 사람이 바로 잡기를 기다릴 뿐입니다. (중략)
신계본과 개성본은 '12월에 공이 태어났다'고되어 있고, 교서관본에는 '12월 무자(戊子)에 선생이 영천군 동쪽에 있는 우항리에서 태어났다'고

되어 있다. 지금 살피건대, 신계본과 개성본은 너무 간략해서 채택하지 아니하고 교서관본의 것을 채택하였다. 어머니가 난초 화분 깨뜨리는 꿈을 꿨다는 것은 「행장」에 따라 첨가한다.

　류성룡이 스스로 밝힌 바와 같이 그는 교서관본보다 먼저 포은의 주손(主孫)들이 쓴 포은 선생의 문집인 신계본과 개성본을 따르지 않고, '12월 무자(戊子)에 선생이 영천군 동쪽에 있는 우항리에서 태어났다'고 하는 교서관본의 견해를 따랐다. 앞에서 살폈듯이 주손들이 만든 책에는 포은의 탄생지에 대해 함부림이 작성한 「행장」에 경주부 영일현 사람이라고 적혀있었기에 출생일만 연보에 적어두었다. 그런데도 유성룡은 이 책들의 포은 연보에 설명이 간략하므로 더 상세하게 설명된 교서관본의 연보를 채택했다고 한다. 그것을 채택하기 전에 관본의 기록이 사실인지 아닌지를 주손들이나 관계자로부터 검증받았어야 했다. 하지만 이런 절차 없이 교정된 이 「연보고이」가 마치 검증받은 연보인 것처럼 받아들여진 것이다. 류성룡은 교서관본에 적힌 '十二月戊子日。先生生於永川郡東亐項里'를 그가 지은 「연보고이」에서는 '十二月戊子日。先生生於永川郡東愚卷里'로 글자만 바꾸고 인용했던 것을 확인할 수 있다.

　류성룡이 만든 이 교정본은 왕명으로 운각(芸閣:교서관의 별칭)에서 간행하려 하였으나, 미처 간행되기도 전에 영천(永川) 임고서원(臨皋書院)의 유생(儒生)들이 가져갔다. 임고서원 유생들은 1585년경 이 교정본을 바탕으로 문집을 발간하였다. 이를 『영천초각본(永川初刻本)』이라 한다. 그런데, 이 판각(板刻)을 서원에 보관하였으나 임진왜란 때 소실되었다고 하므로 이 책은 현재 전하지 않는다.

영천초각본이 소실된 후, 1607년 두 종의 문집이 임고서원 유생들에 의해 간행된다. 그 첫째는 영천초각본의 체제를 그대로 유지하면서 유상(遺像)을 추가하고 11행 18자의 목판본으로 간행한 문집이다. 둘째는 임고서원 유생들이 난리 중에 흩어진 문집을 수습(收拾)하여 완본(完本)을 만들고, 방백(方伯) 유영순(柳永詢)과 군수(郡守) 황여일(黃汝一)의 협조로 경주와 영천에서 나누어 각판한 뒤 임고서원에서 10행 20자의 목판본으로 간행한 문집이다. 이 책에는 유묵(遺墨)과 조호익(曺好益)의 발(跋)이 추가되어 있고 의심난 곳에는 두주(頭註)가 붙어있다. 이를 『영천구각본(永川舊刻本)』이라 한다. 1607년 영천에서 간행된 『영천구각본(永川舊刻本)』은 본집(本集) 3권·연보고이(年譜攷異)·부록(附錄) 합 4책으로 구성되어 있다. 책 앞장에는 목록·유상(遺像)·서(序) 5편이 실려 있다. 권1~2는 시(詩), 권3은 문(文), 이어 연보고이(年譜攷異)·부록(附錄)·본전(本傳)·행장(行狀)이 실려 있다. 포은의 주손들 중에는 이 문집을 발간할 때 포은의 자손들이 참여하지 않은 상태에서 출간되었던 관계로 출생에 관한 것들이 왜곡되었다고 한다. 유림들 사이에서 포은이 영천 우항리에서 출생하였다는 말이 기정사실로 된 것도 이때부터인 것 같다. 이 『영천구각본(永川舊刻本)』에 있는 조호익의 발(서문)은 다음과 같다.

서원에서 유생들이 책이 거의 다 만들어진 것을 갖고 와 하는 말이 '문집이 임진년에 불타 없어지고 그 중 한 질을 메고 달아났으나 그것도 잃어버렸습니다. 두루 사인의 집을 찾아서 구본 하나를 얻어서 빠진 것을 채우고서야 비로소 완본이 되어 갖고 와서 발문을 부탁합니다'라고 하여 몇 자 적는다.

이 책에는 정몽주가 태어나 어린 시절을 보냈던 영일(오천)과 그 집터 부근에 건립되었다는 오천서원, 구정리의 유허비 등에 대한 기록은 빠져 있다. 당연히 설명되어야 할 부분이 빠진 것이다. 하지만 이 책이 이후 발행되는 문집의 대본(臺本)이 되었기 때문에 포은의 탄생과 관련된 포항의 사적지들은 이후 발행되는 다른 문집에서도 수십 년간 계속해서 언급되지 않았다.

그로부터 52년 후, 1659년경 포은 선생의 후손인 정유성(鄭維城 1596-1664)이 우의정으로 있을 때, 직계 손들과 함께 문집을 만들고 당시 봉화 현감으로 있던 정운익(鄭雲翼)에게 시켜 문집을 간행한 사실이 있다. 이를 『봉화본(奉化本)』이라 하는데, 이 책에는 오천서원의 위치와 서원을 건립하게 된 경위가 문집에 기록된다.

봉화본은 1662년경에 임고서원에도 한 부 전해지는데, 이를 계기로 임고서원에서는 1677년 영천구각본(永川舊刻本)에다 이 봉화본의 보속(補續)을 취입(取入)하고 제가(諸家)의 기술(記述)을 신증부록(新增附錄)으로 첨부(添附)하여 또다시 문집을 간행하였다. 이를 『영천재각본』이라하는데, 이때부터 비로소 영천판 문집에도 오천서원의 위치 유래 등에 대한 기록이 등장하게 된다.

한편, 1719년 포은의 11대 직계 손인 정찬휘(鄭纘輝)가 서애 류성룡의 교정본과 1659년 발간된 봉화본이 서로 맞지 않은 부분이 있음을 지적하고 이를 바로잡았으나 간행하지 못하고 졸(卒)하였다. 이 책은 그때 편찬되지 못하고 49년 뒤인 1769년 개성 유수 원인손(元仁孫)이 숭양서원에서 개간하였다. 이를 『개성재각본』이라 한다. 정찬휘는 이 책의 「포은선생집중간발(圃隱先生集重刊跋)」에 다음과 같은 사실을 밝히고 있다.

> 우리 선생문집의 경위는 서애 유상국(柳相國)의 교정본 발문에 상세히 적혀있으나, 세종 때 만든 『초간본』이 어디서 만들어졌는지 말하지 않았고, 개성본과 교서관본을 펴낼 때 초간본에 없는 부분을 첨가하여 실은 것이 누구의 손에 의한 것인지 모른다. 오직 교정하였다고 하는 그 사실도 영천에서 인쇄되고 임진년의 병화를 겪은 뒤에 다시 발간하였다는 곡절을 적은 지산(芝山)[21]의 발문에서 알 수 있을 뿐이다……. (중략)……. 그러나 변변치 못한 식견으로 주워 모아 취사한 것이 정수(精粹)라고 보장할 수 없으니, 이것을 뒤에 보는 사람들이 용서할지 기다릴 뿐이다.

이 발문은 전에 발간된 문집들이 누군가에 의해 왜곡되었을 수도 있다는 것을 강하게 비춰준다.

이처럼 포은 선생의 문집은 초간한 이래 무려 16차례 간행되면서 내용이 수정·증감되어 현재에 이른 것이고, 초간본을 제외하고는 포은 사후(死後) 백 수십 년 내지는 수백 년이 지난 시점에 발간된 것이다. 이런 문집 중 주손들이 만든 문집의 연보에는 '오천(영일)'을 중시하였음을 알 수가 있다.

---

21 지산(芝山):조호익(曹好益)의 호.

포은의 행장(行狀)

행장(行狀)은 죽은 사람의 행실을 간명하게 써서 사후에도 죽은 사람을 직접 보는 것처럼 살펴볼 수 있게 한 글이다. 보통 죽은 사람의 문하생이나 친구, 옛날 동료, 아니면 그 아들이 죽은 사람의 세계(世系)·성명·자호·관향(貫鄕)·관작(官爵)·생몰 연월·자손록 및 평생의 언행 등을 서술하여 후일 사관(史官)들이 역사를 편찬하는 사료 또는 죽은 사람의 명문(銘文)·만장·비지·전기 등을 제작하는 데에 자료로 제공하려는 것이 기본 목적이다.

포은의 「행장」은 그의 장남 종성(宗誠)이 1410년 당시 보문각 제학이던 함부림(咸傅霖)에게 의뢰하여 작성하였다. 함부림은 포은의 문인(門人)이었다. 아들 종성(宗誠)이 문집 서문에서 밝혔듯이 포은 선생문집에 실린 시(詩)들 중 일부는 함부림이 보관하고 있던 것이었다. 포은이 사망했을 당시 종성(宗誠)은 19세의 어린 나이였다. 그러므로 가장 가까우면서도 학문이 깊었던 함부림을 의존하였던 것 같다. 함부림은 포은의 가계에 대해서 누구보다도 밝았다고 보이고, 『초간본』 문집 발간에도 깊이 관여한 것으로 보인다.

함부림이 작성한 「행장」은 『초간본』이래 모든 『포은 선생문집』에 실려 있다. 이는 『고려사』나 포은의 「연보」를 작성하는데 1차 사료(史料)의 역할을 톡톡히 해냈다. 『영일현읍지』와 『교남지(嶠南誌)』에도 그 내용이 일부 언급되어 있음은 물론이다.

그가 지은 「행장」에서 포은의 고향과 관련된 내용은 이렇다.

공의 성은 정이고 휘는 몽주이며, 자는 달가, 호는 포은, 경주부 영일현

사람이다. 원조 습명은 이름난 선비로서 고려 인종 때 벼슬을 하여 추밀
원 지주사에 이르렀다. 증조 인수는 봉익대부 개성부윤 상호군에 추증되
었다. 조부 유는 봉익대부 밀직부사 상호군에 추증되었다. 선친 운관은
일성부원군에 추증되었다. 어머니 영천이씨는 변한국대부인에 추증되었
으며……. (중략)…….

여기서 '경주부 영일현인(慶州府 迎日縣人)'이란 문구에 주목할 필요
가 있다. 일반적으로 관향(貫鄉·본관)을 표기할 때는 그냥 '영일인(迎日
人)' 앞에 경주부(慶州府)까지 붙여서 '경주부 영일현인(慶州府 迎日縣人)'
이라고는 하지 않을 것이다. 더군다나 이것이 포은의 본관을 표시한
것이라면 당시는 영일정씨라고 한 것이 아니라 오천정씨라고 했을
때이므로 '오천인(烏川人)'이라고 해야 맞다. 그러므로 정몽주의 행장
에 나타난 이 표현은 본관을 표시한 게 아니고 그가 경주부 영일현에
실질적인 근거지를 두었던 고향임을 나타내는 것이다.

영일정씨의 옛 본관인 영일은 신라 시대는 도지(斤烏支)·오량우(烏
良友)·오천(烏川) 등으로 불리었다. 그러다가 경덕왕이 임정(臨汀)으로
고쳐서 의창군(지금의 흥해)의 영현(領縣)으로 삼았다. 고려 태조 13년
에는 영일현 또는 연일현으로 고쳐서 현종 때 경주부(慶州府)에 속하
게 하였다. 그 후 조선 초까지 영일로 불렀으나 태종이 다시 연일현
으로 개칭함으로써 두 지명을 혼용하여 쓰게 되었다. 하지만 이미 오
래전인 고려 초부터 두 지명은 뜻이 비슷하여 함께 쓰이고 있었다.
그리고 1895년 영일현이 영일군으로 바뀌어 동래부에, 1896년 13
도제(道制) 실시로 영일군이 연일군이 되어 경상북도 관할이 되었다.

1914년에 지방 행정구역 개편에 따라 다시 영일군으로 개칭하였다. 1995년 영일군이 포항시에 편입됨으로써 영일이라는 지명이 현재는 존재하지 않으나 연일읍과 오천읍은 경상북도 포항시 남구에서 지금도 옛 이름을 유지하고 있다.

그렇다면 정몽주의 관향을 표현할 때는 왜 '영일인(迎日人)'이라고 하지 않고 '오천인(烏川人)'이라고 해야 맞을까. 이에 대한 답변은 영일정씨의 족보로 해결할 수 있다. 영일정씨는 조선 시대에 평균 41면마다 한 차례씩 모두 8회에 걸쳐 족보를 편찬하였다. 이 족보들은 모두 정몽주의 파계(派系)에 해당하는 영일정씨 지주사 공파에서 편찬한 것이다. 여기서 조선 시대 중기에 편찬된 『오천원파록』(1649)이라는 영일정씨 족보의 이름에 주목하여 포은의 본관을 살펴볼 필요가 있다. 지금도 영남 지방의 영일정씨 족인들 사이에서는 집안에 따라 영일·연일·오천이라는 본관을 혼용하여 어떤 집은 자신을 영일정씨라고 하기도 하고, 어떤 이는 자신을 오천정씨라고도 하고 있지만, 이 족보가 나온 17세기까지는 오천과 연일이라는 본관만 쓰였다. 영일정씨라고는 하지 않았다는 것이다. 태조실록에 의하면 조선 태조 때에도 역시 '오천'이라는 본관으로 표현하고 있다. 영일 정씨 최초의 족보였던 『가정계축보』(1553)의 서문에서도 편찬자였던 정세필은 '오천정씨'라고 쓰고 있다. 17세기까지는 영일이라는 본관은 족보상에서는 어디에도 쓰인 흔적을 찾을 수 없다.[22]

현존하는 족보 중에 가장 먼저 편찬된 족보라고 알려진 『오천원파

---

22 정의천. 「영일정씨 족보편찬에 관한연구」.경상대학교. 2005. p5

록』에는 관향을 오천(烏川)이라고 표현하면서 왜 오천을 관향으로 했는지를 설명하고 있다. 즉 이 족보의 서문에는 '오천이라는 곳에서 시조인 정습명(鄭襲明)이 태어나고 그 10세손 되는 정몽주가 살았기 때문에 정문(鄭門)의 관향이 되었다'고 분명히 기록해 두었다.

더 중요한 것은 포은 자신도 여러 서책에서 자신을 '오천정씨'라고 표현하였다는 것이다. 이를 밝혀주는 것이 포은이 이공봉의 시를 차운하여 지은 시가 있다. 이 자료는 임인년(壬寅年) 즉 1362년 겨울 11월에 포은이 직접 지은 시구이다. 이 글 끝에 포은은 자신의 관향이 오천임을 밝히고 '오천(烏川) 정몽주(鄭夢周) 씀'이라고 적고 있다.

그러므로 조선 초기인 1410년 함부림이 쓴 위 포은의 「행장」에 나타난 '경주부(慶州府) 영일현인(迎日縣人)'이란 표현은 '본관이 경주부 영일현이다'란 뜻이 아니라 포은은 '영일현 사람'이라는 뜻으로 이해해야 맞을 것이다. 이 「행장」의 기록은 당대(當代)의 사람이 입증해주는 가장 정확하고 공식적인 자료다.

포은 자신이 남긴 시

포은 정몽주의 시(詩)에는 '고향'이라는 낱말이 많이 나타난다. 삶의 뿌리를 중시하기 때문에 많이 구사하기도 했겠지만, 많이 구사할 수밖에 없었던 사정도 있어 보인다. 포은은 36세부터 51세에 이르기까지 6회나 명나라에 사신을 다녀왔고, 일본에 사신으로 1회 갔다 왔다. 모두 7회나 사신을 다녀왔으니, 인생의 황금기를 사행(使行)으로 보냈다고 할 만하다. 사행은 만만한 임무가 아니다. 대명·대일 관계가 불안했던 시기의 사행인지라 조정과 타협의 능력이 무엇보다 요청되었다. 포은이 국익을 위해 기꺼이 나서기는 했지만, 초조감과 불안감은 있었을 것이다. 따뜻하고 푸근한 과거의 추억은 초조감과 불안감을 해소하는 데 도움이 되었을 터인데, '고향'이라는 낱말이 많이 나타나는 연유가 바로 여기에 있다.

고향이라 하면 일반적으로 자기가 태어나서 자란 곳과 조상 대대로 살아온 곳을 가리킨다. 포은의 시(詩)라 해서 예외가 아니다. 포은의 시 중에는 고향이 영일(迎日:오천)임을 밝히는 대목들이 더러 나타난다. 그 대표적인 것이 '저성역 야우(諸城驛 夜雨)'란 시(詩)일 것이다.

저성역(諸城驛)의 밤비(夜雨)

今夜諸城驛。오늘 밤 저성역에서

胡爲思舊居。옛 고향집 생각은 왜 나는지

遠遊春盡後。봄 다 간 뒤에 멀리 와서

獨臥雨來初。첫 비 올 때 홀로 누웠네

永野田宜稻。영주 벌판 논에는 벼가 잘 되고

烏川食有魚。오천(烏川)에는 먹을 만한 고기가 있어

我能兼二者。나에게 두 가지가 모두 있건만

但未賦歸歟。돌아가는 글은 짓지 못하는 구나

(永州烏川二邑連境皆吾鄕里也。영주와 오천 두 고을은 경계가 잇대어 있는데 모두 내 고향이다)

* 諸: 두꺼비 저

이 시는 포은이 명나라에 사신을 갔을 때, 중국 저성역(諸城驛)에서 고향의 옛 살던 집을 생각하며 지은 시이다. 시에 등장하는 '사구거(思舊居:옛 살던 집을 생각함)'와 '오천(烏川)'이란 낱말은 포은 자신이 스스로 고향이 오천임을 입증하는 결정적인 자료가 된다.

그런데 시구(詩句) 말미에 '영천과 오천 두 읍은 경계를 물고 있는데, 모두 내 고향이다(永州烏川。二邑連境。皆吾鄕里也)'란 소주(小註)가 추가되어 있다. 문제는 이 주(註)를 단 것이 언제이며, 누가 단 것이냐이다. 이 소주(小註)는 포은 선생 문집 중 교서관본 이전에 발행한 문집에서는 발견되지 않는다. 교서관본 포은집에서 처음으로 발견되는 것이다. 앞에서도 설명했듯이 교서관본은 포은의 주손들의 참여 없이 관에서 편찬한 문집이다. 이 소주(小註)로 인해 영야(永野)를 '영천들'로 해석하게 되어 영천도 포은의 고향임을 나타내는 시가 되었다. 그래서 '영천 논들에는 벼농사 풍년들고'라고 해석하고 있다. 이 주가 없다면 영야(永野)는 '긴 들'이란 뜻이다. 따라서 위 시구는 '긴 벌 눈들에는 벼농사 적당하고[23], 오천 음식에는 생선이 얹혀있다'라고 해석하여 영천과 오천 두 군데가 아니고 포은은 오천의 옛 고향 집을 그리워하며 지은 시가 된다.

하지만 포은이 오천과 영천 두 곳을 고향으로 생각했는지 아니면 오천만 고향으로 여겼는지는 지금에 와서 후세 사람들이 논란으로 삼을 필요는 없다. 여기서 인용하지는 않았지만, 그의 시 '영주고우

---

23 한국사상대전집(양우당.1988.1.15 발행) 중 포은집에 실린 '저성역야우' 해석 참조. 이 책에는 위 시구를 '긴 벌 눈들일랑 벼농사 적당하고, 오천 음식에는 생선이 얹혀있다.'라고 해석하였다.

(永州古友)'에서는 영천에 대해서 상세한 추억을 되새기고 있다. 이처럼 포은의 고향은 영천과 오천 모두 다 임을 이미 여러 자료로 확인되었다. 포은 자신도 영일과 영천은 분리되지 않은 하나의 고향으로 인식하였다. 결국, 포은의 본향이 영일이며 외가는 영천이고 거기서 태어났으며 영일에서 자랐으므로 두 고향을 다 그리워했다는 것까지가 사실이다. 중요한 것은 포은은 타국에 가서도 어릴 적 고향 집 옆을 휘감아 흐르던 찬 내(冷川)에서 고기 잡던 고향 오천을 그리워했다. 누구나 집 떠나 타국에 있으면 어린 시절 뛰어놀던 옛 고향 집이 그리운 것은 마찬가지이다.

계림의 옛집을 꿈에 그리며(夢繞鷄林舊弊廬)

年年何事未歸歟。해마다 무슨 일로 돌아가지 못하나
平生苦被浮名縛。반평생을 괴로이 허무한 공명에 묶여
萬里還同異俗居。만 리 밖 풍속 다른 나라에 있네
海近有魚供旅食。바다가 가까워서 먹을 고기 제공하나
天長無雁寄鄕書。하늘 멀어 소식 전할 기러기 없네
舟回乞得梅花去。배 돌아갈 때는 매화를 얻어 가서
種向溪南看影疏。양지바른 남쪽에 심어 성긴 모양 보리라

우왕 원년 정몽주는 공민왕대에 시작되었던 친명정책 대신에 원과의 국교를 재개하려 한 이인임 등의 친원 정책에 반대하는 상소를 올렸다가 언양으로 유배를 당하였다. 정몽주는 언양에서 2년 동안 유배 생활을 끝내고 우왕 3년 3월 개경으로 돌아와 함께 유배되었던 다른 동료들 보다 먼저 정계에 복귀하게 되었다. 그러나 그를 기다리고 있던 직책은 일본 사행이었다. 이 사명은 대단히 위험한 것으로 알려져 있는데, 정몽주는 전혀 난색을 보이지 않고 사명을 수행하였다.

정몽주가 어려운 사행을 간 것은 이번이 처음이 아니다. 이미 공민왕 21년(1372)에 서장관으로 밀직사 홍사범(洪師範)을 수행하여 명에 사신으로 파견된 경험이 있다. 이 사행에서 돌아오는 길에 바다에서 풍랑을 만나, 홍사범은 물에 빠져 죽고 포은은 천신만고 끝에 목숨을 구해 돌아왔다. 이후에도 명에 여러 차례 사절로 가게 되어 외교가로서의 명망을 떨쳤다.

일본으로 사행 갔을 때 지은 시 중 고향을 그리며 지은 시가 위의 몽요계림구폐려(夢繞鷄林舊廢廬)이다. 당시 포은의 고향인 영일은 경주부(계림)에 속했으므로 제목을 '계림의 옛집을 꿈에 그리며'라고 붙였다. 이 시는 꿈에서도 영일에 있는 고향을 그리며 만리타향에서 낯선 풍속에 살면서 고향에 연락도 제대로 할 수 없는 외로운 모습을 그리고 있다.

제현(諸賢)들의 시(詩)

포은의 고향이 오천임을 언급한 여러 덕망 있는 선비와 관료들의 시와 글이 있다. 그중 믿을 수 있는 자료들을 추려내어 연대순으로 나열해보면 아래와 같다.

점필재 김종직(佔畢齋 金宗直 1431 ~ 1492)의 시

詠文忠公靑林舊基 (문충공의 청림 옛터에서)

赴北曾經孤竹國。지난날 북에 있는 고죽국(孤竹國)[24]을 가봤고

南來今見鄭公鄕。지금은 남에 있는 정공(포은) 고향 이르렀다.

此身南北還多幸。이 몸은 남북으로 어딜 가나 다행해

景仰千秋拜耿光。천고에 길이 빛날 충혼을 배알 했네.

　위의 점필재 김종직의 시를 보면 둘째 연에서 청림의 옛터를 정공
(포은 선생)의 고향이라고 표현하고 있다. 고향이란 태어나고 자란 곳
이다. 시의 제목을 '청림 옛터'라고 한 것은 포은이 출생하고 성장한
집이 허물어지고 빈터만 남았기에 옛터로 표현한 것이다. 특히 당시
당대의 대 문장가이며 사림의 영수로 추앙받고 있는 점필재 김종직
이 포은의 옛 집터 흔적이 남아있는 청림을 찾아 그 머나먼 천 리 길
을 온 것은 학문의 종주인 포은의 출생지와 성장지를 찾아 포은의 학
문과 충효 정신을 이어가는 데 힘을 얻고 다짐하기 위함이었을 것이
다. 김종직은 포은·길재·김숙자·김종직으로 이어지는 성리학의 계승
자이다.

---

24 은나라 때 백이·숙제의 고향, 백이·숙제는 주나라의 음식을 거부하고 수양산에
　　은거, 굶어서 죽었다. 대표적인 충절을 나타냄

모재 김안국²⁵(慕齋 金安國 1478~1543)의 시

萧條迎日海之傍。 호젓하고 쓸쓸한 영일 바닷가 들르니
聞說文忠公故鄕。 문충공의 고향 있다네.
節義文章傳不朽。 절의와 문장이 길이길이 전하리니
千秋此地亦輝光。 천추에 높이 빛날 이곳이라네.

모재 김안국은 영일 바닷가 문충공 포은의 고향이라고 적고 있다. 특히 김안국은 조선의 문인이자 학자로서 조광조(趙光祖)·기준(奇遵) 등과 함께 한훤당(寒暄堂) 김굉필(金宏弼)의 제자이다. 김굉필은 조선 전기의 성리학자로서 김종직의 문하에서 학문을 배운 사람이다. 김굉필로부터 학문을 배운 김안국은 도학에 통달하여 지치주의 유학파를 형성하였다.

연산군 때 문과에 급제하여 홍문관 박사·예조 참의·경상감사 등을 역임하고 향교에 「소학」을 배부하여 가르치게 하여 교화사업에 힘쓰는 등, 당대의 문신이자 대 학자이다. 그런 김안국은 자신이 숭상한 성리학의 종주인 포은을 숭모한 나머지 머나먼 오천 바닷가까지 와서 포은의 흔적을 찾아본 것이다.

---

25 공조판서를 거쳐 1517년 경상도 관찰사 역임

맺는말

유학에서 최고의 인간 유형은 군자다. 군자가 중요하게 여겼던 각종 가치가 포은의 인생 역정 속에서 고스란히 녹아있다. 그런 포은의 사상이 현재까지도 형산강의 저 도도한 물결처럼 포항사람들의 가슴 속에 흐르고 있다. 포은 사상의 첫째는 의리와 절개이다. 그 사상을 이어받은 포항사람들은 나라가 위기에 처할 때면 어김없이 나가 싸웠다. 임진왜란 때 이대임, 김현룡, 정삼외 등 의병장들의 활약과 구한말 최세윤 등의 산남의진, 장헌문 등의 장기의진이 그렇다. 일제강점기 청하장터와 여천시장 3·1만세운동과 6·25 한국전쟁 때 꽃같은 학도병들이 푸르른 청춘을 던져 위기에 빠진 조국을 지키기 위해 목숨을 바친 자유대한민국의 심장과도 같은 곳이다. 이런 나라 사랑 정신들은 포은의 충절 사상이 아직도 고향 사람들의 정서 속에 깊이 각인되어 있다는 증거이다.

포항의
문화유산

이재원

이재원

《경북일보》에서 오랫동안 칼럼을 써 왔으며 《TBN경북교통방송》에서 〈포항 읽어 주는 남자〉를
진행하며 포항의 여러 모습을 소개하였다. 최근에는 《포항MBC》 〈전국시대〉에서 문화를 곁들인
숲 이야기를 들려주는 등 포항의 숨은 가치를 찾아내 동시대를 살아가는 지역민과 나누는 일에
즐거움을 느낀다. 저서로는 『포항을 알면 미래가 보인다』(2014) 『용흥동 이야기』(2019) 『포항의
숲과 나무』(2020) 『사진으로 읽는 포항도심―중앙동·두호동 이야기』(2020), 공저 『포항 6·25』
(2020), 『청하읍성』(2021), 『포항의 길』(2021), 엮은 책으로 『포항인문학산책』(2014)이 있다.

빛의 도시, 포항

　포항의 문화유산을 둘러본다는 것은 결국 이 도시에 면면히 이어져오는 그 무엇을 발견하는 일입니다. 바로 그게 도시의 정체성이라 할수 있겠지요. 정체성은 그저 정하는 것이 아니라 관찰을 통해 발견해내는 것이라 생각합니다.

　저는 개인적으로 포항의 정체성을 말하라면 빼놓을 수 없는 것이 "빛"이라고 봅니다.

　벌써 이름 '영일'에서도 해 일(日)자가 들어가 있으니 말입니다.

　그래서 오늘 첫 번째 포항의 문화유산으로는 호미곶 등대를 살펴보겠습니다.

1960년대 호미곶등대. 등대박물관 건립 이전의 호미곶 모습을 관찰할 수 있으며 해안단구의 모습도 보인다.

우리나라 최초의, 그리고 국내 유일의 등대박물관이 생긴 곳이고 2002년부터 국립등대박물관이 되었습니다. 그러니까 포항에도 '국립' 박물관이 있는 셈이지요. 호미곶면은 포항시 14개 읍면 중에서 가장 면적이 작은 지역입니다만 호랑이에게 중요한 꼬리라는 지형적인 특수성 때문에 전국에서도 유명한 곳 중 하나가 아닐까 합니다. 뿐만 아니라 호미곶에 가보시면 계단 모양의 지형을 볼 수 있습니다. 이를 해안단구라고 합니다. 해안단구는 주로 동해안 남부에서 주로 관찰되는데 특히 호미곶 일대의 해안단구는 다른 곳보다 평평한 지대(단구면)가 잘 구분되어 있어 우리나라의 대표 해안단구로 손꼽힙니다. 그래서 2017년에는 국가지질공원으로 지정되었습니다. 국립박물관에 이어 국가지질공원까지... 그 위상이 대단하지요. 사실 포항을 찾는 관광객들에게 호미곶이 유명한 이유는 다른 데 있습니다. 그분들에게 호미곶하면, '상생의 손'을 떠올립니다. 바다에 우뚝 서 있는

상생의 손(오른손, 가로8×세로4×높이8.5m, 1999년 12월 10일 설치).
새 천년을 맞아 2000년 1월 1일 한민족해맞이축전행사를 범 국가행사로 개최함으로써 첫 일출의 빛을 받아 영원히 꺼지지 않는 불빛으로 존치시키기 위해 제작하였다고 한다. (사진.안성용)

손을 배경으로 사진도 찍고 대표적 명소로 생각합니다. 하지만 호미곶의 터줏대감은 바로 1908년에 세워져서 100년 이상 이곳을 지켜온 호미곶등대입니다.

호미곶등대는 우리나라에서 두 번째로 세워진 등대이며 1908년이면 대한제국 시기에 만들어 졌습니다. 프랑스 사람이 디자인했구요, 철근없이 벽돌로만 팔각형으로 쌓아올린 건축물 모양 자체만으로도 특이합니다. 등대의 출입문과 창문은 고대 그리스 신전 건축의 박공양식으로 장식이 되어있고요, 특히 등대 내부에는 천장에 대한제국 왕실의 상징인 오얏꽃, 즉 배꽃 문양이 양각되어 있습니다.

사실 포항에 100년 넘은 건물이 거의 없거든요. 저는 개인적으로 이런 등대를 자그마한 미니어처로 만들어서 포항을 상징하는 기념품으로 이용해도 좋겠다

호미곶등대(1908년 제작). 철근없이 벽돌로만 팔각형으로 쌓아 올렸으며 등대의 출입문과 창문은 고대 그리스 신전 건축의 박공양식으로 장식되어있다.

호미곶등대 내부 천장. 대한제국 왕실의 상징인 오얏꽃, 즉 배꽃 문양이 양각되어 있다.

수산강습소 실습선 쾌응환(快鷹丸, 카이요마루)조난기념비.

는 생각을 합니다. 사실 우리나라는 어딜 가나 비슷한 기념품이잖아요. 포항만의 특색 있는 기념품이 될 만하다고 생각합니다.

하지만 아름다운 등대가 건립된 배경에는 아픈 역사적 사실이 존재합니다.

호미곶 일대 해안은 물길이 험하기로도 유명했습니다. 게다가 지금도 가보면 확인할 수 있습니다만 바다에는 암초가 많이 있습니다.

1908년 등대가 건립되기 1년 전의 일입니다. 1907년 일본동경수산강습소 실습선이 호미곶 앞바다에서 조난당하는 사건이 발생했습니다. 이 사고로 교사 1명과 학생 3명이 사망하였습니다. 일본은 등대건립을 요구해왔습니다. 국적을 떠나 사고는 안타까운 일이지만 남의 바다를 자기들 마음대로 침범해와서는 사고를 당하자 우리에게 등대 건립을 요구하는 겁니다. 하지만 당시 힘이 약했던 우리는 어쩔 수 없이 우리 예산으로 등대를 짓게 되었습니다. 인부들도 힘없는 우리의 백성들이었겠지요. 그렇게 탄생한 것이 지금도 서 있는 호미곶 등대입니다.

그리고 호미곶에는 당시 일본인 교사와 학생을 기리는 조난기념비가 서있습니다.

일제강점기 포항의 문화유산

포항의 근대화 과정은 일제강점기와 겹치는 경우가 많습니다.

포항 도심에는 수도산이라는 산이 있습니다. 수도산 이름을 잘 모르는 분들은 서산터널은 들어보셨을텐데요. 그 서산이 수도산입니

일제강점기 수도산 일대. 저수조가 보인다.

다. 서울에 남산이 있다고 한다면 포항에는 수도산이 있다고 저는 흔히 말합니다. 백산 혹은 모갈산이라고 불리던 산이 수도산이라 불리게 된 이유도 포항의 한 역사입니다. 그래서 다음으로 소개할 포항의 문화유산은 '저수조'입니다. 현재 남아 있는 건물이 건축학적으로 의미있다기보다는 그 내력이 중요하다고 할 수 있겠습니다.

수도산 저수조(1926년 건립).
'수덕무강(水德無疆)'이라고 적혀 있다.

일제강점기 때 포항 시내가 점점 발전하면서 상수도가 무엇보다 절실하였습니다. 상수도 공사가 시작된 것은 1923년부터입니다. 수원지는 달전면 학천동, 그러니까 지금의 도음산 아래 천곡사 학천계곡이었습니다. 거기서부터 물을 끌어들여 포항 도심의 수도산에 저수조를 만들고 포항 시가지로 물을 공급했다는 겁니다.

1926년에 건립된 저수조 건물이 아직 남아 있어 그런 역사를 생생하게 합니다.

지금도 수도배관이 살짝 등산길로 삐져나와있는 것을 보게 되는데 이런 것들이 다 소중한 자료입니다. 이렇게 상수도를 설치하고 포항 시내에 물을 공급하였다고 해서 그때부터 수도산으로 불리게 되었습니다.

다음으로 소개드릴 포항의 문화유산은 동해중부선입니다.

현재 동해중부선이라고 하면 포항에서 영덕으로 이어진 철도를 따라 삼척까지 놓여지고 있는 철도를 말합니다. 하지만 일제강점기 때도 동해중부선이라는 이름으로 철도가 놓여지고 있었습니다.

일제는 '조선철도 12년 계획'이라는 책을 1927년에 발행합니다. 12년 계획에는 국유철도 5개 노선을 신설하는 내용이 있는데 그중에 동해선이 들어 있습니다. 원산과 부산을 동해안을 따라 연결하는 노선입니다. 포항 북쪽으로는 23km 떨어진 송라면까지 1942년 노반을 깔았지만 일본의 패전으로 결국 개통은 못하였습니다. 하지만 포항역을 지나 북쪽으로 연결하려던 동해선의 흔적은 아직도 남아있습니다. 아픈 역사의 현장이지만 포항의 소중한 역사이기도 합니다.

1919년 포항역

1950년대 포항역

포항역 후면

2015년 이전 직전의 포항역

2015년 포항역이 KTX역으로 이전해 감에 따라, 1918년부터 포항 시민들과 애환을 같이 해온 포항역은 사라져버렸습니다. 건물이라도 보존하면 좋았을 텐데 철길숲을 많은 사람들이 찾고 있는 요즘 포항역 건물의 부재는 아쉬움으로 다가옵니다. 게다가 포항역은 동해중부선의 흔적을 쫓는 여정의 출발지인만큼 아쉬움은 상실감이 됩니다.

동해중부선의 흔적은 포항역을 지나 북쪽으로 이어집니다. 우현동에 미군저유소가 있어서 포항역을 지나서도 철도가 이어져 있었습니다. 포항의 많은 사람들이 수도산 아래에 있던 철도와 나루끝의 철도 다리, 우현사거리 건널목 근처에 있던 철도를 기억하실겁니다. 물론 지금은 철도는 걷어지고 철길숲으로 가꾸어져 있습니다.

혹시 '작은굴', '큰굴'을 아시면 포항에 오래 사셨거나 포항에 대해 많이 아시는 분입니다. 우현동에서 창포동을 잇던 터널, '작은굴'은 실재로 많은 동네 주민들이 왕래를 하였습니다. 비록 철도는 놓여있지 않았지만 사람이 다니기에 충분할 정도로 잘 닦여진 길이었는데 그게 바로 철로로 계획된 노반입니다. 그렇게 작은굴을 빠져나온 길은 마장지 옆을 따라 이어져서 '큰굴'에 다다릅니다. 큰굴은 창포동에서 흥해 성곡리로 연결되는 굴입니다. 지금은 통행도 금지되었을 뿐만 아니라 입출구도 찾아보기 힘듭니다. 그리고 작은굴은 몇해 전 새로 난 도로에 의해 묻혀버려 현재는 찾아볼 수가 없습니다. 큰굴 다음으로 이어지는 동해중부선은 초곡천 다리 교각을 만납니다. 결국 옛 시절 만들어졌던 철길의 흔적은 터널과 교각 등의 콘크리트 구조물로 확인할 수 있는데 남아있는 터널과 교각들은 지금도 하나의 길처럼 잘 닦인 노반으로 이어져 있습니다.

초곡천 교각

곡강천 교각. 일제강점기 만들어진 콘크리트 교각 위에 2011년 인도교 설치 공사가 완료되어 현재 인도교로 활용되고 있다.

초곡천을 건너 북쪽으로 더 올라가면 흥해 중심지에 가까워집니다. 기차가 정차할 수 있도록 비교적 넓게 만들어진 콘크리트 구조물을 통해 흥해역을 만들고자 했던 계획을 알 수 있습니다.

흥해역을 빠져나온 철길은 곡강천을 건너게 됩니다. 곡강천 다리 교각은 역시 일제강점기때 만들어졌지만 교각만 남아 있는게 아니라 곡강천 다리는 2011년 인도교 설치 공사가 완료되어 현재는 인도교로 활용되고 있습니다.

곡강천을 지나서는 청하면 소동리로 철길 노반은 달리는데 그 사이에 벌래재 고개를 만납니다. 역시 터널을 만들었습니다만 수 십년 지나면서 우거진 숲들과 이후에 건립된 공장이 입구를 막고 있어 흔적만 확인될 뿐입니다.

소동천 교각. 다른 교각이 타원형인 것과 달리 육중한 원기둥 모양을 확인할 수 있다.

다음으로 만나는 교각은 소동리에 위치한 소동천에 있습니다. 다른 교각이 타원형이라면 여기 소동천 교각은 원기둥의 육중한 모양이 다른 점입니다.

소동천을 건너 좀 더 북쪽으로 올라가면 다시 터널을 만나게 됩니다. 우현동 터널, 창포동 터널, 벌래재 터널에 이은 네 번째 터널입니다. 까치고개를 관통하는 네 번째 터널은 북쪽으로 난 출구를 확인할 수 있어서 여간 반가운 일이 아닙니다. 1940년대에 만들어졌다지만 지금도 콘크리트 보존이 잘 되어 있습니다. 그리고 여러 증언에 따르면 이 터널은 6·25전쟁 때 북한군 야전병원으로 이용되었다고 합니다. 일제강점기와 한국전쟁을 고스란히 겪은 포항의 중요한 문화유산이 아닐 수 없습니다. 게다가 보존상태와 접근성도 좋습니다. 포항은 일제강점기때부터 유명한 와인의 산지였습니다. 폐터널을 와인 보관 창고로 이용하는 사례는 많이 볼 수 있습니다. 우리나라에서 가장 오래된 와인의 역사를 가지고 있고 또 보존상태가 훌륭한 역사적

(좌) 까치고개 터널. 1940년대에 만들어져 6·25전쟁 때 북한군 야전병원으로 이용되었다고 한다.
(우) 터널 내부. 우리나라에서 가장 오래된 와인 역사의 스토리텔링과 보존상태가 훌륭한 역사적인 터널을 활용한다면 포항은 와인으로 유명한 도시가 될 수 있다고 본다.

서정천 교각.   청하천 교각.

인 터널도 있으니 와인으로 포항이 유명해질 조건은 다 갖추고 있다고 봅니다.

다시 동해중부선입니다. 터널을 지나 노반을 따라 북쪽으로 더 올라가보면 서정천을 만납니다. 역시 동해중부선의 흔적은 서정천 교각으로 확인할 수 있습니다.

서정천을 건너면 청하면내입니다. 앞서 흥해역을 만들고자 했던 구조물을 보았던 것처럼 청하에서도 청하역을 계획한 구조물을 볼 수 있습니다. 그러니까 포항역을 지나 북쪽으로는 흥해역, 청하역을 계획하였던 것입니다.

청하역을 벗어난 동해중부선은 청하천에서 만나는 교각을 마지막으로 더 이상의 흔적은 찾아볼 수 없습니다. 하지만 두 개의 역사 자리, 하나는 없어졌지만 아직 남은 세 개의 폐터널, 그리고 다섯 군데 교량의 교각으로도 당시 동해중부선의 노선은 충분히 그려볼 수 있습니다.

호국의 도시, 포항

포항의 정체성으로는 '호국도시'의 이미지도 빼놓을 수 없습니다.

6·25전쟁 당시 포항전투는 전체 6·25전쟁사에서 중요한 부분을 차지합니다. 전쟁이 일어나고 끊임없이 밀리다가 최후의 방어선이 설치된 곳도 포항이고, 반격의 기회를 마련할 수 있었던 것도 포항전투에서 승리를 거두었기 때문입니다. 그만큼 격전지가 많았고 아군은 물론 민간인의 피해도 많았던 곳입니다. 가장 많은 인원의 학도의용군이 참전한 전투 또한 포항에서입니다.

앞서 수도산을 말씀드렸는데요, 포항 도심에는 수도산 외에 탑산이라는 산도 있습니다. 원래 죽림산이라고 불리다가 산 정상에 탑이 세워지면서 탑산이라고 불리게 되었습니다. 이번에 소개드릴 포항의 문화유산은 탑산에 있는 탑입니다.

전몰학도충혼탑(김종영 작. 1957년 제작). 젊은 학도의용군의 처절한 희생을 기리기 위해 당시 전국학도호국단의 십시일반 성금으로 제작되었다.

전쟁이 끝나고 얼마 지나지 않은 1957년, 전국학도호국단의 성금으로 '전몰학도충혼탑'을 건립하게 됩니다. 당시 서울대학교 미술대 조소과 교수인 김종영 교수가 제작을 맡았습니다. 1957년 탑산에 만들어진 충혼탑이 예술작품으로서도 얼마나 가치가 있느냐는 그 충혼탑을 만든 김종영 교수를 조금 알아야 이해가 쉬울 듯 합니다.

김종영 교수는 어려서부터 집안 가풍으로 사대부 선비가 갖춰야 할 소양 교육을 받았습니다. 휘문고보를 졸업하고는 동경미술학교 조각과로 유학을 떠나게 됩니다. 귀국 후 1948년부터 1980년 정년퇴임 때까지 32년간 서울대학교 미술대학 1세대 교수로서 후학을 지도하였습니다. 그는 '한국 추상 조각의 선구자'였습니다.

그런 그가 포항 탑산에 '전몰학도충혼탑'을 만듭니다. 그가 남긴 여러 작품 중에 공공기념조형물은 단 두 점만 있는데, 하나가 1963년 〈삼일독립선언기념탑〉이고 나머지 하나가 그보다 앞선 1957년에 만

▲ 천마상 청동 부조와 김종영 교수
(사진제공 : 김종영 미술관)

◀ 1957년 건립 당시 전몰학도충혼탑
(사진제공 : 김종영 미술관)

든 〈전몰학도충혼탑〉입니다. 그는 물질적인 풍요로움보다는 정신적인 자유를 중시했습니다. 상업적인 예술을 쫓진 않았다는 거죠. 그런 그가 〈전몰학도충혼탑〉을 만든 이유는 충혼탑이 젊은 학도의용군의 처절한 희생을 기리는 뜻도 숭고했거니와 당시 전국학도호국단의 십시일반 성금으로 제작되었기 때문입니다. 아무튼 그런 그의 귀한 작품을 포항에서 볼 수 있다는 건 고마운 일입니다.

하지만 국군 제3사단 군부대에서는 이 충혼탑이 일반 시민들에게 시사하는 바가 약하다고 생각했던 모양입니다. 김종영 교수의 충혼탑은 예술미에 입각해서 전통 탑을 제작하듯이 그렇게 추상적으로 만들어 진거거든요. 대개의 충혼탑이라고 하면 전투장면을 묘사한 그런 격렬한 동작이나 인상을 가진 군인을 같이 조각하잖습니까. 군부대에서는 그런 걸 기대했던거죠. 그래서 1979년에 탑산에 새로이 충혼탑을 만들기로 논의가 되었습니다.

작품제작은 조각가 백문기 선생이 맡았습니다. 백문기 선생이 누구냐면 서울대학교 조각과 1회 졸업생으로 앞서 탑산에 충혼탑을 만든 김종영 교수의 1호 제자입니다. 제작을 의뢰받은 백문기 선생은 스승이 만든 기존의 충혼탑을 허물 수가 없었습니다. 그래서 묘안을 생각해낸 것이 탑산 중턱에 새로이 부지를 만들고 그곳에 새로운 충혼탑을 만드는 것입니다. 산 정상에 스승의 충혼탑은 그대로 두고 말이죠.

어떤 모양으로 만들 것인가도 큰 고민이었습니다. 군부대의 요구대로 과장된 전투장면을 묘사하면 스승의 충혼탑이 더 죽어 보일 것 같은 거죠.

백문기 선생은 두 명의 병사를 조각했습니다. 작품을 보면 이분이 인물 조각의 대가인 걸 알 수 있습니다. 한 명은 철모를 쓴 군인이구요. 또 다른 한 명은 머리에 띠를 둘러맨 학도의용군입니다. 두 명은 전투를 하는 것이 아니라 군인은 어깨에 총을 맨 자세이고 학도병은 총을 땅에 세워두고 두 손으로 잡고 있습니다. 그리고 군인의 한쪽 팔은 학도병의 어깨에 다정하게 올려두고 있습니다. 전투가 한창이라기보다는 오히려 전투가 끝난 후의 평화로운 상태입니다. 군인과 학도병이 어쩌면 형제처럼 보이기도 합니다. 따뜻한 형제애, 전우애, 나아가 나라를 사랑하는 국가애까지 보는 이로 하여금 느끼게 하는 걸작입니다. 그렇게 탄생한 것이 1979년 탑산에 만들어진 '포항지구 전적비'입니다. 산 정상의 김종영 교수의 충혼탑과도 잘 어울리는 조형물이 된 것이지요.

포항지구전적비(백문기 작. 1979년 제작). 김종영의 제자 백문기의 작품으로, 절제된 인물상을 조각함으로써 산 정상의 스승이 만든 충혼탑과도 잘 어울리는 조형물이 되었다.

탑산은 6·25전쟁에서 희생한 학도의용군 1,394명을 비롯해 많은 군인들을 추모하는 대표적인 공간이면서도 각각의 충혼시설의 예술성이 뛰어나, 저는 '탑산은 포항의 호국 조각공원이다'라고 말씀드리고 싶습니다. 두 작품 사이에는 조각가로서 스승과 제자 간의 배려, 존경의 이야기가 숨어 있어 보는 이로 하여금 따뜻한 감동을 일으키게 합니다.

탑산은 2002년 우리나라에서 유일한 '학도의용군전승기념관'까지 건립되면서 호국의 의미를 되새기는 산교육장으로 활용되고 있습니다.

포항, 철 이전에 돌이 있었다

포항 하면 포항제철을 먼저 떠올립니다. 그만큼 철로 유명한 것도 맞지만, 저는 이렇게 이야기하고 싶습니다. '철 이전에 돌이 있었다.'

암각화, 고인돌까지 거슬러 올라가면 무지 많지만 오늘은 시간상 비석에 대해 말씀드려보겠습니다.

포항은 비석으로 두 번 세상을 놀라게 했는데요. 먼저 1989년입니다. 포항시 북구 신광면 냉수리에서 한 주민이 밭갈이를 하던 중에 비석(포항 냉수리신라비)을 발견하였다고 신고를 했습니다. 불규칙한 네모 꼴의 큰 돌 덩어리에 글씨가 적혀 있었던 거죠. 학계에서 조사를 해보니 신라 지증왕 때 비석으로 서기 503년에 건립되었다고 봤습니다. 그때까지만 해도 가장 오래된 비석은 1988년에 발견된 울진

포항 냉수리 신라비(국보 제264호, 추정연대 503년, 높이 67cm, 너비 72cm, 두께 25~30cm). 밑부분이 넓고 윗부분은 약간 좁은 모양으로 되어 있는 화강암의 자연석 앞면·뒷면·윗면에 모두 231자가 새겨져 있다. 비문은 절거리라는 사람의 재산 소유 인정과 죽은 뒤의 재산상속 문제를 해결한 사실을 기록하고 있다.

봉평리 비석이었거든요. 근데 그것보다 더 오래된 비석이 발견된 거죠. 당연히 국보로 지정이 되었고 지금도 신광면사무소 마당에 전각을 지어 보관하고 있습니다.

또 하나는 '포항 중성리신라비'입니다. 2009년 일입니다. 흥해에서 어떤 한 분이 집에서 쓸 만한 편평한 돌을 찾아서 집에 옮겨두었습니다. 마당에 두었던 돌이 비를 맞고 젖었는데, 자세히 보니 그 위에 글자가 보이더라는 겁니다. 그래서 이상히 여겨 신고를 하였고 전문가들이 조사를 하였죠. 그랬더니 이게 신라시대 비석이었던 겁니다. 이후 조사와 보존처리 과정을 거쳤고 2015년 4월에 국보 318호로 지

정되었습니다. 현재까지 발견
된 가장 오래된 신라 비로 501
년에 세워졌다고 추증됩니다.
그리고 지금까지도 국립경주문
화재연구소에 보관되어 있습니
다. 포항에 박물관이 없어서 이
러한 보물들을 포항에서 볼 수
없다는 것이 아쉽죠. 이 정도 되
면 포항에 돌 박물관이 생겨도
충분하리라 봅니다. 전국 최대
의 비석 박물관을 자랑하는 울
진 봉평리 신라비 전시관까지
는 아니더라도, 포항역사박물
관이 만들어지고 '돌 문화 코너'
가 생겨도 좋은 일이지요.

포항 중성리 신라비(국보 제318호, 추정
연대 501년, 높이 105.6cm, 너비 47.6
~49.4cm, 두께 13.8~14.7cm). 현존하는
최고(最古)의 신라비. 비의 앞면에 203자
새겨져 있고, 비의 내용은 '포항 냉수리 신
라비'와 유사하다.

돌 이야기가 나온 김에 조금 더 들어가서, 돌로 지은 성벽 이야기도
해볼까 합니다.

바로 읍성이죠. 포항은 연일, 흥해, 장기, 청하 이렇게 네 개의 군·
현이 모여 이루어졌습니다. 조선시대에는 각 현마다 한 개의 향교가
있다 보니 현재 포항에는 네 개의 향교가 남아 있습니다. 돌로 지은
읍성 또한 네 개가 있었지만 아쉽게도 지금까지 잘 남아 있지는 않습
니다. 그중 가장 잘 보존되어 있는 것이 장기읍성입니다. 최근까지도

장기읍성(사적 제386호). 고려 현종 2년(1011)에 축성되었는데, 처음에는 고려가 여진족의 해안 침입에 대비하여 쌓은 토성이었다가 세종 21년(1439)에 왜구의 침입에 대비하여 돌성으로 새로 축성된 후 군사기지 등으로 이용되었다.

연일읍성(연일읍 대송면 남성리, 일제강점기 유리건판 사진). 아직도 옛 성벽의 흔적들이 남아 있지만 제대로 복원이 이루어지지 않은 채 방치되어 있다.

흥해읍성. 흥해지역은 다른 지역에 비해 워낙 많이 개발되어서 읍성의 흔적을 찾아보기 어렵다. 현재 영일민속박물관 주변에 몇개의 성도를 확인할 수 있다.

청하읍성. 옛 성곽을 이루는 돌벽의 흔적들이 50% 이상 남아 있고, 겸재 정선이라는 조선시대 진경산수화의 대가의 스토리까지 간직하고 있어서 복원이 된다면 훌륭한 포항의 명소가 될 수 있다고 본다.

성벽 보수를 꾸준히 해서 지금은 조선시대 성곽의 모습을 제법 갖추었습니다. 뿐만 아니라 성의 위치가 산 위에 있어서 성벽을 따라 걸으며 발아래를 내려다보는 풍광이 일품입니다. 장기는 예로부터 해맞이의 명소였습니다. 산 정상의 잘 보존된 성곽에서 일출을 감상할 수 있는 장기읍성은 포항의 소중한 관광자원입니다.

한편, 연일읍성은 다른 읍성과 달리 몇 번의 이전을 겪게 되는데 읍성의 흔적을 확인 할 수 있는 곳은 연일읍 대송면 남성리입니다. 지명에 벌써 성(城)자가 들어가 있잖습니까. 남성리에는 영일 정씨 시조를 제사 지내기 위해 세운 재실인 남성재가 있습니다. 그 주변으로 아직도 옛 성벽의 흔적들이 남아 있습니다. 하지만 낮은 산 위에 세워진 연일읍성은 아직 제대로 복원이 이루어지지 않은 채 방치되어 있습니다.

현재 행정구역으로 포항 북구에는 흥해읍성과 청하읍성이 있었습니다. 흥해지역은 다른 지역에 비해 워낙 많이 개발되어서 흥해 중심지에 있던 흥해읍성은 옛 흔적을 찾아보기가 어렵습니다. 그나마 청하읍성이 포항 북구에서 성곽으로는 명소가 될 수 있습니다. 장기읍성이 산 정상에 세워진 것이라면, 평지에 세워져서 접근성이 좋은 점이 청하읍성의 특징이기도 합니다. 저는 향후 복원되었을 때 문화적인 가치나 관광자원화 차원에서 충분히 효과적일 수 있는 곳이 바로 청하읍성이라고 생각합니다. 아직도 늦지 않은 것이 옛 성곽을 이루는 돌벽의 흔적들이 50% 이상 남아 있고, 또 청하읍성은 겸재 정선이라고 하는 조선시대 진경산수화의 대가의 스토리까지 간직하고 있기 때문입니다.

마침 지난 8월, 포항에선 반가운 뉴스가 있었습니다. 문화재청이 포항 북구 송라면에 있는 '포항 내연산 폭포'를 국가지정문화재 명승으로 지정 예고한다고 밝혔습니다. 내연산 폭포는 깎아지른 절벽과 깊은 계곡으로 유명한 곳이지요. 자연경관 뿐만 아니라 조선시대 진경산수화의 대가인 겸재 정선 선생이 이곳 내연산 폭포를 찾아 그림도 남기고 또 바위벽에 본인의 이름도 새겨 남겼습니다.(180쪽 참조) 문화재청에서 가치를 인정하는 내연산 폭포와 연계해서 청하읍성 또한 복원된다면 훌륭한 포항의 명소가 될 수 있다고 봅니다.

해양문화도시, 포항

포항은 빛의 도시, 호국의 도시, 그리고 제철의 도시는 물론 비석이나 성벽에서 확인되는 돌과 관련되는 문화도 풍부하다고 말씀을 드렸습니다. 그래도 뭐니뭐니해도 바다를 빼놓을 수 없습니다. 전라도 해남의 땅끝 마을은 알아도 우리 포항에 땅끝이 있는 것은 잘 모릅니다. 도서지역을 제외하고는 포항은 한반도의 동쪽 땅끝입니다. 그 말은 바다를 가장 먼저 만나는 곳이 바로 이 곳, 포항이라는 뜻이기도 합니다. 변방이 아니라 전진 기지입니다. 바다를 중히 여겼을 때 나라가 흥하고 바다를 소홀히 했을 때 나라가 망했던 사실을 역사가 말해줍니다. 포항은 바다의 도시입니다. 그것도 한적한 바다가 아니라 관광객이든 생업이든 사람 냄새 물씬 나는 그런 바다의 도시입니다.

한반도 동쪽 땅끝(경상북도 포항시 남구 구룡포읍 석병리, 동경 129
35 10 북위 36 02 51). 동쪽 땅끝이 포항이라는 말은, 바다를 가장
먼저 만나는 곳 또한 포항이라는 뜻이다. 포항은 바다의 도시이다.

그런 면에서 죽도시장은 대표적인 포항의 문화유산 자원입니다. 죽
도시장은 서울 남대문시장, 동대문시장, 부산 국제시장, 대구 서문시
장과 더불어 전국 5대 전통시장에 들어간다고 합니다. 역사도 올해로
75주년이 됩니다. 사실 죽도시장은 3개의 시장으로 이루어졌는데,
죽도시장, 농산물시장, 어시장 이렇게 구성되어 있습니다. 다른 대도
시에 있는 시장과 달리 바닷가인 만큼 어시장이 제일 유명합니다.

아마 죽도시장이 포항의 새벽을 연다는 표현이 적절할 것 같습니
다. 새벽 5시부터 활기가 넘치는데요, 활어 위판장이 송도로 옮겨갔
지만 죽도어시장은 선어 위판장이 열립니다. 활어는 살아있는 생선,
선어는 죽은 생선을 가리킵니다. 또한 죽도어시장에는 문어가 많이
거래됩니다. 문어는 우리 지역에서 특산물인 만큼 내륙에서도 문어

죽도시장. 살아있는 큰 문어들이 단체로 꿈틀거리는 모습은 결코 흔하지 않은 풍경이다.

를 구입하기 위해서 포항 죽도어시장을 찾습니다. 그리고 전국에서 죽도시장에서만 구할 수 있는 것이 바로 개복치입니다. 개복치는 다른 곳에선 아예 모르는 경우도 많습니다. 가끔 개복치를 해체하는 광경을 목격하게 된다면 정말 신기한 경험을 하시게 되는 겁니다.

일본 동경에 츠키지시장, 그리고 미국 시애틀의 '파이크 플레이스 마켓'. 이들 시장은 참치와 연어로 유명합니다. 전통시장에 그치지 않고 참치 해체하는 모습, 연어를 던지는 모습 등 볼거리로 관광객들이 끊임없이 찾는 곳입니다. 우리 포항 죽도시장도 살아있는 큰 문어들이 단체로 꿈틀거리는 모습은 결코 흔하지 않은 풍경입니다. 그리고 생선이라기엔 그 모양이 너무 특이한 개복치까지. 죽도어시장을 홍보할 내용들은 무궁무진하다고 봅니다.

죽도시장은 '2017~2018년 한국인이 꼭 가봐야 할 한국관광 100선'에 선정될 만큼 포항에서 자랑할만한 문화유산입니다.

문화유산 중에는 유형의 문화유산 외에도 무형의 문화유산이라는 게 있습니다.

2016년 유네스코 인류무형문화유산으로 제주해녀문화가 등재되었습니다. 또한 2017년 5월에는 국가무형문화재 제132호로 지정되었습니다. 해녀하면 제주도를 떠올리게 됩니다. 그러면 제주도에만 해녀가 있느냐. 그렇진 않습니다.

2017년 기준, 전국 해녀 수를 보면 제주도가 3,985명으로 가장 많고, 경상북도는 1,593명으로 두 번째로 많습니다. 그 다음이 울산광역시로 1,474명입니다. 포항은 경상북도 해녀의 약 70%를 차지하는 1,068명으로 제주, 울산에 이어 전국에서 세 번째로 해녀가 많습니다. 놀랍지요. 어촌계별로 포항 해녀를 살펴보면, 2020년 5월 기준으로 구룡포읍 251명, 호미곶면 249명, 장기면 102명, 동해면 109명, 청하면 60명, 여남·환호·두호·해도 등 포항시내 51명, 송라면 47명, 흥해읍 10명 순입니다. 경북의 해녀는 포항 구룡포와 호미곶에 집중적으로 거주하고 있는 것을 알 수 있습니다.

그러면 왜 이렇게 포항에 해녀가 많이 있느냐. 제주 해녀의 영향을 받아서입니다. 당시 국가 중요 수출품목인 우뭇가사리 채취를 위해 매년 수천 명의 제주 해녀가 국가의 지원으로 영일, 구룡포, 양포 등지로 이주해와 활동하였습니다. 이를 본 포항 여성들은 바다 자원의 경제적 가치와 해녀라는 직업의 가치를 알게 된 거죠. 마침 포항 바

포항 환여동 해녀(사진. 이도윤, 1970년)

다는 수심이 깊지 않아 결혼한 여성도 물질 기술만 터득하면 경제적
으로 충분한 수익을 보장받았습니다. 1960년대 후반 도입된 고무 잠
수복이 신체를 드러내는 수치심도 없애 주었습니다. 결혼한 여성들
이 스스로 물질을 익혔다는 점은 제주 해녀가 10대부터 해녀가 되기
위한 훈련을 받는 점과는 구별되는 포항 동해안 지역 해녀의 독특한
문화적 정체성이라 할 수 있습니다.

 해녀는 어머니의 마음을 느낄 수 있는 바다 대변인입니다. 어머니
로서 책임감으로 자식을 키우기 위해, 생계를 위해 스스로 물질을 익
힌 점만 봐도 그렇습니다. 또한 어업활동이 기계화됨에 따라 해녀는

동해안별신굿(국가무형문화재 제82-1호). 어촌공동체를 지켜온 축제의 성격을 띄며, 포항 출신의 무속인들이 뛰어난 예능으로 어촌에서 꼭 필요한 연희 형태를 전승해왔다.

무대에서 공연된 동해안별신굿(2012년 11월 28일. 포항시청 대잠홀). 뛰어난 장단의 기교와 음악적 깊이를 가진 동해안별신굿은 포항의 해양문화에서 중요한 부분이다. 지금은 작고한 두 명인, 인간문화재 김용택(사진 왼쪽에서 세번째)은 월포가 고향이고 김정희(사진 왼쪽에서 두번째)는 환여동이 고향으로 포항 출신 명인이었다.

우리 지역 바다를 지키는 생태 지킴이로 새롭게 조명되고 있습니다. 포항의 해녀는 삶이 있는 포항 바다에서 꼭 챙겨야 할 가치입니다.

　무형의 문화유산이 나왔으니 마지막으로 하나 더 소개하겠습니다. 바로 동해안별신굿입니다. 사실 오늘날 살아가는 분들한테 동해안별신굿은 그저 소수의 매니아 층에서만 좋아하는 한 분야일지도 모르겠습니다. 하지만 동해안별신굿은 국가무형문화재 제82-1호로 지정된, 말 그대로의 문화재이며 어촌공동체를 지켜온 축제의 성격을 띠었습니다. 그 토대가 포항 출신의 김석출이라는 분에 의해 마련되었다 해도 과언이 아닙니다. 포항 출신의 무속인들이 뛰어난 예능으로 동해안을 중심으로 어촌에서 꼭 필요한 연희 형태를 전승해왔습니다. 전 세계인들을 열광시킨 사물놀이보다 뛰어난 장단의 기교나 음악적 깊이는 모른다 하더라도 동해안별신굿이 포항이 주축이 되어 전승된 해양문화유산이라는 자부심은 가져도 좋겠습니다.

　무형의 문화유산은 유형의 문화유산보다 우리가 소홀히 한다면 금방 사라질지도 모른다는 점에서 더 많은 관심이 필요합니다.

2021
포항학
아카데미
포항인문학산책 2

초판발행 2021년 12월 8일

지은이 천진기 권용호 박창원 민석규 진복규 김진홍 김일광 이상준 이재원
펴낸이 포항지역학연구회
엮은이 이재원

펴낸곳 도서출판 나루
출판등록 2015년 12월 4일
등록번호 제504-2015-000014호
주소 포항시 북구 우창동로80 112-202

ISBN 979-11-974538-3-0 03040